U0541223

赵剑英　主编
Zhao Jianying　Editor

中国社会科学院创新工程学术出版资助项目

The Path of China's Peaceful Development

中国的和平发展道路

张宇燕　冯维江　著
By Zhang Yuyan Feng Weijiang

中国社会科学出版社
CHINA SOCIAL SCIENCES PRESS

图书在版编目（CIP）数据

中国的和平发展道路/张宇燕，冯维江著 . —北京：中国社会科学出版社，2017.2（2018.4 重印）
（理解中国丛书）
ISBN 978 – 7 – 5161 – 9797 – 4

Ⅰ.①中… Ⅱ.①张…②冯… Ⅲ.①发展战略—研究—中国 Ⅳ.①D60

中国版本图书馆 CIP 数据核字（2017）第 013004 号

出 版 人	赵剑英
责任编辑	王　茵
特约编辑	范晨星
责任校对	郝阳洋
责任印制	王　超

出　　版	中国社会科学出版社
社　　址	北京鼓楼西大街甲 158 号
邮　　编	100720
网　　址	http://www.csspw.cn
发 行 部	010 – 84083685
门 市 部	010 – 84029450
经　　销	新华书店及其他书店

印刷装订	北京君升印刷有限公司
版　　次	2017 年 2 月第 1 版
印　　次	2018 年 4 月第 3 次印刷

开　　本	710×1000　1/16
印　　张	19
插　　页	2
字　　数	229 千字
定　　价	69.00 元

凡购买中国社会科学出版社图书，如有质量问题请与本社营销中心联系调换
电话：010 – 84083683
版权所有　侵权必究

《理解中国》丛书编委会

编委会主任： 王伟光

编委会副主任： 李 扬　李培林　蔡 昉

编委会成员（以拼音字母为序）：

　　卜宪群　蔡 昉　高培勇　郝时远　黄 平
　　金 碚　李 林　李培林　李 扬　马 援
　　王伟光　王 巍　王 镭　杨 义　周 弘
　　赵剑英　卓新平

主编： 赵剑英

编辑部主任： 王 茵

编辑部成员： 孙 萍　朱华彬　喻 苗

出版前言

　　自鸦片战争之始的近代中国，遭受落后挨打欺凌的命运使大多数中国人形成了这样一种文化心理：技不如人，制度不如人，文化不如人，改变"西强我弱"和重振中华雄风需要从文化批判和文化革新开始。于是，中国人"睁眼看世界"，学习日本、学习欧美以至学习苏俄。我们一直处于迫切改变落后挨打、积贫积弱，急于赶超这些西方列强的紧张与焦虑之中。可以说，在一百多年来强国梦、复兴梦的追寻中，我们注重的是了解他人、学习他人，而很少甚至没有去让人家了解自身，理解自身。这种情形事实上到了1978年中国改革开放后的现代化历史进程中亦无明显变化。20世纪80、90年代大量西方著作的译介就是很好的例证。这就是近代以来中国人对"中国与世界"关系的认识历史。

　　但与此并行的一面，就是近代以来中国人在强国梦、中华复兴梦的追求中，通过"物质（技术）批判""制度批判""文化批判"一直苦苦寻求着挽救亡国灭种、实现富国强民之"道"，这个"道"当然首先是一种思想，是旗帜，是灵魂。关键是什么样的思想、什么样的旗帜、什么样的灵魂可以救国、富国、强国。一百多年来，中国人民在屈辱、失败、焦虑中不断探索、反复尝试，历经"中学为体，西学为用"、君主立宪实践的失败，西方资本主义政治道路的破产，"文化大革命"的严重错误以及20世纪90年代初世界社会主义的重大挫折，终于走出了中国革命胜利、民族独立解放之路，特别是将科学社会主义理论逻辑与中国社会发展历史逻辑结合在一起，走出了一条中国社会主义现代化之路——中国特色社会主义道路。经过最近三十多年的改革开放，我国社会主义市场经济快速发展，经济、政治、文化和社会建设取得伟大成就，综合国力、文化软实力和国际影响力大幅提升，中国特色社会主义取得了巨大成功，虽然还不完善，但可以说其体制制度基本成型。百年追梦的中国，正以更加坚定的道路自信、理论自信和制度自信的姿态，崛起于世界民族之林。

与此同时，我们应当看到，长期以来形成的认知、学习西方的文化心理习惯使我们在中国已然崛起、成为当今世界大国的现实状况下，还很少积极主动向世界各国人民展示自己——"历史的中国"和"当今现实的中国"。而西方人士和民族也深受中西文化交往中"西强中弱"的习惯性历史模式的影响，很少具备关于中国历史与当今发展的一般性认识，更谈不上对中国发展道路的了解，以及"中国理论""中国制度"对于中国的科学性、有效性及其对于人类文明的独特价值与贡献这样深层次问题的认知与理解。"自我认识展示"的缺位，也就使一些别有用心的不同政见人士抛出的"中国崩溃论""中国威胁论""中国国家资本主义"等甚嚣尘上。

可以说，在"摸着石头过河"的发展过程中，我们把更多的精力花在学习西方和认识世界上，并习惯用西方的经验和话语认识自己，而忽略了"自我认知"和"让别人认识自己"。我们以更加宽容、友好的心态融入世界时，自己却没有被客观真实地理解。因此，将中国特色社会主义的成功之"道"总结出来，讲好中国故事，讲述中国经验，用好国际表达，告诉世界一个真实的中国，让世界民众认识到，西方现代化模式并非人类历史进化的终点，中国特色社会主义亦是人类思想的宝贵财富，无疑是有正义感和责任心的学术文化研究者的一个十分重要的担当。

为此，中国社会科学出版社组织一流专家学者编撰了《理解中国》丛书。这套丛书既有对中国道路、中国理论和中国制度总的梳理和介绍，又有从政治制度、人权、法治，经济体制、财经、金融，社会治理、社会保障、人口政策，价值观、宗教信仰、民族政策，农村问题、城镇化、工业化、生态建设，以及古代文明、哲学、文学、艺术等方面对当今中国发展和中国历史文化的客观描述与阐释，使中国具象呈现。

期待这套丛书的出版，不仅可以使国内读者更加正确地理解一百多年中国现代化的发展历程，更加理性地看待当前面临的难题，增强全面深化改革的紧迫性和民族自信，凝聚改革发展的共识与力量，也可以增进国外读者对中国的了解与理解，为中国发展营造更好的国际环境。

2014 年 1 月 9 日

目　　录

引言　龙的隐喻 ……………………………………… (1)
　"请叫我 Long" …………………………………… (2)
　龙的来历 …………………………………………… (7)
　对中国道路的启示 ………………………………… (11)

第一章　中国奇迹：事实与过程 ……………………… (17)
　超过美国？ ………………………………………… (17)
　器物力量不断增强 ………………………………… (25)
　货币影响持续扩大 ………………………………… (28)
　国际建制能力提升 ………………………………… (31)
　中国理念渐入人心 ………………………………… (37)
　来之不易的道路选择 ……………………………… (44)

第二章　邓小平与改革开放 …………………………… (52)
　改革开放之前的时代背景 ………………………… (53)
　黄猫、黑猫,捉住老鼠就是好猫 …………………… (56)

坚持四项基本原则 …………………………………………… (61)
　　允许一部分人先富裕起来 …………………………………… (64)
　　一国两制 ……………………………………………………… (72)
　　和平与发展是当代世界的两大问题 ………………………… (75)
　　摸着石头过河 ………………………………………………… (80)
　　三个有利于 …………………………………………………… (84)
　　科学技术是第一生产力 ……………………………………… (85)

第三章　斯密—奥尔森—熊彼特增长：
　　　　一个政治经济学解释 ………………………………… (89)
　　分工产生效率 ………………………………………………… (90)
　　市场规模促进分工 …………………………………………… (91)
　　扩大市场规模的奥秘 ………………………………………… (93)
　　斯密定理的不足 ……………………………………………… (95)
　　强化与扩大市场型政府 ……………………………………… (98)
　　政府角色之辩 ………………………………………………… (105)
　　美国是小政府吗？ …………………………………………… (108)
　　企业家精神与熊彼特增长 …………………………………… (115)
　　改革开放与斯密—奥尔森—熊彼特定理 …………………… (118)

第四章　中国梦：民族复兴与外部世界 ……………………… (122)
　　社会主义 ……………………………………………………… (123)
　　改革开放 ……………………………………………………… (129)
　　发展中国家 …………………………………………………… (136)
　　快速增长 ……………………………………………………… (144)
　　尚未统一 ……………………………………………………… (148)

不可或缺的大国……………………………………………（150）
　　中国对外部世界的期许：《西游记》的隐喻………………（153）

第五章　和平发展：约束与挑战……………………………（160）
　　自然资源瓶颈……………………………………………（160）
　　托克维尔效应……………………………………………（163）
　　中等收入陷阱……………………………………………（167）
　　国际分工两难……………………………………………（173）
　　再全球化困境……………………………………………（179）
　　观念冲突焦虑……………………………………………（187）
　　修昔底德陷阱……………………………………………（193）

第六章　开创持久和平与共同繁荣…………………………（197）
　　全面深化改革开放………………………………………（199）
　　治理体系和能力现代化…………………………………（205）
　　积极参加全球治理………………………………………（216）
　　以大事小建立和拓展周边安全网………………………（236）
　　构建新型大国关系为世界和平立宪……………………（246）
　　带头倡建"一带一路"……………………………………（254）

结语　乒乓球传奇……………………………………………（263）

参考文献………………………………………………………（268）

索引……………………………………………………………（286）

引 言

龙的隐喻

中国强大了，世界会怎样？关心全球事务的人近些年越来越多地思考这个问题。回答这个问题的一个角度是从中国人的民族性或中国文化的特性来推断其国家意图和行为。美国著名的现实主义国际关系理论大师汉斯·摩根索（Hans Morgenthau）曾经对俄国人、美国人、英国人和德国人的民族性格做过非常精辟的观察和形象的总结。他说俄国人的"对命令的简单执行和坚持"[1]，美国人的个人主动和善于创造，英国人的不重教条和讲求实际，德国人的纪律严明和一丝不苟，这些特质，不管是处于顺境还是逆境，都会在一个民族的成员所从事的个人或集体活动中显现出来[2]。在摩根索看来，这些性格带有的永久特点，尽管经过社会和经济结构、政治领导和组织、生活方式和思想的翻天覆地的变化，也不会改变。

---

[1] 中译本译为"基本力量和坚毅精神"。
[2] 汉斯·摩根索著，肯尼斯·汤普森、戴维·克林顿修订：《国家间政治》，徐昕、郝望、李保平译，王缉思校，北京大学出版社2006年版，第181页。

◇ "请叫我 Long"

摩根索生活的年代，中国远未像我们这个时代一样受到世界关注，我们也无从得知摩根索对中国人的民族性格的看法。但从中国人的角度来看，可能龙图腾最能概括中华文明的基本特征。中国人以龙的传人自居，端午节的时候会赛龙舟，过年或庆祝开业的时候会舞龙，中国四大银行之一建设银行发行的信用卡叫龙卡。龙在中国的神话传说中扮演了重要的角色，中国人还在科学尚不昌明的时候遇到干旱会向龙王求雨（现在不少地方还有龙王庙），十二种动物来纪年，龙是其中唯一虚构出来的动物。可以说，龙的形象深植于古往今来中国人的生活之中，其背后的象征含义是破解中国人性格和中华文化基因的密匙。

从文化比较的角度来看，龙又是常常被误解的对象。英文常常把中国的龙翻译为 dragon，实则两者从形象到品性截然不同。一个比较好的办法，是按照汉语拼音的方式，直接把龙翻译为"Long"。正像把首字母小写的 china 译为瓷器，而把首字母大写后的 China 译为中国一样。中国人常说"神龙见首不见尾"，"长"正是龙形象的基本特征之一。除此之外，对龙的形象的表达就比较多元了。有的说是"马首蛇尾"，有的说是"头似驼，角似鹿，眼似兔，耳似牛，项似蛇，腹似蜃，鳞似鲤，爪似鹰，掌似虎"。总之，龙是集合了许多动物特点的形象。

而根据《韦氏大词典》的解释，dragon 是"一种传说中的动物，长得像蜥蜴，长着翅膀、长尾和巨爪，会喷火"。此外还有"古蛇"

"暴力、好斗或苛刻的人""强大而有害的人或事"等含义。①《牛津词典》的解释是"神话中长得像爬行动物的怪物。在欧洲传统中，dragon 会喷火，象征着混乱与邪恶"。②

在西方文化中，dragon 具有一些家喻户晓的特性。首先，dragon 与巨大的财富有关，往往是宝藏的看守者。例如，希腊神话中大力英雄赫拉克勒斯（Heracles）杀死的巨大的百头 dragon，看守着金苹果园。③ 尽管守着大量的财宝，但 dragon 容不得一点丢失。英国史诗《贝奥武夫》(Beowulf) 中，dragon 会因为一件财宝的丢失而残酷惩罚周围所有的人。④ 这反映了 dragon 的贪婪与残暴。不仅如此，dragon 还代表着强大的力量，尽管这种力量通常是邪恶的。它们总是以人类英雄的对立面存在，最终会被英雄击败或杀死。正像基辛格在《论中国》中指出的那样，西方把历史看作一个通往现代性的进程，其间人类在一次次与邪恶和倒退力量的战斗中大获全胜，⑤ 而 dragon 的形象就是邪恶或倒退力量的典型化身。

龙在中国的形象和口碑与 dragon 在西方完全不一样。询问西方孩子对 dragon 的印象，会得到几乎如出一辙的答案：长得像蛇；多数为绿色，但也有其他颜色的；皮肤坚如金属；有四条腿，长着翅膀和许多牙齿；能够喷火；住在洞穴里；守护着财宝；会吃人；总是被骑士或勇敢的英雄宰杀。⑥ 如果把"什么是龙"的问题提给中国孩子，答

---

① 《韦氏大词典》的在线版见 http：//www.merriam-webster.com/。
② 《牛津词典》的在线版见 http：//oxforddictionaries.com/。
③ Ogden, D., *Dragons, Serpents, and Slayers in the Classical and Early Christian Worlds: A Sourcebook*, Oxford University Press, 2013, pp. 57-60.
④ Francis B. Gummere, *Beowulf*, Wildside Press LLC., 2008, p. 68.
⑤ Kissinger, H., *On China*, New York: the Penguin Press, 2011, p. 31.
⑥ Ogden, D., *Dragons, Serpents, and Slayers in the Classical and Early Christian Worlds: A Sourcebook*, Oxford University Press, 2013, p. 1.

案将大相径庭。他们想到的可能是端午节被众人驾驭的龙舟，电视剧中皇帝身上穿的龙袍，神话故事里面对猴王孙悟空无可奈何的龙王。可以打包票的是，他们的脑海里绝对不会浮现出凶残的恶魔的形象。

对多数中国人来说，龙首先是神—人秩序中具有充足合法性的神祇，而不是dragon或撒旦那样背弃上帝的秩序破坏者。受佛教传入的影响，在中国，龙王是海洋及一切水系的合法统治者，这一点上，东海龙王或许与希腊神话中的海神波塞冬（Poseidon）相对应，但前者的兄弟分别控制西海、南海和北海，从这个意义上说，东海龙王并非海洋的唯一或最高统治者。尽管在广为流传的神魔小说《西游记》中，泾河龙王曾经私自更改天帝规定的下雨时间和下雨量，东海龙王等也曾经站在英雄孙悟空的对立面上，但前者遭受了法律的严惩，付出了生命的代价，后者更是站在维护秩序的立场上，反倒孙悟空当时才是秩序的破坏者与叛逆者。在孙悟空遭遇挫折幡然醒悟后，龙王为孙悟空一行去西天求取佛经还提供了大量的帮助，甚至让自己的继承人化身为白龙马，直接参与取经。总之，龙神家族主要是以合法秩序的建设性参与者的面目存在于中国人的观念之中的。

其次，龙与人类领袖和普通民众之间保持着良好的关系。传说中，应龙曾经帮助中国人的始祖黄帝戡乱[①]，还帮助夏朝开国君主之父大禹治过水[②]。对普通民众来说，龙王掌管雨水，能保佑当地风调雨顺。每逢干旱季节，民众会在地方缙绅组织下到祭祀龙王的庙宇中求雨。平常，则会定期到龙王庙附近开展祭祀、集市贸易及娱乐活动。

[①] "蚩尤作兵伐黄帝，黄帝乃令应龙攻之冀州之野。"（《山海经·大荒北经》）

[②] 《楚辞·天问》针对大禹治水发问："河海应龙，何尽何历？"洪兴祖补注："夏禹治水，有应龙以尾画地，即水泉流通。"见洪兴祖《楚辞补注》，中华书局1983年版，第91页。

再次，作为象征的龙则与王权密切联系在一起。中国第一部纪传体通史《史记》里多处记载上古帝王（如黄帝、炎帝）本身就是龙[①]或有龙的血缘[②]。到秦汉时期，龙开始成为帝王的专有象征。汉高祖刘邦仿造炎帝神话的旧例，称自己系母亲感神龙附体所生，借龙的神威抬高自己，建立合法性。从汉代初期开始，历代君王都以"真龙天子"自居，龙逐渐成为皇权的象征，其形象也日趋威严。

最后，中国的龙也有愤怒的时候，尤其是当它的逆鳞被触及时，会变得非常危险。《韩非子》中一则著名的比喻指出，龙的喉咙下端生长的一尺长的逆鳞是不可触碰的，人若触碰，必受其伤害；君主也生有逆鳞，在劝谏君主时如果触及这一逆鳞，也会面临被处死的风险。此后，犯颜直谏的行为就被称为"批逆鳞"。

近年有一些讨论中国发展的文章和书籍，它们将西方传统中 dragon 的负面特性附会到代表中国文化的龙的身上，试图借此来刻画和总结中国的行为特征。它们说，龙是贪婪的，正如中国正在大口吞噬全世界的原材料[③]、能源[④]、初级产品和制造品

[①] "轩辕黄龙体"（《史记·天官书》）。

[②] "有娲氏之女，为少典妃，感神龙而生炎帝。"载《史记·三皇本纪》。

[③] Laurance, W. Hungry Dragon, *Australian Geographic*, 2012, pp. 118-119.

[④] 参见 Douglas, J. K., Nelson, M. B., & Schwartz, K., "Fueling the Dragon's Flame: How China's Energy Demands Affect its Relationships in the Middle East", *US-China Economic and Security Review Commission*, 2006. Jae-Hyung, "China's Expanding Maritime Ambitions in the Western Pacific and the Indian Ocean", *Contemporary Southeast Asia*, Vol. 24, No. 3, pp. 549-568, 2002. Michael T. Klare, *Rising Powers, Shrinking Planet: The New Geopolitics of Energy*, New York: Metropolitan Books, 2008. Peter Navarro, *Death by China: Confronting the Dragon - A Global Call to Action*, New Jersey: Person Prentice Hall. Dan Blumenthal and Joseph Lin, "Oil Obsession: Energy Appetite Fuels Beijing's Plans to Protect Vital Sea Lines", *Armed Forces Journal*, June, 2006。

市场[1]，以牺牲其他地区长期增长能力的方式成就自身的发展壮大。它们说，龙是横暴而凶残的，正如中国不断强化且威胁性与日俱增的军事力量[2]，以及变得越来越咄咄逼人的外交[3]与网络[4]攻势。

　　误解往往并非天生，而是被播种的。一旦种下误解而又不加消弭，往往长出对立甚至仇恨。正如一些敏锐的观察者所言，欧美媒体总是定期散布中国的贪婪性和攻击性[5]。实际上，东方的神龙与西方恶魔 dragon 之间的联系或等价关系，只是近代西方传教士人为建构和散布出来的。这种建构与散布有特定的历史背景，东西方世界彼此不尊重、不宽容造成的不理解，导致了相互对抗的自我实现。澄清误解才能实现和解。基于知悉与同情的理解，才能消除和平的权宜性，让世界停止攻伐，走向持久和平。

---

[1] Gallagher, K., & Porzecanski, R., *The Dragon in the Room: China and the Future of Latin American Industrialization*, Stanford University Press, 2010, p. 1.

[2] Timperlake, E., & II, W. C. T., *Red Dragon Rising: Communist China's Military Threat to America*, Regnery Publishing, 2002.

[3] Swaine, M. D., "Perceptions of an Assertive China", *China Leadership Monitor*, 32 (2), 2010.

[4] 参见 Gomez, M. A., *Awaken the Cyber Dragon: China's Cyber Strategy and Its Impact on ASEAN* (pp. 252 – 261). Presented at the The Second International Conference on Cyber Security, Cyber Peacefare and Digital Forensic (Cyber Sec 2013), The Society of Digital Information and Wireless Communication. Hjortdal, M., "China's Use of Cyber Warfare: Espionage Meets Strategic Deterrence", *Journal of Strategic Security*, 4 (2), 2011. Clarke, R., "China's Cyberassault on America", *Wall Street Journal*, June 15, 2011。

[5] Mayer, M., & Wübbeke, "Understanding China's International Energy Strategy", *The Chinese Journal of International Politics*, Autumn 6 (3), 2013.

◇ 龙的来历

早在新石器时代晚期，龙的雏形已经萌芽。古人对龙有许多解释，有的说龙是螣蛇没有脚而能飞，又有的说有鳞的叫蛟龙，有角的叫虬龙，无角的叫螭龙，有翅膀的叫应龙。[①] 很多学者对龙的原型进行了考证，提出了鳄鱼说、鲸鱼说、蜥蜴说、马说、熊说、闪电说等[②]，影响最大的是蛇说[③]。无论其原型为什么事物，多数学者都同意龙是多种图腾融合的综合图腾神，其综合与演变的过程，同时也是不同氏族融合的过程。

在古代中国，先民遇到的头等大事是获取食物，是种植，而何时播种，与农作物收成密切相关。古人由于认识水平有限，对气候规律把握有困难。在实践中人们发现，包括大雁在内的某些鸟每年都定时地飞来飞去，许多蛇冬眠后会在春暖花开时出洞，有些鱼则会在某一天开始游弋于河流之中，某些走兽也会在特定的时间准确地出现。由于这些动物的"来去"和"现隐"如此有规律，人们便以某些鸟、蛇、鱼和鹿等动物的活动为依据，来设定日历或节气，并据此播种耕耘，从而稳定或增加了粮食的产量，这被称作所谓"物候历法"

[①] 潜明兹：《中国古代神话与传说》，商务印书馆2007年版，第37—38页。
[②] 何新认为龙的第一原型是鳄鱼，第二原型是鲸鱼。参见何新《龙：神话与真相》，时事出版社2002年版。
[③] 首先系统提出此说者为闻一多。参见潜明兹《中国古代神话与传说》，商务印书馆2007年版，第38页。

(phenological calendar)①。由于给人们带来了丰收，那些特定的动物便被称之为"候物"（候鸟），便逐渐有了神性，纷纷成为华夏大地上某个部落的图腾。部落之间的长期交往，最终导致了部落的大融合。为了提高社会的稳定性或减低融合成本，就需要照顾到各个部落的图腾。这样一来，在蛇的身上便长出了鱼鳞、鹰爪、兽首、羊角、蜥蜴尾……最后，被合成的那个现实世界中从未存在过的被创造物，就是我们今天看到的龙。

这个氏族融合的过程，可能有武力征服的成分，但多数情况下是通过谈判，或者说至少最终决定于谈判来实现的。② 正像黄帝战胜了炎帝，但最后还是和炎帝一起成为中国人共同的始祖一样。因为纯粹的武力征服所伴随的仇恨与敌对，往往导致"你死我活"的后果，难以实现真正的和解与融合。只有包含自愿因素的谈判，达成的政治权力、宗教权力、经济利益的再分配，才能被融合后的新部落的全体成员心悦诚服地执行。这里，各氏族的利益与部落整体的利益达成了一致，产生了激励相容（Incentive Compatibility）的效果。一方面，各氏族可能还保留自身独有的图腾或祖先崇拜，另一方面，对据龙图腾为己有的"天下共主"也表示认同。在中国最古老的政治典籍《尚书》里，上面这个过程叫作"协和万邦"，后人用"和"来作出高度凝练的归纳。

实际上，在中国古代，"和"字的基本含义是一种木制乐器，"谐"字指的是乐队演奏时不同乐器之间的有机配合。用"和谐"来

---

① 中国是世界上编制和应用物候历最早的国家，三千年前的《夏小正》一书，即为记载物候、气象、天象、农事、政事的物候历。二十四节气和七十二候也是物候历，从北魏开始七十二候被载入国家历法。

② 盛洪：《龙的诞生，一个政治经济学的故事》，《读书》2000年第12期。

描述乐队演奏乐曲，至少我们从中可以悟出以下四点含义。其一是对多样性的尊重。乐队的组成需要各种乐器，否则其演奏出来的乐曲就不那么丰满，表现力也就不那么强。其二是注重平等。在一个交响乐队里，所有的乐器都有自己的特定角色要扮演，都有自己独特的功能，说不上哪一种乐器比另一种乐器更重要。其三是彰显共同利益。乐队演奏出来的乐曲美妙动听与否，直接关系到每位演奏者的声誉、甚至他们的酬劳，其间的关系颇有点"一损俱损、一荣俱荣"的味道。其四是对合作的推崇。缺少了以合作或团队精神为基础的一种集体行动，任何潜在的共同利益都是无法实现的。

总之，龙的形成过程说明，至少是暗示出了中华文明的一大特性，也就是它的包容性，对多样性的尊重，对平等的追求。一言以蔽之，龙的身上体现了中国人对"协和万邦"或"和谐世界"的向往。

中国"协和万邦"式的文明拓展方式有其特殊性，至少我们在非洲就从一些图腾的命运中看到了截然不同的做法。喀麦隆首都雅温德以北370公里处，有一个文化传统保存完好的酋长国丰班王国。王宫博物馆中陈列的藏品展示了非洲部落扩张的古老方式。丰班的图腾为双头蛇和蜘蛛，但丰班并非两个氏族合并而成，只是前者象征力量，后者象征智慧。至于建立统一丰班王国过程中那些被征服的部落，他们的狮子、苍鹰、大象等图腾，已经被作为战利品收缴到王宫里充作摆设了。[①]

协和万邦的演进方式并非偶然出现的。这可能与蒙昧时期，中国地理、生态与政治环境产生的对公共产品的需求大大超出了单个氏族供给能力有关。举例来说，如果猎物十分凶恶或狩猎条件十分恶劣，

---

① 张宇燕：《双头蛇、蜘蛛和龙》，《读书》2003年第8期。

就需要氏族之间通过整合来发展更复杂的狩猎组织方式和更先进的狩猎技术，扩大狩猎范围。又如，所处的自然环境条件恶劣，就需要更有效的大规模人力资源安排来兴建公共工程，改造自然环境或防治自然灾害。[1] 后者可能更符合中国的情况。不同文明里，都有洪水灭世的传说。在《圣经》或苏美尔的传说中，人类先祖都是在神的安排下造船或搭船来保护自己。但在中国，却是人类领袖带领各氏族民众以筑坝堵水或开渠引流等水利工程来治水。这说明在蒙昧的记忆中，东方世界已经有了协和万邦以提供公共产品的观念。这种观念像生物的DNA一样被记录进了中国文明的遗传密码之中，对后世中国人的国家形态与天下思想产生了不可磨灭的影响。

弗朗西斯·福山等人认为中国国家形成的主要动力并非灌溉工程或魅力型宗教领袖，而是"无情的战争"[2]。但是，正像他所引用的查尔斯·蒂利所言"战争创造国家，国家发动战争"是对欧洲状态的评论一样，福山套用这句话来解释中国很可能是一种误解。诚然，在大禹治水之前已经有黄帝大战蚩尤这样的战争在促成共同体的演进，但这场大战绝非共同体（及其精神）的源起。按《史记》的说法，这场战争正是"神农氏世衰"（维护秩序的公共产品提供不足）的结果。即便历史上有战争创造国家的现象，但"国"并非东方世界的主要认同单位，在"天下"这一得到广泛认同的东方共同体内，公共产品以及主导公共产品提供的魅力型领袖（"圣王"）才是共同体的核

---

[1] 魏特夫把西欧、北美等地划为非治水社会，把中国等地划为治水社会，认为治水工程需要全国性的大规模协作，由此产生了东方专制主义。参见卡尔·A.魏特夫《东方专制主义》，徐式谷等译，中国社会科学出版社1989年版，第36页。

[2] 弗朗西斯·福山：《政治秩序的起源》，毛俊杰译，广西师范大学出版社2012年版，第93页。

心和灵魂，战争往往是公共产品或领袖缺位的后果。

总之，从龙图腾的起源来看，中国文明内蕴的是多样性与一体化的和谐统一。多种文化并存，大家平安相处，在保持多样性的同时，又同属一个整体，还能够体现出各自的特征。龙就是这一原则的典型体现。

◇◇ 对中国道路的启示

本章之所以努力澄清中国龙（Chinese Long）与 dragon 的区别及龙在人类学及民俗学意义上对中国人的价值，原因有二。

其一，中国拥有规模庞大的历史文化资产，这些资产对当前中国的国际行为有微妙而确凿的影响。龙就是这类资产的一项典型代表。但是，就像弗洛伊德心理学中的潜意识一样，这些资产很大程度上不是以明显或直接的方式发挥影响。除非探本发微，很难得知其本意。更何况在龙与 dragon 之间还存在观念上的曲解，除非首先予以澄清，否则先入为主的曲解势必影响外界对中国当代行为或中国发展道路的正确认知。

其二，澄清前述扭曲的时机正在成熟。一般来说，人们只接受那些自己愿意接受的信息，而人愿意接受的通常是那些能够获得自己尊敬，或对自己有利，或至少与自己有对等资格的信息源发出的信息。利玛窦等传教士怀着对中国古代文化的尊敬，以西方的儒者自居，才建构起与东方世界的平等与相对充分的对话。近代以来，西方世界的发展一日千里，中国却故步自封、国力日衰，丧失了世界前沿的地位，沦为落后挨打的境地，这自然难以获得西方一般人的理解与尊重。改革开放以来,中国的经济开始迅速增长,中国本身也开始从世界舞台的边缘向中心回归,越来越多的西方人开始愿意去理解中国的想法、说法和做法。

龙的观念对于理解当前中国的行为与中国道路至少有三点启示。

启示之一是,正如龙图腾基于融合的演进方式一样,中国在对外关系中更倾向于合作导向的一体化(cooperation - oriented integration)。这种一体化具有较强的包容性,并且与对抗性或征服性的一体化相比,彼此融合的一体化成本更低,也更容易为各方所接受。这与西方熟悉的竞争导向的一体化(competitive - oriented integration)存在差异。欧洲经济一体化拥有极高的合作水平,其实质是通过共同的市场、经济政策和治理机构"使地区或国家政府暴露于竞争之下",欧洲"经济一体化的基本意义是实际或潜在竞争的增加"。[1] 联盟层面的合作或规制遵循辅助性原则(principle of subsidiarity),其背后的含义仍是自由竞争优先(free competition first)。在外部危机冲击下,这种竞争导向经济合作的脆弱性暴露无遗。因害怕违背辅助性原则,在美国次贷危机演变为国际金融危机之际,欧盟只是发出模棱两可的信号而未能采取断然措施阻断危机的蔓延。"当2010年2月希腊债务危机凸显之时,它的欧洲伙伴在提供贷款和同意国际货币基金组织(IMF)介入上犹豫不决。随着危机加剧,决策者开始责怪'投机',或建议采取禁止某些金融产品、设立欧洲的信用评级机构之类的临时措施。决策者们在这些无谓之事上浪费时间,按照各自的想法

---

[1] Jacques Pelkmans, *European Integration: Methods and Economic Analysis*, London: Pearson Education Limited, 2006, p. 3.

发出相互矛盾的信号，对此，市场的理解就是决策者们对危机束手无策。"① 不仅如此，竞争导向的一体化还将妨碍共同体中的强国对弱国的救助。鉴于强国已经按照条约提供了大部分地区公共产品，当危机发生时，强国倾向于质疑救助其他国家的必要性并责怪这些国家是"扶不起的阿斗"。例如，在欧洲主权债务危机之中，德国就一直不愿承诺向希腊提供直接的资金援助。②

德国的做法与1997—1998年亚洲金融危机发生之后中国迅速有力的行动形成鲜明对比。亚洲金融危机爆发之后，中国迅速做出人民币不贬值的承诺，并在国际货币基金组织安排的框架内通过双边渠道，向泰国、印度尼西亚等国提供各种形式的援助。即便1998年中国国内遭遇特大洪灾，但中国对周边的承诺和援助也未中止。与欧美主导的区域经济合作机制强调竞争不一样，东亚地区经济一体化带有明显的合作导向的风格，其中，中国的作用尤其独特和关键。中国在与东盟的自由贸易协定框架中，设定了早期收获计划（early harvest program）的安排，其含义是选择双方感兴趣的优先领域率先减免关税，同时采取能够获得直接好处的贸易和投资便利化措施。③ 对中国而言，早期收获计划并不在于从一开始就直接获利，而是为了表达合作的良好意愿，为后续的全面合作提振信心。因此，中国应东盟国家

---

① Zsolt Darvas, "Fiscal Federalism in Crisis: Some Facts and Lessons; From the US to Europe", *Forthcoming Bruegel Policy Contribution*, June 10, 2010.

② Robert Wielaard, "Greece Debt Crisis: Germany Holding up European Union Bailout", *The Huffington Post*, March 19, 2010.

③ E. Medalla, and J. D. Balboa, "The Impact of ASEAN - China FTA Early Harvest Program: The Case of the Philippines with Focus on Short - run Effects on the Agriculture Sector", *Research Paper Series*, 2007, http://ideas.repec.org/b/phd/rpseri/rps_2007-01.html.

的要求，在开放农业部门问题上做出了重大让步，而东盟多数成员国在这一部门相对于中国有竞争优势。[①]

启示之二是，与龙在中国神话传说中扮演的角色一样，中国并非、未来也不愿意做世界秩序的破坏者或颠覆者。一般来说，龙及其家族是中国神话中既有秩序的维护者，并且他们能从该秩序中获得足够的利益。与之类似，作为主要的受益者和利益攸关方，中国也倾向于扮演积极的角色来维护现有的世界秩序，以保障自身及世界的和平和繁荣。

中国共产党第十八次全国代表大会报告提出："中国将坚持把中国人民利益同各国人民共同利益结合起来，以更加积极的姿态参与国际事务，发挥负责任大国作用，共同应对全球性挑战"；"中国坚持权利和义务相平衡，积极参与全球经济治理"；"我们将坚持与邻为善、以邻为伴，巩固睦邻友好，深化互利合作，努力使自身发展更好惠及周边国家"；"将积极参与多边事务，支持联合国、二十国集团、上海合作组织、金砖国家等发挥积极作用，推动国际秩序和国际体系朝着公正合理的方向发展"。2016 年 9 月，中国国家主席习近平在杭州 G20 工商峰会开幕式主旨演讲中也特地解释道，"中国倡导的新机制新倡议，不是为了另起炉灶，更不是为了针对谁，而是对现有国际机制的有益补充和完善，目标是实现合作共赢、共同发展。中国对外开放，不是要一家唱独角戏，而是要欢迎各方共同参与；不是要谋求势力范围，而是要支持各国共同发展；不是要营造自己的后花园，而是要建设各国共享的百花园"。

[①] Ariel H. Ko, "Not for Political Domination: China's Foreign Economic Policy towards Vietnam, Singapore, and Malaysia in the Open Era", http://theses.gla.ac.uk/2235/.

这些表态意味着，中国不谋求挑战美国在全球治理中的主导地位，也不谋求在现有全球治理体系之外建立对抗性或替代性的国际机制，而是遵守现有全球规则，愿意按照自身能力，在现有体系中承担相应的大国责任。[1] 中国之所以这样做，是因为回首过往，中国是现行国际体系所产生的国际公共产品的重要受益者，存在"选择性激励"，即参与集体行动可获得比不参与更高的预期收益，不参与集体行动将面临更高的机会成本。[2] 因此，中国的态度一直以来也是支持国际规制体系发挥作用，并且投入了大量的资源。如果因为权力博弈影响了国际机制运行及国际公共产品供给的效率，不仅将直接降低中国获益于国际公共产品的水平，同时就中国已经投入的难以撤回的资源来说，也会造成极大的浪费。

启示之三是，如前所述，就像龙有不容别人触碰的逆鳞一样，中国的对外合作也有自己的底线，或不能容忍的事项，这些事项与中国的核心国家利益有关。一些研究者指责中国缺乏这样一个明确的负面清单，搞战略模糊。一些学者从美国的方面对可能与中国发生冲突的利益进行了分类。例如，乔治·华盛顿大学国际关系教授阿米塔伊·埃兹欧尼曾经在一篇文章中对美国可以接受及无法容忍的中国的行为用交通信号红灯、黄灯与绿灯进行了划分。其中红灯是警告中国不要使用武力改变现状，黄灯是容许它增加在区域的影响力，绿灯是接受让中国获得所需要的能源和原材料的努力。[3] 从中国方面来看，这意味

---

[1] 何帆、冯维江、徐进：《全球治理机制面临的挑战及中国的对策》，《世界经济与政治》2013年第7期。

[2] 张宇燕：《全球治理：共同利益与冲突利益的权衡》，《IPER 政经观察》2013年第1322号。

[3] Etzioni, A., "Accomodating China", *Survival: Global Politics and Strategy*, 2013, 2 (55), pp. 45 – 60.

着扩大区域影响力与从全球获得发展资源的需求是可以满足的,但不能挑起战争。实际上,中国从现行国际体系中所获甚多,不想也不需要诉诸武力来改变现状。中国有耐心和信心。随着综合国力不断提升,中国承担的国际责任及其地区影响力的增加,是一个自然而然的过程。

中国共产党的十八大报告已经对中国的"逆鳞"有了明确的表述:"我们坚决维护国家主权、安全、发展利益,决不会屈服于任何外来压力。"其中的"国家主权、安全、发展利益",完全可以被理解为当前和今后一段时期中国涉外国家利益的三大支柱或要素。此三大国家利益要素相辅相成,缺一不可。国家主权受到侵犯,安全面临威胁,发展利益很难得到保障。同时还应看到,在三者之间,捍卫发展利益具有更为基础或决定性意义。没有发展,主权和安全便是一纸空文,亦如十八大报告中所说:发展是解决中国一切问题的基本途径。中国对外关系中的发展利益,主要体现在下述三个相互关联的领域:市场,技术,大宗商品。国际市场不仅为中国发挥自身绝对和比较优势提供平台,还成为扩大就业和积累资本的重要场所。中国和西方发达国家的经济差距,中国经济转型升级的瓶颈,中国在国际分工格局中所处的中低端位置,均和技术落后密切相关。在技术赶超过程中,学习、借鉴和购买发达国家先进技术,构成中国技术进步的源泉之一。在中国现代化进程中,资源和能源供求缺口巨大,而弥补缺口的基本途径是进口。我们常说的中国需要世界,至少在经济层面上指的便是这三项发展利益。捍卫发展利益的根本手段,在于维护一个开放且公正的贸易与投资体系。中国遭到外部世界的孤立,其结果无论对中国还是世界,都将是灾难性的。[1]

---

[1] 张宇燕:《以国家利益设定中国对外战略》,《现代国际关系》2013年第10期。

第一章

中国奇迹：事实与过程

马克思和恩格斯在《共产党宣言》中写道，"资产阶级在它的不到一百年的阶级统治中所创造的生产力，比过去一切世代创造的全部生产力还要多，还要大"。现在也有学者以相似的笔调称，"中国用三十多年的时间完成了许多其他国家需要一个世纪甚至更久才能实现的发展目标"[①]。这样说并非完全没有道理。尽管与美国相比，整体来看中国还存在非常大的差距，但从器物、货币、制度、观念等四个层面来综合衡量，改革开放以来的中国的确正大步走在复兴的道路上。不过，选择这条复兴之路的过程并非一帆风顺，而是一波三折。整个中华民族为此付出了巨大的财产与生命的代价。了解这条道路的来之不易，才会理解中国为何会对和平和稳定的现状倍加珍惜。

◇ 超过美国？

以复兴二字来表述中国的状态可谓恰如其分。中国经济的世界地

[①] Guthrie, D., *China and Globalization: The Social, Economic and Political Transformation of Chinese Society*, Routledge, 2012, p. 3.

位正在重返过去两千年中的常态。缺乏历史眼光的人们或许将对此感到震惊，他们忘记了从公元元年到鸦片战争前夕，中国国内生产总值（GDP）占世界的比重大都保持在 20% 以上。[①] 从改革开放之初的 1980 年到 2015 年，这个比重不过从 2.3% 恢复到 17.1% 而已。其他在当今世界拥有巨大影响力的经济体，在漫长的 20 个世纪中的大部分时期里，其经济规模都难以与中国相埒，只是在最近两百年间才猛然发力，一飞冲天。

当然，上述指标也有其局限。比如，GDP 长期数据系通过购买力平价等方式来估算。但实际上，前工业化阶段的 GDP 对应的主要是粮食、布匹等生活资料，工业化阶段的 GDP 对应的更多是钢铁、水泥等生产资料。即便处于前工业化阶段国家的 GDP 折算价高于工业化阶段国家，也不能认为前者的力量一定强过后者。从我们使用的麦迪森历史经济数据来看，直到 19 世纪初，中国的 GDP 占世界 GDP 比重还比西方国家中最高的美国更高，但不能就此认为中国的实力超过了所有西方国家。尽管如此，我们可以指出，当大家都处于前工业化阶段时，中国在世界经济发展中居于很高的位置；后来世界进入了工业化、信息化的新阶段，中国在时代变迁中一度落后；现在正高速赶上，争取回到漫长历史中曾具有的相对较高的发展位次，实现民族的复兴。

[①] 根据麦迪森用购买力平价法（PPP）对历史上各国经济规模的匡算，中国经济总量占世界经济的比重，公元元年为 26.2%，1000 年为 22.7%，1500 年为 25%，1600 年为 29.2%，1700 年为 22.3%，1820 年达到历史的高点 32.9%，约合世界 GDP 的 1/3。即便是鸦片战争之后，中国外受挫于西方列强，内受损于太平天国，到 1870 年，中国 GDP 占世界比重仍高达 17.2%。参见安格斯·麦迪森《世界经济千年史》，伍晓鹰、许宪春等译，北京大学出版社 2003 年版，第 261 页。

第一章 中国奇迹：事实与过程 19

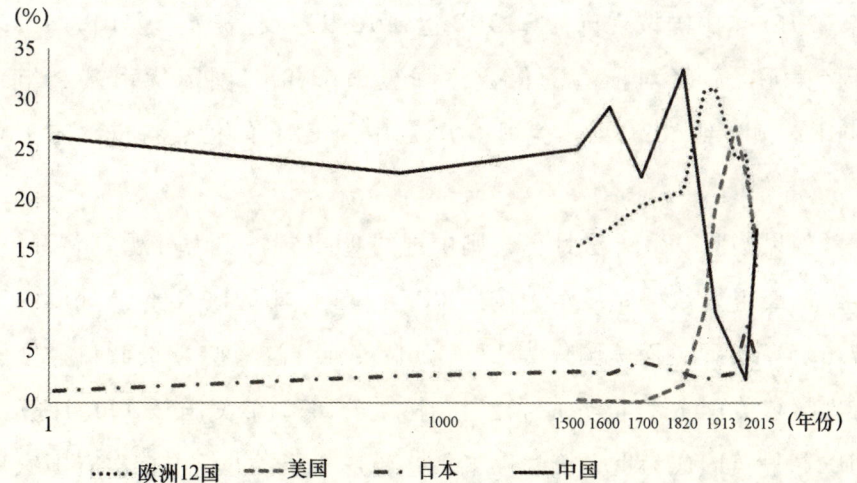

图1 世界主要经济体公元1—2015年GDP占世界GDP比重

注：欧洲12国为奥地利、比利时、丹麦、芬兰、法国、德国、意大利、荷兰、挪威、瑞典、瑞士和英国。由于麦迪森是按照购买力平价匡算的经济规模，1980年及2015年数据也使用了购买力平价法（PPP）① 折算的GDP数据。

资料来源：公元1—1950年数据来自麦迪森《世界经济千年史》第261页表格，1980年及2015年数据来自IMF数据库。

  从中国经济相对规模在最近三十多年的增长情况看，称为中国经济奇迹并不过分。从经济总量来说，中国与美国的差距正在不断缩小。改革开放之初的1980年，中国按现价计算的经济规模仅为美国的1/10。2010年中国按现价市场汇率计算GDP刚刚超过日本之时，美国GDP是中国的2.52倍；两年之后的2012年，迅速缩小至1.96

---

  ① PPP是根据对比国商品价格与基准国同种商品的价格比率，也即基准国单位通货所能购买的商品数量来进行换算。与更加通行的按汇率换算相比，PPP更能够反映出不同国家商品与服务的真实成本。但是在衡量国际相对实力特别是国际资源动员能力时，汇率法是更好的指标。因为如果要从世界其他地方通过购买方式获取资源、产品或服务，显然只能以市场汇率而非国内的购买力平价来折算。

倍。2015年中国按现价计算GDP达到10.98万亿美元，美国为17.95万亿美元，后者对前者的倍数下降至1.63倍。国际货币基金组织（IMF）预计到2021年，美国GDP对中国GDP的倍数将进一步下降至1.28倍。[①]

如果按照PPP方法计算，则中国的GDP规模更为可观。IMF《世界经济展望》数据库显示，按照PPP计算中国2014年经济规模约为17.6万亿美元，而美国仅为17.4万亿美元，这意味着按此口径中国首次超越美国成为世界最大经济体。自1872年美国按PPP计算的GDP超过英国成为世界第一以来，这还是一个半世纪中首次有国家反超美国。此前被视为美国主要对手的苏联和日本，在其鼎盛时期的经济规模与美国也存在较大差距，更别说反超美国了。1930年代中后期，美欧刚从大危机冲击下恢复，同期苏联凭借社会主义体制优势经济建设获得巨大成就，这一时期按PPP计算的苏联GDP占美国的比重也只在1938年达到了50.69%的峰值（其他年份都没超过50%）；美苏争霸最激烈的1970年代，苏联GDP占美国的比重最高也只达到44.40%（时为1975年）。西方国家中长期位列第二的日本，因为苏联的崩溃还一度成为了名副其实的世界第二经济大国，它的经济规模与美国的差距也比一般人印象之中要大得多。进入1980年代后，"日本第一"[②]的观念开始流行，一股"已经不需要向欧美学习"的乐观风气弥漫整个日本经济界。尽管如此，从按PPP计算的GDP占美国比重来看，那个时期里日本最高的年份1991年也只有41.42%，其后很快就因为股市与房地产泡沫的破裂，陷入长期停滞。

---

① World Economic Outlook Database, October 2014.
② 1970年代末，美国哈佛大学教授傅高义曾写作了《日本第一：对美国的启示》一书，风靡一时。

有国外媒体热衷于炒作中国 GDP 超过美国，但一些国外学者对中国的真实实力与美国的差距看得很清楚，并从技术细节上进行了分析。美国企业研究所（AEI）高级研究员史剑道（Derek M. Scissors），哈佛大学肯尼迪政府学院教授、克林顿时期经济顾问委员会委员杰弗里·弗兰克尔（Jeffrey Frankel）等都对中国超过美国成为世界第一大经济体的说法提出了质疑。[①] 这些质疑可归为以下几点：第一，新一轮购买力平价比较标准下，中国的 GDP 规模比旧标准下扩大了 21%，这是不同标准所导致的增加，与中国经济增长无关。第二，PPP 是用来衡量个人收入的，更多考虑了非贸易商品和服务的价格，不宜用作国际比较。第三，PPP 用于衡量购买力，不宜衡量经济体量。GDP 包括私人和政府消费、投资与贸易，而购买力平价调整的只是其中的私人消费数据，用购买力平价计算 GDP 其他分项并不合适。第四，GDP 是一个衡量当年产出的流量概念，不适于衡量经济规模，更合适的指标是国民财富。

实际上，史剑道援引瑞士信贷银行的估算数据指出，2013 年年中，中国的私人财富总额为 22 万亿美元，而美国为 72 万亿美元，虽然私人财富这个指标并不全面，但两者之间高达 50 万亿美元的差距使得"中国超越美国"的说法难以让人信服。他还进一步指出，根据美联储的估算，2013 年年底，美国私人财富总额为 80 万亿美元，扣

[①] 参见 Derek M. Scissors, "Will China's Economy be #1 by Dec. 31? (And Does it Matter?)", 1st May, 2014, http：//www.aei.org/article/economics/international-economy/will-chinas-economy-be-1-by-dec-31-and-does-it-matter. Jeffrey Frankel, "China is not yet number one", 9th May, 2014, http：//www.voxeu.org/article/china-not-yet-number-one. Jérémie Cohen-Setton, "China's GDP (PPP) to Surpass the United States?", 12th May, 2014, http：//www.bruegel.org/nc/blog/detail/article/1328-blogs-review-chinas-gdp-ppp-to-surpass-the-united-states/。

除公共债务后，美国财富总额为 65 万亿—70 万亿美元。而中国政府拥有大量的国有企业，这些企业也负债累累，其净财富很难估算，应该不超过 10 万亿美元。如此计算，中国财富总额为 30 万亿—35 万亿美元，比美国少 35 万亿美元。

弗兰克尔提出，要衡量中国经济规模或经济实力时，更应当回答的是以下这些问题。一是从跨国公司的角度来看中国的市场有多大；二是从全球金融市场的角度看，人民币能否挑战美元的国际地位；三是从国际货币基金组织及其他多边机构的角度看，中国能贡献多少资金并获取多大的投票权；四是从那些与中国存在领土领海争端的国家的视角来看，中国军队能够购买到多少武器装备。

美国达特茅斯学院助理教授史蒂芬·布鲁克斯（Stephen G. Brooks）和教授威廉·沃尔弗斯（William C. Wohlforth）也认为，中国尚不具备并且在未来相当长时间内也难以拥有挑战美国的力量，他们提出了三段式的分析。首先，与史剑道等人思路类似，他们认为 GDP 指标高估了中国的经济实力。GDP 是为测算 20 世纪中期的制造业经济体而设立，全球化条件下，一国实力越是基于知识，GDP 指标就越是倾向于低估该国的经济实力。并且作为流量概念 GDP 也不足以刻画国家经济实力。他们援引了联合国新发布的包容性财富（inclusive wealth）指标来取代 GDP。这一指标清点国家三个方面的存量资产，一是制造资本（包括道路、建筑、机械设备等）；二是人力资本（包括技术、教育、健康等）；三是自然资本（包括国土资源、生态系统、大气层等）。根据这项指标，美国的包容性财富达到将近 144 万亿美元，是中国 32 万亿美元包容性财富的 4.5 倍。其次，与上几轮崛起国与守成国面临较小的技术差距不同，现在的中国即便在经济规模上逼近美国，技术差距依旧巨大。他们使用了三方专利数（即在美国、欧洲和日本登记的专利数量）的指标，指出2012年美国诞生了接近14000件的专利，而中国则不到2000件。不仅如此，科学和工程领域被引用次数前1%的文章之中，美国占了半壁江山，是中国占比的八倍还多。最后，即便中国具备了经济实力和技术能力，其"将这些能力转化为对全球性力量投射而言是必须具备的全方位覆盖的系统，并学会运用这些系统"所面临的障碍也难以逾越。[1]

20年或30年之后回过头来看，2014年有可能是一个重要性被当时的人所低估的年份。这一年中国按PPP计算的GDP规模超过了美国，但两国关系波澜不惊。这与中国官方对本国实际力量有比较清楚的认识，并且基于这种认识而在GDP超过美国之际，采取了十分低调的姿态有关。按PPP计算GDP规模超美国的消息传出后，中国财政部副部长朱光耀在国际场合有针对性地表示，在经济增长质量上中国与美国还有很大差距，他还强调中国仍是发展中国家，还需要继续推进改革开放来提高经济增长质量，让老百姓过上更好的生活。[2] 国家统计局局长马建堂更是直言，对于中国GDP超过美国的说法国家统计局是不认同的。统计局也参与了联合国委托世界银行从2011年开始的新一轮购买力平价比较工作，但认为新一轮购买力平价折算方法低估了中国的物价水平，由此高估了PPP计算的中国GDP的规模。统计局负责人还强调，尽管经济总量有所扩大，但由于人口众多，中

---

[1] Stephen G. Brooks and William C. Wohlforth, "The Once and Future Superpower: Why China Won't Overtake the United States", *Foreign Affairs*, Vol. 95, No. 3, 2016, pp. 91 – 104.

[2] 《财政部表态"中国GDP超美国"：质量上差距大》, http: //news. xinhuanet. com/fortune/2014 – 10/10/c_ 127079590. htm。

国人均 GDP 水平还非常低，仍将长期维持发展中国家的身份。[①]

与官方的态度类似，中国国内主流媒体和专家学者也并未急于反驳外国学者的质疑，他们对 GDP 规模超过美国也主要持一种冷静的态度。从当时发表在中国主流媒体的报道和评论来看，绝大多数对中国已经超过美国存疑。从中国知网检索到的 18 篇相关报道与评论中，只有一篇对购买力平价的衡量方法对中国经济规模的测算持大致肯定的态度。[②] 甚至有一些分析认为中国经济"被第一"是一种"捧杀"，即通过与事实不符的过度赞誉来让中国骄傲自满、不思进取、忽视风险，或以此为由取消中国的发展中国家身份与待遇，这可能令中国过度承担国际责任。

表1　　　　中国主要报纸对 GDP 超过美国的报道与评论

序号	题名	报纸名称	日期
1	"GDP 全球第一"如何捧杀中国经济？	《重庆日报》	2014 年 5 月 15 日
2	"中国 GDP 超美"遭中国官媒泼冷水	《东方早报》	2014 年 5 月 5 日
3	世行报告高估中国 GDP？	《第一财经日报》	2014 年 5 月 6 日
4	少谈"排名"更重"质量"	《光明日报》	2014 年 5 月 22 日
5	怎么看中国经济今年"超美"？	《光明日报》	2014 年 5 月 22 日
6	理性看待中国经济总量"被第一"	《解放军报》	2014 年 5 月 14 日
7	中国专家不认可"中国将成全球最大经济体"说法	《企业家日报》	2014 年 5 月 19 日
8	中国今年成最大经济体？	《南方日报》	2014 年 5 月 6 日

---

① 《国家统计局：不认同"中国 GDP 超过美国"说法》，http://news.xinhuanet.com/fortune/2015-01/20/c_1114063170.htm。

② 该文作者认为，"尽管购买力平价换算办法并非尽善尽美，但在大体数量级的意义上看，是颇有参考价值的"，但他也指出中国还应提升 GDP 的技术含量及人均 GDP 的水平。参见刘培林《中国经济重回第一的历史镜鉴》，《中国经济时报》2014 年 10 月 16 日。

续表

序号	题名	报纸名称	日期
9	中国离发达国家还有很长路	《人民日报》海外版	2014年5月7日
10	中国GDP"被第一"的冷思考	《新金融观察》	2014年5月12日
11	中美差距在哪里	《中国证券报》	2014年9月20日
12	别被"世界第一"忽悠	《国际商报》	2014年10月8日
13	"中国GDP超过美国是或早或晚的事情"	《光明日报》	2014年10月10日
14	从"三个没有变"看中国GDP"超美"	《文汇报》	2014年10月15日
15	科学把握"新兴经济大国"的全球新定位	《人民日报》	2014年11月3日
16	GDP增长应对"虚胖"说不	《中国证券报》	2014年10月13日
17	求解中国经济频繁"被第一"	《第一财经日报》	2014年10月10日
18	中国经济重回第一的历史镜鉴	《中国经济时报》	2014年10月16日

资料来源：中国知网（CNKI）数据库。

尽管多数意见否认中国经济（更别说其他方面）已经超过了美国，但同样多数分析者对中国已经取得的发展业绩表示赞同，并有不少人对中国快速发展的前景保持乐观态度。

与历史上其他国家对美国的追赶相比，中国的崛起除了速度较快外，还具有更加全面的特征。例如，与苏联相比，中国的崛起更强调经济与民生；与日本相比，中国的崛起具备更大的安全自主性。实际上，从器物、货币、制度、观念等不同层面来衡量，中国都已经取得了引人注目的成就。

◇ 器物力量不断增强

器物层面，除了前面提及的经济规模之外，还可从出口与对外直接投资构成等反映经济结构的指标，以及科技力量及军事力量等指标更全面地衡量中国取得的成就。

出口及对外投资的结构均反映中国经济结构升级的演变过程。自1995年以来，中国出口额中工业制品占比持续上升（由1995年的85.56%上升至2015年的95.49%）而初级产品占比下降（由1995年的14.44%下降至2015年的4.57%）。包括生物技术、生命科学技术、光电技术、计算机与通信技术、电子技术、计算机集成制造技术、材料技术、航空航天技术及其他技术在内的高新技术产品出口额占总出口额的比重，也由2000年的14.9%上升至2015年的28.82%左右。

与出口相比，对外直接投资是国内生产能力溢出的更高层次的表现。从中国对外直接投资的领域来看，初级行业如采矿业的投资及制造业的投资占比较高，两者均反映了中国制造能力的优势，前者主要是为中国制造业体系寻求资源能源的稳定供应，后者直接体现了中国制造业效率的外溢。从近年演变的趋势看，这两个领域的投资在全部对外直接投资中的占比有所下降，其中采矿业投资净额占比由2003年的48.3%下降至2014年的15.4%，同期制造业投资净额占比由21.9%下降至8.9%；文化行业（文体娱乐业为代表）和高技术行业（信息、计算机及软件业为代表）领域的投资占比在上升，前者由0.04%上升至0.48%，后者由0.31%上升至2.96%。这一投资结构的变化反映了对外直接投资渠道表现的中国软硬实力的提升。预计未来一段时间，中国在文化与高技术领域的对外直接投资占比还将提升。

科技创新方面中国正在努力追赶。这突出地表现在中国把高科技能力很好地嵌入到了自身具有优势的出口能力之上。根据世界银行统计口径，高科技出口指具有高研发强度的产品，例如航空航天、计算机、医药、科学仪器、电气机械。世界银行口径的数据可以印证前文中国高新技术出口统计口径显示的情况。2014年，根据世界银行口径，中国高科技出口价值高达5586亿美元，居世界第一，分别为第二名德国和第三名美国的2.8倍和3.6倍。要知道，在2005年，同口径中国高科技出口价值只有德国和美国的1.5倍和1.1倍，2000年则只有德国的48%和美国的21%。[①] 这样的增长态势维持下去，中国的高科技及其产业化能力将有重大提升。专利申请数也可从另一个侧面反映中国科技方面的迅速发展和较高水平。世界银行数据显示，2014年中国居民专利申请数高达801135项，是世界第二美国的2.8倍，占世界全部居民专利申请数的46.8%。而2003年，中国居民专利申请数只有56769项，是当时数量最多的日本的15.8%，是第二多的美国的30.0%，占全世界居民申请数的比例为6.6%。[②] 当然，用专利或知识产权的有效性指标衡量，中国与世界前列国家仍然存在非常大的差距。2015年中国从国外获得的知识产权使用费只有10.8亿美元，居世界第二十一位，仅为居世界第一者美国的0.86%。[③]

从军事上看，中国军事力量建设近年发展迅速。从国防支出的变化情况来看，国家在国防上的投入大幅提升，并且还具备进一步加强国防的潜力。国家统计局数据显示，2014年，中国国家财政国防支出8289.54亿元人民币，占国家财政支出比重为5.5%，与当年国内

[①] 相关数据及统计口径的说明参见 http：//data.worldbank.org.cn/indicator/TX.VAL.TECH.CD? order=wbapi_data_value_2012+wbapi_data_value+wbapi_data_value-last&sort=desc。

[②] http：//data.worldbank.org.cn/indicator/IP.PAT.RESD。

[③] http：//data.worldbank.org.cn/indicator/BX.GSR.ROYL.CD。

生产总值之比为1.29%。2007年，国家财政国防支出仅为3554.91亿元人民币，还不到2014年支出规模的一半。当时，国防支出占国家财政支出的比重为7.14%，与国内生产总值之比为1.33%，均高于2014年。[1] 近年国防开支显著增加的同时，占财政支出比例还出现了下降。这意味着，只要有需要，中国有足够的财力空间更大力度充实国防、增加军事投入。军事投入使中国军队的装备水平和作战能力有了一定的提高。随着航空母舰、第四代战斗机等一批高精尖军事装备投入使用并形成战斗力，中国维护国家主权、安全、发展利益的能力会进一步增强。2016年兰德公司发布的报告《对华战争：全面考虑不可想象的事情》指出，"如果（中美之间）爆发战争，两国都有充足的力量、技术、工业实力和人员在广阔的陆地、海上、空中、太空和网络交战"，"美国和中国摧毁对方力量的能力变得比较平等，双方都不能确信能以可接受的代价获胜"，"中美战争会造成很大危害，以至于两国应该高度重视避免一场战争"。[2] 这反映出对美国国防部具有重要影响力的兰德公司近期关于中国的相对军事实力做出了比较高的评价。

◇ 货币影响持续扩大

从货币影响力来看，随着国际化进程的加速，人民币正在获得越

---

[1] http://data.stats.gov.cn/workspace/index?m=hgnd.

[2] David C. Gompert, Astrid Cevallos, Cristina L. Garafola, *War with China Thinking Through the Unthinkable*, Published by the RAND Corporation, Santa Monica, Calif, 2016, http://www.rand.org/content/dam/rand/pubs/research_reports/RR1100/RR1140/RAND_RR1140.pdf.

来越大的影响力。2008年以来，中国人民银行已与全球超过34个国家、地区央行及货币当局签署了双边货币互换协议，截至2016年5月，经补充或续约生效的总规模已经达到32885亿元人民币。[①] 从某种意义上说，这些协议构成了支持人民币国际化的信任网络。

中国人民银行近年签署的双边货币互换协议的伙伴与亚洲基础设施投资银行（AIIB）意向创始成员国的高度重合，也反映了人民币在丝绸之路经济带和21世纪海上丝绸之路合作计划（简称"一带一路"）中扩大影响的潜力。中国首倡的"一带一路"之中，资金融通与货币合作是重要内容。亚洲基础设施投资银行（AIIB）是推进"一带一路"资金融通与货币合作的主要载体。更多地使用区域内货币，降低对外部货币（如美元）的高度依赖，是区域货币合作创新的应有之义，而人民币的区域化和国际化也将借此得到进一步的发展。中国人民银行签署双边货币互换的34个伙伴中，欧洲央行作为部门不具备参与AIIB的身份，香港地区代表参加了中国代表团而不单独作为谈判方参与AIIB谈判，除此之外的32个货币互换伙伴中有23个都是AIIB的意向创始成员国。这也可以视为货币互换伙伴对中国倡议的一种支持，间接反映了中国的货币影响力。

从直接或实际影响来看，人民币的国际影响力增加还体现在以其为"汇率锚"的货币增加，以及人民币在全球贸易融资和支付结算份额的增加等方面。人民币自2010年6月恢复浮动以来，其他钉住人民币的货币种类有所增加，而同期钉住欧元和美元的货币种类却有所减少。东亚已经形成了事实上的人民币区，10个东亚经济体中已经

---

① 路透社：《中国央行已签署的双边本币互换协议一览表》，2016年5月11日，http://cn.reuters.com/article/idCNL3S1883TH。

有 7 个经济体的货币与人民币的关联度超过了与美元的关联度。① 截至 2013 年 10 月，人民币在全球贸易融资（信用证及托收款项）的市场份额达到 8.66%，虽然与美元的 81.08% 相比还远远不及，但首次超越欧元成为全球第二大贸易融资货币。② 截至 2014 年 12 月，人民币已成为全球第五大常用支付货币。其后人民币作为支付货币的排序虽因为 2015 年 2 月春节的季节性影响一度后退，但在 3 月人民币跨境支付结算排名重回第 5 位，占全球总量份额的 2.03%。③

2015 年年底，IMF 批准人民币加入特别提款权（SDR）篮子。此后，中国不断推出相关改革举措。2016 年 2 月，中国政府对外国投资者开放银行间债券市场。8 月，中国政府宣布推出深港通机制，扩大了境外投资者投资内地上市企业的范围，也扩大了内地投资者投资香港上市公司的范围。8 月底，应中国人民银行的提议，世界银行在中国发行银行间债券市场发行 5 亿 SDR 计价债券（即木兰债，Mulan Bond），成为首个在中国发行 SDR 债券的机构。④ 有评论指出，世界银行发行的木兰债既带有浓烈的国际色彩，又饱含中国元

---

① Arvind Subramanian and Martin Kessler, "China's Currency Rises in the US Backyard", *Financial Times*, October 21, 2012.

② SWIFT:《人民币超越欧元 晋身第二大常用贸易金融货币》,《SWIFT 人民币追踪》2013 年第 11 期, http://www.swift.com/assets/swift_com/documents/products_services/RMB_tracker_November2013_SC.pdf。

③ 中国银行:《2015 年 3 月跨境人民币指数（BOC CRI Monthly）》, 2015 年 5 月 19 日, http://www.bankofchina.com/aboutboc/bi1/201505/t20150519_5047034.html。

④ 世界银行副行长奥特（Arunma Oteh）称，以中国古代传奇女性花木兰命名，寄寓了世界银行对促进性别平等可持续发展目标的期待。参见宋易康、周艾琳《专访世行副行长奥特：将续发 SDR 债券 G20 应鼓励全球化》,《第一财经》2016 年 9 月 2 日, http://www.yicai.com/news/5084820.html。

素，象征着人民币国际化进程的新里程碑。① 2016年10月1日，包含人民币的SDR篮子正式生效，这为人民币全球影响力的发挥奠定了更坚实的制度基础。

◇ 国际建制能力提升

从制度层面看，中国在国际组织中的话语权有所扩大，参与创设国际机制的能力也在提高。一方面，中国在现有全球治理体系中的活跃程度和影响力都有增加的趋势。当前的国际经济规则多由发达国家主导制定，主要包括国际货币基金组织（IMF）、世界银行和世界贸易组织（WTO），以及其他一些经济、金融、贸易、投资以及劳工、能源、技术标准、环境等共同构成的国际经济与相关规则框架。中国为主动参与国际经济合作和竞争，维护自身及发展中国家的利益，已经加入IMF、世界银行和WTO等主要国际经济组织，并通过努力，积极参与制定和修改相关的经济规则。

在IMF中，中国不失时机开展工作，促使其相关规则更加反映发展中国家的利益。例如，在汇率监管方面，中国推动监管改革强化了对发达国家的汇率监管。美国次贷危机引发全球金融危机之前，IMF依据章程第四条和2007年《对成员国政策双边监督的决定》（简称《2007年决定》）对成员国进行汇率监督。由于发达国家大多实行浮动汇率制，所以实际上汇率监督的重点是新兴市场国家，这种"非中性""不对称"的监督对发达国家和新兴市场国家并不公平。国际金

---

① 周艾琳：《G20前有"彩蛋"：世行首发SDR债券 取名叫"木兰"》，《第一财经》2016年8月31日，http：//www.yicai.com/news/5080127.html。

融危机在发达国家发生之后，中国适时推动各方反思IMF监督不力、预警不及时的教训，促成IMF于2009年6月对《2007年决定》的操作指引进行了修订，取消了给会员国贴标签的做法。2011年10月，在中国的推动下，IMF执行董事会决定对监督的法律框架进行调整，重写了一个整合多边和双边监督、更广泛地覆盖全球稳定的新监督决定。中国也在积极推动IMF修订其监督法律框架，并得到G20戛纳峰会的支持。又如，中国连同其他发展中国家，推动了IMF份额改革。在中国等发展中国家的努力下，2010年12月，IMF理事会最终通过了关于份额改革的决议，决定份额增加一倍，中国的份额权重也从3.72%上升至6.39%，排名从第六位上升至第三位，仅在美国、日本之后。

在世界银行，中国也为其自身的制度建设，及其在国际发展领域更好地制定政策和规则做出贡献。例如，在中国等的推动下，2010年4月，世界银行/IMF发展委员会部长级会议通过了投票权改革方案，使得中国在世行投票权上升1.65个百分点，达到4.42%，排位也从第六位上升至第三位，仅随美国、日本之后。又如，促进全球减贫与发展是世界银行工作的重点，为此世界银行出台一系列的规则，包括优惠资金分配政策，低收入国家减债政策和债务可持续性标准，项目安全保障政策，项目管理政策，反腐败政策，会计、审计、银行业规则，信息披露政策等。这些规则最终指向帮助发展中国家削减贫困。中国是全球削减贫困最成功的国家之一，中国积极配合世界银行将中国的减贫经验制度化、标准化，为世界银行的全球减贫安排提供智力与规则支持。2012年11月，世界银行与中国财政部签署协议成立"世界银行—中国发展实践知识中心"，这意味着世界银行正在把研究和推广中国经验的努力提升到前所未有的高度。世界银行行长金埔表示,"知识中心"的主要任务是由中外专家共同研究总结中国发展经验,吸收学习国际发展经验,并与世界银行共同在中国及国际上开展共享交流。

中国参与 WTO 的规则制定或修改的能力也有所提升。当前 WTO 多哈回合虽仍陷入停滞,但中国自加入 WTO 起就全面参加谈判,为推进多哈回合做出自己的贡献。2005 年中国承办了 WTO 小型部长会议,尽力弥合成员之间的分歧。2008 年 7 月,中国首次成为多哈谈判的七个核心成员之一,标志着中国已经进入制定多边贸易规则的核心决策圈,提高了中国在多边贸易体制中的地位和在国际贸易规则制定中的话语权。此外,中国也在贸易救济措施、非优惠原产地规则协定、信息技术产品协定、与贸易有关的知识产权协定、农业协定国内支持问题等方面进行了努力和尝试,发挥了积极的作用。

除了在原有规则与治理体系之中发挥越来越大的作用之外,另一方面,中国还积极参与创设新的国际合作机制。中国作为主要参与者的清迈倡议及其多边化机制,作为主要创设者和推动者的金砖国家合作机制,都取得显著的进展。中国单独发起的"一带一路"倡议及倡建的亚洲基础设施投资银行等,也获得了国际社会的广泛支持。

亚洲金融危机之后,出于对地区救助机制缺失和域外救助机构低效的反思,东盟国家和中日韩三国开始寻求加强区域合作、共同抵御风险的机制,最终达成了清迈倡议并实现了多边化升级。中国在这个建章立制的过程中发挥了积极的作用,其倡导的东盟与中日韩财金合作机制为清迈倡议的出台和后来的多边化准备了条件。1998 年 2 月第二次东盟与中日韩领导人会议上,中方首先提出召开东盟加中日韩财政及央行副手级会议,以加强东亚国家之间的对话和政策协调,促进彼此之间的交流与合作。根据中方建议,首次东盟加中日韩财政及央行副手级会议于1999年3月在越南河内举行,重点就监管短期资本流动和国际金融体系改革等问题进行了讨论。1999年11月,第三次东盟与中日韩领导人会议上,中方建议将东亚财政和央行副手级会议机制化,根据需要在此基础上举行财长和央行行长会议。经过副手级会议对东亚区域自我援助和相互支持机制的磋商,最终在2000年5月泰国清迈财长及央行行长会议上确定建立区域性货币互换网络的《清迈倡议》,确定在10+3范围内逐步建立双边货币互换网络,以便在有关国家出现短期资金困难时进行援助,防范金融危机的发生。为深化东亚金融合作,增强区域危机自救能力,中国方面于2003年10月又率先提出"推动清迈倡议多边化"的倡议,建议将《清迈倡议》下较为松散的双边货币互换机制整合为多边资金救助机制。全球金融危机的蔓延加速了《清迈倡议》多边化的进程,2009年2月,10+3财长确定将原定800亿美元的共同储备库规模扩大到1200亿美元,同年5月各国财长就储备库出资份额分配、出资结构、贷款额度、决策机制等主要要素达成一致。2010年3月24日,10+3财长和央行行长以及中国香港金融管理局总裁共同宣布《清迈倡议多边化协议》正式生效。中国与日本成为东亚共同外汇储备库并列的最大出资方。2014年7月,《清迈倡议多边化协议》修订稿正式生效,将《清迈倡议》多边化资金规模从1200亿美元翻倍至2400亿美元,并将与IMF贷款规划的脱钩比例从20%提高到30%。

中国还在金砖国家合作机制的建立、拓展和深化过程中发挥了积极作用。2010年12月,中国作为金砖国家合作机制轮值主席国,与俄罗斯、印度、巴西一致商定,吸收南非作为正式成员加入金砖国家合作机制。2011年在中国三亚举行的第三次金砖国家领导人峰会上,首次宣布推行本币贸易结算,并正式签署了《金砖国家银行合作机制金融合作框架协议》，货币金融合作成为提升金砖合作机制化水平的重要突破口。2013年第五次领导人峰会决定建立金砖国家开发银行并筹备建立金砖国家外汇储备库。2014年第六次峰会宣布金砖国家新开发银行初始资本为1000亿美元，由5个创始成员平均出资，总部设在中国上海。同时，中国人民银行行长周小川代表中国政府与其他金砖国家代表在巴西福塔莱萨签署了《关于建立金砖国家应急储备安排的条约》，这是新兴市场经济体为应对共同的全球挑战、突破地域限制创建集体金融安全网的重大尝试。2015年第七次峰会在俄罗斯乌法举行，习近平主席在会议上发表了题为《共建伙伴关系共创美好未来》的主旨演讲。从"牢记历史，维护和平""共享利益，共同发展""包容多元，文明互鉴""革新规则，推进治理"四个方面，提出了加强金砖伙伴关系的战略蓝图。2016年10月16日，金砖国家领导人第八次会晤在印度果阿举行。这也是金砖国家合作十周年，"十年磨一剑，金砖国家10年耕耘，一步一个脚印，合作不断走深走实，发展为具有重要影响的国际机制"[1]。在中国的大力支持和推动下，10年来金砖国家在合作机制的内容上更加全面多维，在合作的深度或机制化水平上也有显著的提升。一方面，金砖机制自身的强度有所提升，应急储备安排投入运行，增强了全球金融安全网，金砖新开发银行顺利开张，并已经批准了首批贷款为金砖国家可再生能源项目提供支持，还发行了首批人民币绿色债券。另一方面，金砖机制作为整体，不仅早已共同发声对世界趋势、国际局势和主要区域问题提出自己的看法，有逐渐开始以单一实体身份与其他机制

---

[1] 习近平：《坚定信心 共谋发展——在金砖国家领导人第八次会晤大范围会议上的讲话》，新华网，2016年10月16日，http://news.xinhuanet.com/2016-10/16/c_1119727543.htm。

开展合作的迹象，还开始初步形成富有自身特色的新型全球经济治理观。

"一带一路"合作倡议的出台及亚投行的设立，揭示了中国推动国际经济规则演进的新进展。从范围来看，"一带一路"涉及了区域内六十多个国家并对区域外利益相关国家持开放态度，这大大超过了东亚合作或金砖合作的范围。从合作的领域看，"一带一路"涉及了政策协调、贸易、货币金融、基础设施、人文交往等更加广泛的内容。2015年3月，中国发布了《推动共建丝绸之路经济带和21世纪海上丝绸之路的愿景与行动》，以类似白皮书的形式向世界发出共建"一带一路"的倡议，得到国际社会积极回应。中国还发起设立亚洲基础设施投资银行（AIIB），为"一带一路"基础设施互联互通筹智融资。2014年10月，中国、印度、新加坡等在内的21个首批AIIB意向创始成员国的财长和授权代表在北京签约，共同决定成立亚洲基础设施投资银行。2015年6月29日，《亚洲基础设施投资银行协定》签署仪式在北京举行，57个意向创始成员国财长或授权代表出席了签署仪式。2015年12月25日，亚洲基础设施投资银行正式成立。与东亚及金砖货币金融合作相比，亚投行机制反映的"一带一路"的治理理念与规则，更加鲜明地说明了新兴机制有别于传统机构的价值观。机构的规则或原则会以一定的价值观为基础。例如IMF和世界银行以"华盛顿共识"为基础，强调透明度、市场化与金融深化等要求，为此设立了一整套"先验的"或罔顾资金接受国现实情况的措施作为贷款条件，在实践中往往表现为官僚主义和烦琐程序。而亚投行的核心价值观则是"精干、廉洁和绿色"，更强调精简程序保持效率。在2016年9月3日举行的二十国集团工商峰会开幕式上，习近平主席就提出"一带一路"等新倡议新机制的动机做出了说明，他指出：

"中国倡导的新机制新倡议,不是为了另起炉灶,更不是为了针对谁,而是对现有国际机制的有益补充和完善,目标是实现合作共赢、共同发展。"① 这一阐述明确宣示了中国对国际规则和机制的修改,不以颠覆或创造平行体系为目的,而是以补充和完善为边界。

◇ 中国理念渐入人心

中国在器物、货币、制度等领域的成就也引起了其他国家或地区对这背后的发展理念或观念一探究竟的兴趣,中国国家领导人阐述的中国关于世界、关于发展、关于和平的看法得到更多关注与接受。

和谐世界就是一个基于中国文化传统的系统观、整体观而提出的全球政治伦理、法律与国际关系建设的重要理念。2005年4月,时任中国国家主席胡锦涛在参加雅加达亚非峰会讲话中提出了和谐世界的理念。此后,和谐世界被写入《中俄关于21世纪国际秩序的联合声明》,作为国与国之间的共识进入国际社会视野。2005年9月,胡锦涛在联合国总部发表演讲,全面阐述了和谐世界的内涵。2006年8月,胡锦涛在中央外事工作会议上讲话中指出,推动建设和谐世界,是中国坚持走和平发展道路的必然要求,也是实现和平发展的重要条件。2014年4月15日,胡锦涛的继任者习近平在中央国家安全委员

---

① 习近平:《中国发展新起点 全球增长新蓝图——在二十国集团工商峰会开幕式上的主旨演讲》,中国共产党新闻网,2016年9月3日,http://cpc.people.com.cn/n1/2016/0905/c64094-28690521.html。

会第一次会议上也提出"对外求和平、求合作、求共赢、建设和谐世界"①。和谐世界成为中国对外部环境的总体期许。

如果说"和谐世界"更多带有愿景和未来的色彩,那么"命运共同体"的提出,则将世界各国广泛合作、共赢发展的现实性和紧迫性彰显了出来。2011年中国国务院新闻办公室发布的《中国的和平发展》白皮书指出,"不同制度、不同类型、不同发展阶段的国家相互依存、利益交融,形成'你中有我、我中有你'的命运共同体",提出"要以命运共同体的新视角,以同舟共济、合作共赢的新理念,寻求多元文明交流互鉴的新局面,寻求人类共同利益和共同价值的新内涵,寻求各国合作应对多样化挑战和实现包容性发展的新道路"②。十八大报告进一步强调,人类只有一个地球,各国共处一个世界,要倡导人类命运共同体意识。习近平就任总书记后在多个场所就命运共同体作出阐述。如果说包括十八大报告等关于命运共同体的阐述还主要强调的是人类在空间意义上的共同性,2013年3月23日,习近平在俄罗斯莫斯科关系学院的演讲,则把这种共同性延伸向时空的更饱满的维度,他指出"这个世界,各国相互联系、相互依存的程度空前加深,人类生活在同一个地球村里,生活在历史和现实交汇的同一个时空里,越来越成为你中有我、我中有你的命运共同体"③。这种对"同时性"或时间维度的强调,是对当前的人类共处一个伟大的时代,有机会去完成时代赋予人类的共同使命的呼吁与期待。此后,习近平

---

① 习近平:《坚持总体国家安全观,走中国特色国家安全道路(2014年4月15日)》,《习近平谈治国理政》,外文出版社2014年版,第201页。

② 国务院新闻办公室:《中国的和平发展》,2011年9月,http://politics.people.com.cn/GB/1026/15598619.html。

③ 习近平:《顺应时代前进潮流,促进世界和平发展》,《习近平谈治国理政》,外文出版社2014年版,第272页。

又在谈中国与非洲关系、中国与阿拉伯关系、中国与周边国家关系时，并在联合国教科文组织、博鳌亚洲论坛、二十国集团峰会、亚太经合组织会议、亚信峰会等重要的国际场合，不断阐述命运共同体的观念和思想。不仅如此，习近平在21世纪海上丝绸之路等重大对外倡议以及总体国家安全观这一重要治国理政方针的阐述中，也包含了命运共同体的内容。

无论是和谐世界还是命运共同体，都与中国固有文化传统与历史思想资源中的"天下大同"等概念有密切的联系。从中国历史思想文化中凝结出来的和平发展、不干涉等理念，也得到国际社会越来越多的理解与认同。中国的历史是一个紧密连续的过程，史官、哲人、文士、诗人、小说家、剧作家和演员很好地保存了两千多年政治经济军事与文化的记录。厚重的历史被挤压在现实的原点上，成百上千年前的英雄与佳人、忠诚与背叛、奇计与阴谋、高尚与卑劣以文字、图画、口口相传、曲艺等方式与历朝历代的生者相联系。站在赤壁之畔，仿佛还能看见三国相争的烈火。驻足乌江之边，似乎还可听见项籍自刎前的叹息。[①] 一代代中国人就在仿如昨日的长久历史中成长，延绵至今的历史和不断积累起来的思想文化，成为先人馈赠给历代中国人的弥足珍贵的遗产，这些资产对国家行为有不可忽视的影响。

外交家亨利·阿尔弗雷德·基辛格（Henry Alfred Kissinger）在

---

① 《史记》记载项羽死于东城而非乌江，近人也有考证，认为元代中期剧作家金仁杰杂剧《萧何月夜追韩信》之后，乌江自刎之说才开始盛行。但对人之行为的影响，主要在于观念。而观念与史实未必完全重合，可能成为一种历史记忆，其背后反映了一种基于社会内容和心态历程的认知结构。借助"知识考古"的方法，可以对其进行分析。卢华为：《虚构与真实——民间传说、历史记忆与社会史"知识考古"》，《江苏社会科学》2004年第6期。

其著作《论中国》中就从影响几代新中国领导人战略决策的传统思想文化资源中，试图提炼中国战略行为的依据与规律。他看到了东西方历史观念上的若干不同。第一，中国对历史的理解与西方截然不同，这种观念差异对中国的战略行为有重要影响。西方认为历史是一个通往现代化的进程，其间人类在一次次与邪恶和退步力量的较量中大获全胜。中国传统的历史观则强调衰落与复兴的循环过程，在这个过程中人们可以认识自然和世界，但无法完全掌控。因此中国看重和谐。施加于敌手的策略和政治都是实现"斗争性共存"的方式，而不是赶尽杀绝。目的在于将对手导向弱势地位，同时加强自己的优势，或战略地位。基辛格用围棋与象棋的区别来譬喻中西方差异，十分精到。围棋不重在肉体上消灭对手，只要棋局未终，被围撤的棋子可以随时回到局中。就具体的得失，还有活棋一说，就是同一块地盘上你中有我、我中有你，相互依赖、利益共享。即便局终人散、胜负已定，博弈双方在棋局中的力量对比也可能相差无几。高手对决时尤其如此，棋盘上布满相互交错的势力范围，外行甚至难以将胜负一目了然。象棋则不同。被吃掉的棋子彻底死亡。以杀伤对方成员为手段，以对方政权（以统帅为代表）的垮掉为目的。

第二，中国传统战略文化重在防御而非征服。执行战略的方式是运用一系列外交和经济手段将潜在的外敌拉入中国管理的关系网里，避免被侵略和防止蛮夷结成联盟。在强盛期，中国上述外交方略亦不强调从物质上占有别国，而是促进帝国权力在边缘地区的意识形态合理化。在衰弱期，这种策略可以掩盖中国的软弱并使中国能够暗中操纵各方竞争力量，将外敌分化瓦解，实现"以夷制夷"的效果。中国能够在历史上运用这套策略而获得较好的成果，与其文明远走在周边世界的前列有关。近代以前，中国从来没有正面接触过与之体量相当的另种文化，更别说还要发达先进的文明了。因此，在被英国以炮舰轰开国门之后，中国还寄希望于"以夷制夷"的老路，试图引群狼入室而欲驯化之。殊不知东西方力量对比过于悬殊，再精巧的策略也无法弥补实力上的差距，中国的文明遭受前所未有的冲击，时人视为三千年未有之大变局。

第三，传统中国有普世的情怀，但没有普世主义的情结。中国有颇为自矜的伦理规范，也认为这种规范可以对"蛮夷"开放。"蛮夷"守"华夏"的礼仪就等同于"华夏"，"华夏"失掉礼仪也会沦落为"蛮夷"，两者之间没有不可逾越的界限，这是礼仪普世之处。但与美国满世界推销其价值观的做法不同，中国的做法是感化，或者说只发挥表率作用，静候秩序的自发扩展。正如澳大利亚前总理陆克文（Kevin Rudd）所言，中国的儒家理念并不具有向世界输出价值的特性。与之相比，美国的自由民主无论是主动传道他国，抑或被动展示自我，实际上是极具输出性的。[1]

强调东西方历史思想文化的差异性并不是要完全否认施道安（Andrew Scobell）、江忆恩等人的研究。前者认为中国古代存在两种不同的战略文化，其中之一派是富有中国特色的绥靖派和防守思维文化，另一派则倾向于武力解决和进攻性行为。[2] 江忆恩则进一步指出，中国的孔孟思想在战略文化中只具有符号或象征的意义，真实发挥作用的是进攻性的战略文化，在这个问题上，中国传统文化表现为"说一套，做一套"。就其本质而言，与西方重进攻与征服的文化传统并

---

[1] Kevin Rudd, "China under Xi Jinping: Alternative Futures for U.S. – China Relations", Match 2015, http://csis.org/files/publication/150313_ rudd_ speeches. pdf.

[2] Andrew Scobell, *China and Strategy Culture*, Honolulu: University Press of the Pacific, 2002, pp. 4–10.

无太大不同。

实际上，正如现实主义者所言，无论是东方还是西方，人类都有一些共同的"本性"，比如希望满足欲望、趋利避害等。这些共同性奠定了面对对手，有动用武力和表现出进攻性的一面。但正是江忆恩所认为只有象征意义的思想符号上的差异，使得东西方在用自己的一套习俗或规则（非正式制度和正式制度）塑造和约束"本性"的方式与内容上，存在重大或关键的差异。这些差异对个体及群体的行为的影响是不容忽视的。

从中国现实经济建设实践中总结而出的自下而上、基础设施优先发展的理念，也引起其他国家特别是广大发展中国家越来越大的兴趣。

一直以来，关于中国发展及国际合作的方式，并非没有争议。例如，一些批评认为中国不附带政治条件的对外援助，抵消了世界银行等机构"高水平"援助的效果，助长了受援国的独裁与腐败，加剧了受援国国内的不平等，等等。在中国之前，欧美发达国家也曾援助非洲的欠发达国家，可惜成效有限。中国所倡导的是一种基础设施导向的发展路径，这与欧美制度改革导向的发展路径有明显差异。后者的假定是，如果一个国家政治透明度低、经济管制程度高、金融自由化或深化不足，那么在这些国家进行援助或投资的风险就很大，还可能会助长其国内的腐败等问题，所以应该先要求它开展制度改革，实现市场化、自由化等，而援助和投资应当与这些改革绑定，有改革就有援助，不按照要求来，甚至要撤回援助，这个国家就会陷入困境。这种自上而下的改革与发展模式，可能降低了援助者的风险，但是被援助国的风险就非常大。

基础设施导向的发展路径与此有别。其假定是非常朴素的自下而上的"要想富，先修路"。路一通了，本地的劳动力、资源、资金等就能够通过基础设施互联互通接入全球市场，享受全球化带来的好处，一旦基层民众享受到了这些好处，观念也会随之逐渐发生变化，上升的欲望就会进一步要求制度上和观念上的开放与改革，推动整个国家更好地融入现代世界经济网络。这也是中国自己的基本经验。但鞋子合不合脚，只有自己才知道。每个国家都应当选择适合自己的道路，这既是这个国家的权利，也是这个国家的责任。中国的成功可以借鉴，中国也可以提供必要的帮助，但归根结底还要看各国自己的战略决断，中国绝不强加于人。

实际上，欧美坚持的多数制度改革或市场规则，中国并不反对。恰恰相反，中国主要是这些规则的受益者和支持者。正如习近平主席在论自由贸易试验区时所言，"要牢牢把握国际通行规则，加快形成与国际投资、贸易通行规则相衔接的基本制度体系和监管模式"[1]。但从中国认识和实践的经验来看，从第一个阶梯上很难直接跨上最高一级阶梯。中国宁可把这个过程，当作自下而上、渐进地学习和自我教育、自我改革的过程。其他国家可以提供帮助，但不能拔苗助长，更不能越俎代庖。正是在这个意义上，习近平主席强调，"要大胆闯、大胆试、自主改"[2]。中国所做的也无非是向欠发达及发展中国家的生产要素提供接入全球市场的阶梯或通道。中国与欧美做的，从坚持市场导向的发展道路来说，应是殊途同归。

美国经济学家庇古在其《福利经济学》中曾用"社会产品—私

---

[1] 习近平：《推进上海自贸区建设 加强和创新特大城市社会治理》，《人民日报》2014年3月6日。
[2] 同上。

人产品"二元视角对马歇尔提出的"小企业的教育功能"进行了论述。① 他指出,不同规模和性质的产业单位除生产之外,还具有培训身处其中的劳动者的功能。社会中各种规模的产业单位分布比较合理,不啻为普通劳动者提供了发掘和提升自身才能的阶梯。一个社会的大部分产业如果为几个巨型联合体所控制,虽然它们的私人净产品能够实现最大化,但这样的后果是阻碍了更多拥有潜在才能的人经过"能力阶梯"不断培训企业家职能的机会,社会净产品因之不能最大。也就是说,对全社会而言,一个良好的经济组织生态,应该是不同规模和性质的企业共生的、多样性的形态。将这一结论推广到"全球社会"同样适用。中国所倡导的基础设施优先的合作,就是举自身及新兴市场之力,为欠发达国家向发达国家的成长,提供中间的"能力阶梯",让它们不至于无力一步跃上发达国家的船舷而绝望。当然,维持国际环境总体的和平,是维持这个阶梯或通道保持通畅的必要条件。

◇ 来之不易的道路选择

如前所述,中国已经在许多方面展示了复兴的业绩。但对其他国家来说,中国的复兴将给世界带来些什么,更是值得关注的关键问题。近年一些研究反映了对中国复兴的忧虑情绪,仅撷取其名即可见一斑。例如,《中国震撼世界:巨人的崛起与困难重重的未来——兼

---

① A. C. 庇古:《福利经济学》(上卷),朱泱等译,商务印书馆2006年版,第221页。

论对美国的挑战》①《天日无光：生活在中国经济支配的阴影之下》②《当中国统治世界：西方世界的终结与全球新秩序的诞生》③《中国要买下世界吗？》④《中国集经济与军事超级大国于一身：一种危险的组合？》⑤ 等。

中国的快速发展是在经历了长期而曲折的摸索、徘徊甚至挫折之后，才通过中国共产党领导下、邓小平开启的改革开放来实现的。只要稍微花一点时间了解中国最终走上改革开放的背景与历程，就能明白中国高速增长背后隐含的世界观的转变，能够理解中国经济奇迹对和平稳定的国内外环境及现有国际经济相互依存关系的依赖，也就能够感受到中国对来之不易的和平发展道路的加倍珍惜之情。了解了这些，就不会像前文列举的那些著作那样，过度担忧崛起中或崛起后的中国会主动加剧与世界的冲突。

不必讳言，中国是被西方的坚船利炮裹挟着，异常狼狈地进入近代世界的。尽管早在17世纪欧洲水手就开始把吸食毒品鸦片（制造海洛因的主要原料之一）的恶习传入中国⑥，但鸦片在中国泛滥成灾

---

① Kynge, J., *China Shakes the World*: *A Titan's Rise and Troubled Future – And the Challenge for America*, Houghton Mifflin Harcourt, 2007.

② Subramanian, A., *Eclipse*: *Living in the Shadow of China's Economic Dominance*, Peterson Institute, 2011.

③ Jacques, M., *When China Rules the World*: *The End of the Western World and the Birth of a New Global Order* [Greatly Expanded and Fully Updated], Penguin Books Limited, 2012.

④ Nolan, P., *Is China Buying the World*?, Cambridge, UK; Malden, MA: Polity Press, 2012.

⑤ Uckert, M. B., *China as an Economic and Military Superpower*: *A Dangerous Combination*?, BiblioBazaar, 2012.

⑥ 斯塔夫里阿诺斯：《全球通史》，董书慧等译，北京大学出版社2005年版，第580页。

主要还是因为英国这个 19 世纪最大的武装贩毒集团的不懈努力所致。英国对中国出产的茶叶需求量很大，但它在欧洲又拿不出中国人会大量消耗的制成品①，双方贸易失衡一度十分严重。英国东印度公司每年从中国进口货物约 700 万元②，但出口到中国货物的价值只有进口的一半。鸦片逐渐成为弥补逆差（并在后来获得巨额顺差）的主要对华输出品。这家被称为"可敬的东印度公司"（the Honourable East India Company）的巨无霸，其政治职责是"为皇室代行皇室之主权"。1773 年，它在印度建立了向中国贩售毒品的垄断组织。1822 年至 1830 年期间，它通过向中国的腐败官员行贿等手段，大肆输出毒品，每年贸易额高达 18760 箱。到 1836 年，输入中国的鸦片贸易额达到 1800 万元，鸦片也由此成为 19 世纪全世界最贵重的单项商品贸易。这使中国对英国的贸易差额，由 19 世纪头十年的盈余 2600 万元，转变为 1828 至 1836 年的逆差 3800 万元。③

中国方面采取了销禁鸦片的严厉行动，没收英国商人手中的毒品。英国驻华商务负责人要求商人将毒品交付给他，由他转交中方，而英国政府则对商人的损失负责赔偿。这让贩毒责任明确地由英国的私人部门转移到了政府部门。受此激励，英国商人缴纳了比存货更多的毒品，计 20283 箱鸦片，折价 900 万元。④ 英国国内政府及议会的一些人开始鼓动对华开战。尽管一些有良知的议员指出了走私毒品的非正义性，但当权者成功地把议题由"是否支持贩毒"转向了"是

---

① 费正清编：《剑桥中国晚清史》（上、下卷），中国社会科学院历史研究所编译室译，中国社会科学出版社 1985 年版，第 179 页。

② 单位是银圆。下同。

③ 费正清编：《剑桥中国晚清史》（上、下卷），中国社会科学院历史研究所编译室译，中国社会科学出版社 1985 年版，第 184 页。

④ 同上书，第 201 页。

否支持自由贸易",反战的决议案以五票之差被否决。① 已经进入工业文明的英国对仍处于农耕时代的中国动武,就像孔武有力的成年人对桀骜不驯的幼儿园学生饱以老拳,后者全无招架之功,在不少地方简直是一边倒的屠杀。场景之惨烈,甚至令屠杀者本人都感到恐怖和恶心。②

更不幸的是,鸦片战争验证了中国没有保护自己的力量,而结束这次战争的《南京条约》则证实了中国政府的"富庶"与"慷慨"。条约规定,除满足向英国割让香港、开放通商口岸等条件之外,中国还需赔偿2100万元。前文已经述及,19世纪前期中国以丝绸、茶叶等消费品的价值为基础的GDP要远高于包括英国在内的所有工业国。现在这些国家发现凭借较少的钢铁弹药对应的GDP的实力,就可以在中国我行我素、予取予夺,已被英国点燃的欲望之火岂能轻易熄灭。英国、美国、法国、俄国等多次通过战争、武力讹诈等手段,以"条约"等看似文明的方式,从中国攫取领土、财物和特权。中国的近邻、历史上长期受惠于中国文明的日本,在被西方打开国门之后迅速"脱亚入欧",开始反噬曾经的恩主。1894年中日甲午战争爆发,中国战败,赔偿日本军费白银两亿三千万两。1900年,日本随欧美七国组建八国联军攻陷北京,烧杀抢掠之外,还逼迫中国签署《辛丑条约》,赔偿白银本息共9.8亿两。日本从中国获得赔款总数,相当于当时其年财政收入的八倍,这大大加速了日本的现代化进程。③ 而

---

① 费正清编:《剑桥中国晚清史》(上、下卷),中国社会科学院历史研究所编译室译,中国社会科学出版社1985年版,第209页。
② 同上书,第221页。
③ 张宇燕:《战争对经济的影响》,《国际经济评论》2003年第2期。

中国则错过了通过"洋务运动"①加入世界现代化进程的机会。

　　1912年，据说应该对近代中国积贫积弱负总责的清政府轰然倒塌，但中国的命运并未因此得到根本的改观。新成立的中华民国政府无力控制割据各地的军阀，后者在某个或若干外国的支持下开展军事统治。这种分裂状态让中国的国际地位岌岌可危。尽管在第一次世界大战中幸运地站在了胜利者一方，中国却无法从战败国手中收回本属于自己的权利。德国在中国山东半岛的这些特权，被英法试图秘密转让以取悦另一个战胜国日本。这一消息在中国国内引起巨大反响。1919年5月4日，北京的大约3000名学生在天安门广场附近游行，要求罢免亲日派官员并焚烧了其中一位交通部部长的住宅。政府的镇压导致流血事件，这激起了全国更广泛的声援和游行。最终政府罢免了三名亲日派部长并拒绝与德国签署最终和约。这次群众运动被称为"五四运动"。其后，马克思主义在中国传播开来。两年后中国共产党成立。

　　孙中山领导的中国国民党与后来成立的中国共产党自1924年开始合作，准备通过北伐实现对全国的控制。如果孙中山能一直领导北伐直至胜利，中国的道路可能会大为不同。这位众望所归的革命领袖于1925年3月在北上与军阀谈判途中病逝。经过一番党内斗争，蒋介石获得了国民党的领导权。在中国共产党的帮助下，国民党取得了集中全国工商业的上海及长江下游地区。但蒋介石随即在1927年联合上海的黑社会帮派清党，即逮捕和杀害共产党员。在此期间，超过

---

　　① 19世纪60—90年代，清朝中央和地方的一些官员致力于引进西方军事装备、机器生产和科学技术，希望按照"中学为体、西学为用"的纲领，实现"师夷长技以制夷"。这些官员被称为"洋务派"，他们领导的自强自救运动被称为"洋务运动"。甲午战争中洋务派发展起来的北洋海军全军覆没，标志着洋务运动的破产。

90%的共产党员遇害,共产党活动不得不转入地下。国民政府把首都由北京迁到南京,并在形式上统一了中国——主要军阀站到了南京政府的旗下,但还保持着相当程度的独立性。哪怕只是形式上的统一,带来的稳定都给中国经济发展创造了机遇。正如李侃如博士(Kenneth Lieberthal)观察到的,"任何一个中国政府只要能够略微维持秩序……就可以从显著的经济增长中获益"。尽管全世界主要国家在1930年代都遭遇了大萧条,中国却取得了可观的业绩,到1936年工、农、商业产值都达到历史最高水平,直至1950年代共产党执政的第一个十年才再次达到这一水平。①

打断中国发展进程的国家又是日本。早在1931年日本就侵占了中国东北并在华北、上海等地挑起事端,1935年日本侵占了华北。正像英法对德国法西斯一开始采取的绥靖政策一样,国民党起初也对日本采取了妥协退让的方针。蒋介石提出了"攘外必先安内"的政策,即先平定共产党和国民党内的反对派武装,再抵御日本侵略,这在事实上纵容了日本的野心。1937年7月7日,日军在北平附近挑起卢沟桥事变,中日战争全面爆发。国民党与共产党再次合作,联袂抗日。直到1945年8月15日,日本才无条件投降。从1937年抗战全面爆发到1945年战争结束,中国共有2100余万人被打死打伤,1000余万人被残害致死,有930余座城市被占领,直接经济损失达620亿美元,间接经济损失超过5000亿美元。② 中国再次被日本阻挡在现代化进程之外。

---

① 李侃如:《治理中国》,胡国成、赵梅译,中国社会科学出版社2010年版,第31—39页。

② 国务院新闻办:《中国的人权状况》,1991年11月,http://www.scio.gov.cn/zfbps/ndhf/1991/Document/308017/308017.htm。

抗日战争胜利之后，外患消除，内患又起。国民党拒绝与共产党及其他民主党派共同治理中国，派兵向共产党军队发动攻击。经过三年战争，中国共产党在中国大陆取得了胜利。国民党残余势力逃往中国台湾。

发展经济的任务因为战争一再被延误，直到中国共产党成立新中国，局势才安定下来。新中国成立后，虽然也面临社会改革和抗美援朝的任务，但国内遭到严重破坏的经济开始恢复。到1952年，全国工农业生产达到历史最高水平。经过社会主义工业化、社会主义改造及第一个五年计划的建设，到1956年基本建立了社会主义制度。从新中国成立到社会主义改造基本完成，短短几年中接踵而至的胜利让毛泽东为代表的共产党领导层开始对经济社会建设工作的前景作出过度乐观的评价，发动了"大跃进"和人民公社化运动。这些运动违背了经济社会发展的规律，让中国的经济建设遭遇重大挫折。不仅如此，毛泽东出于对国内外形势的误判，进一步发动了"文化大革命"的浩劫，使党、国家和人民遭到新中国成立以来最严重的挫折和损失，让中国偏离了正确的发展方向，同世界经济和科学技术发展的时代潮流相脱节，拉大了与其他一些国家在经济社会发展方面的差距。[①]直到1970年代末邓小平复出后拨乱反正，中国才重新走上正确的发展方向。

综观近代以来中国的遭遇，可以得到以下结论。第一，近代以来，外部势力的侵害与剥夺给中国经济社会发展带来的损害十分严重，中国对此必须保持持久的警惕。第二，经济上的不对称依赖是造成纷争的重要诱因。如果英国与中国的贸易起初就实现了大规模和对

[①] 中共中央党史研究室：《中国共产党历史》第二卷，中共党史出版社2011年版，第752页。

称性的相互依赖，破坏中国市场的稳定同时意味着对英国商人利益的损害，那么对中国开展侵略战争的可能性或将下降。第三，内部失序是造成中国经济社会发展停滞和倒退的直接原因。外部侵害如果不能深入中国社会之内并严重破坏秩序，中国仍有望实现一定程度的发展。第四，近代以来相当长时间，中国错过了与世界各国并肩前行的机会，因此会特别珍视结束内外动荡之后的发展机遇。

第二章

邓小平与改革开放

和衷共济、和合共生虽然是中华民族的历史基因和东方文明的精髓，但在不同国内外环境的约束条件之下，中国的国际行为会有所变化。新中国成立后，中国人民站起来了。中国共产党团结带领中国人民"完成了中华民族有史以来最为广泛而深刻的社会变革"，"为当代中国一切发展进步奠定了根本政治前提和制度基础，为中国发展富强、中国人民生活富裕奠定了坚实基础"。[1]但也应当看到，"具有60多年历史的新中国建设取得举世瞩目的成就，中国这个世界上最大的发展中国家在短短30多年里摆脱贫困并跃升为世界第二大经济体"[2]，说明"文化大革命"等"封闭僵化的老路"也给国家造成过巨大的损失，新中国成立后至少前30年仍未摆脱贫困。1971年6月，下放江西的邓小平想为儿子邓朴方找点事情做，去问他的工人同事有没有需要维修的收音机。一个工人回答说工人的钱根本买不起收音机。邓小平伤心地感慨，社会主义已经搞了20年了，工人家庭仍然连收音机也买不起。[3]

---

[1] 习近平：《在庆祝中国共产党成立95周年大会上的讲话》，《人民日报》2016年7月2日。

[2] 同上。

[3] 参见傅高义《邓小平时代》，冯克利译，生活·读书·新知三联书店2013年版。

1970年代末，当邓小平重新回到中国政治舞台的中心之后，中国开始发生翻天覆地的变化。普遍的短缺逐渐缓解，人民获准可以拥有自己的生产资料并积累财富，港台乃至欧美的流行音乐和影视开始风靡……到现在，收入大幅提高的"中国大妈"可以全球采购黄金、地产和智能马桶盖。回首三四十年前，人们恍如隔世。这一切变化都肇始于"邓小平时代"的开启。理解了邓小平及其同事们做了些什么、做对了什么，才能明白当下及未来的中国坚持他们所开启这条和平发展道路的决心。

◇ 改革开放之前的时代背景

第二次世界大战结束后，世界因美苏争霸而陷入两个平行的国际政治经济体系。苏联方面在社会主义阵营成立了经济互助委员会。经互会脱胎于"莫洛托夫计划"，该计划是针对美国的"马歇尔计划"提出的，以当时苏联外长维亚切斯拉夫·莫洛托夫的名字来命名，旨在应对后者对苏联控制东欧的威胁，其内容主要包括了苏联对东欧社会主义国家的经济援助以及发展东欧国家对苏联的贸易。1949年1月5日至8日，苏联、保加利亚、匈牙利、波兰、罗马尼亚、捷克斯洛伐克六国政府代表在莫斯科通过会议磋商后，宣布成立经济互助委员会。1962年6月，经济互助委员会第16届会议修改章程，规定非欧洲国家也可参加。后来蒙古、古巴、越南等国也加入了经互会。1991年6月28日，在布达佩斯举行的经济互助委员会第46次会议上，经济互助委员会正式宣布解散。从成立到其解散之前，是世界上贸易额仅次于欧共体的区域性经济组织，对经互会各国之间的经济交流起到较大的促进作用。

美欧方面，从战后经济秩序确立到布雷顿森林体系崩溃之前，确立了以美国为核心的霸权稳定结构的国际经济体系。其间，美国是西方世界国际经济治理的核心或霸权国家，美元居于世界货币格局的中心。作为第二次世界大战以来西方国际体系的主导者，美国根据自身（及其盟友）的利益设立了绝大部分国际机制和规则[1]。不但联合国、世界银行、国际货币基金组织（IMF）等主要全球治理机构创设时的组织架构、所在地、授权状况等悉由美国所掌控[2]，这些组织后来的运作或行为也的确主要反映着美国的利益。例如，经验研究表明，世界银行对各国的贷款就显著受到美国利益的影响[3]，而IMF对其他国家贷款的条件也因为这些国家与美国（及其盟友）关系的不同而有多寡难易之别[4]。反过来看，没有美国的支持，哪怕各方均有需要，

---

[1] 参见高程《新帝国体系中的制度霸权与治理路径——兼析国际规则"非中性"视角下的美国对华战略》，《教学与研究》2012年第5期；秦亚青《霸权体系与国际冲突：美国在国际武装冲突中的支持行为》，上海人民出版社1999年版，第13页。

[2] 参见 Peet, Richard, *Unholy Trinity: The IMF, World Bank and Wto. Zed Books*, 2003. Wade, Robert Hunter, "US Hegemony and the World Bank: The Fight over People and Ideas", *Review of International Political Economy*, 9 (2), 2002, pp. 215 – 243. Woods, N. "The United States and the International Financial Institutions: Power and Influence within the World Bank and the IMF", Foot, McFarlane and Mastanduno (Eds.), US Hegemony and International Organizations, Oxford, 2003, pp. 92 – 114.

[3] Fleck, Robert K., and Christopher Kilby, "World Bank Independence: A Model and Statistical Analysis of US Influence", *Review of Development Economics*, 10 (2), 2006, pp. 224 – 240.

[4] Dreher, Axel, and Nathan M. Jensen, "Independent Actor or Agent? An Empirical Analysis of the Impact of U.S. Interests on International Monetary Fund Conditions", *The Journal of Law and Economics*, 50 (1), 2007, pp. 105 – 124.

"国际贸易组织"也无法达成一项正式的协议①。当然,也应看到,在这一阶段,美国的经济实力在西方世界占据绝对优势,也是西方世界公共产品的主要甚至唯一提供者。为了弥补IMF和世界银行信贷机制为西欧大额贸易赤字融资的不足,美国通过《欧洲复兴计划》对西欧国家投入大量援助,支持其战后重建。朝鲜战争期间,美国向日本投入巨额资金,其规模甚至远远超过那些参与《欧洲复兴计划》的国家所获得的援助资金的规模。

在平行经济体系下,中国起初采取对苏联"一边倒"的政策。1956年至1961年,中国曾经以观察员的身份列席经济互助委员会的例行会议。随着中苏关系的破裂,中国始终未加入经互会。总体来说,中国更多的时间里游离于全球经济体系之外,既不是以美国为首的西方体系的一员,也并非以苏联为首的经互会的成员。

从中国在国际规则或国际组织的参与情况可以看出中国对国际体系从疏离到重新融入的全过程。1949年新中国成立后到1978年改革开放以前,中国基本上隔绝于主要国际组织与规则体系之外。在这二十九年里中国一共只批准或签署了29项多边条约,主要是《米制公约》《万国邮政联盟法》《改善战地武装部队伤者病者境遇之日内瓦公约》之类"中性"或"工具性"色彩较强的基本国际行为准则。直到改革开放后,中国才开始积极主动加入既有的国际组织体系。从1978年到1999年,中国共批准或签署了197项多边条约,平均每年8.6项。2000年以后,中国加入多边进程的速度还有所提升。从2000

---

① 基欧汉:《霸权之后:世界政治经济中的合作与纷争》,上海人民出版社2001年版,第180页。

年到 2013 年，中国共批准或签署 140 项多边条约，平均每年 10 项。[①] 这一切的发生都是以改革开放为出发点。邓小平领导的改革开放，让中国重新回到全球化的世界之中，这是中国经济奇迹发生的重要前提。

❖ 黄猫、黑猫，捉住老鼠就是好猫

中国的经济奇迹是由革命的浪漫主义或理想主义占上风转向务实精神的觉醒和壮大而启动的。第一代领导核心毛泽东不仅是伟大的领袖，还是富有浪漫情怀的诗人。在诗篇中他曾豪迈地畅想要倚靠长天抽出宝剑，将中国最大的山脉之一昆仑雪山斩成三截，一截赠送给欧洲，一截赠送给美国，一截赠送给日本[②]，好叫全世界都感受到相同的温度（《念奴娇·昆仑》）。邓小平不会这样畅想。从邓小平的个人经历看，他的务实精神在改革开放之前很久就一直存在。

1962 年 7 月 7 日，邓小平在接见出席中国共产主义青年团三届七中全会全体同志时的讲话中谈道，"生产关系究竟以什么形式为最好，恐怕要采取这样一种态度，就是哪种形式在哪个地方能够比较容易比较快地恢复和发展农业生产，就采取哪种形式；群众愿意采取哪种形

---

① 相关数据系根据中国外交部网站历年中国参加的多边条约一览表整理计算而得。见 http://www.fmprc.gov.cn/mfa_chn/ziliao_611306/tytj_611312/tyfg_611314/default.shtml。

② 最初的版本中，毛泽东是把第三截昆仑留在中国的，修改时考虑到欧美日不能顾此失彼，遂改送给日本，将"一截留中国"改为"一截还东国"。见中共中央文献研究室编《毛泽东诗词集》，中央文献出版社 1996 年版，第 62 页。

式，就应该采取哪种形式，不合法的使它合法起来。……刘伯承同志经常讲一句四川话：'黄猫、黑猫，只要捉住老鼠就是好猫。'这是说的打仗。我们之所以能够打败蒋介石，就是不讲老规矩，不按老路子打，一切看情况，打赢算数。现在要恢复农业生产，也要看情况，就是在生产关系上不能完全采取一种固定不变的形式，看用哪种形式能够调动群众的积极性就采用哪种形式。……还有一种可能，就是有些包产到户的，要使他们合法化。……过去就是对这些问题考虑得不够，轻易地实行全国统一。有些做法应该充分地照顾不同地区的不同条件和特殊情况，我们没有照顾，太轻易下决心，太轻易普及。过去我也讲过，我们的运动太多，统统是运动，而且统统是全国性的，看来这是搞不通的"[①]。上面这段话中后来最受人关注的是被总结为"不管黑猫、白猫，捉到老鼠就是好猫"的"猫论"。实际上，里面提到的"不合法的使它合法起来""包产到户的，要使他们合法化"，正是十多年后被称为"打响改革开放第一枪"的安徽省凤阳县小岗村所做的事情。届时，邓小平以"解放生产力、发展生产力"为目标的改革开放的大幕才真正开启。

　　邓小平做上面这个演讲的时候，中国正在为斯大林模式的后遗症（这个症状直到改革开放之前都没有完全消除）支付沉重的代价。尽管中苏关系已经因为两方撕破脸皮的论战而破裂，但中国仍然没有找到斯大林模式之外的发展方式。这一点上，与中国论战的赫鲁晓夫也不例外。尽管他在斯大林逝世之后，作了被称为"鞭尸"斯大林的秘密报告，被称为苏联的第一个改革者，但实际上他

[①] 邓小平：《怎样恢复农业生产（一九六二年七月七日）》，《邓小平文选》第一卷，人民出版社1994年版，第324页。

"揭露的、批判的并力图战而胜之的是斯大林,而不是斯大林主义"①,他的改革也没有离开斯大林模式的框架。

斯大林模式下,政府以指令性计划来管理经济,计划具有法律效力,不完成指令性计划国家可追究行政及法律责任。斯大林时期,计划以年度为主并划分至季度、月份和天数。关于指令性计划,常有"每一块砖头、每一双皮鞋或每一件内衣都要中央调配"之类的说法。这并不夸张。从1947年12月14日发布的苏联部长会议关于《批准食品和工业品国营零售价目表》的决议来看,这份由斯大林及部长会议办公厅主任联名发布的文告,对面粉、香皂乃至火柴在不同地区及城市和农村的不同价格都有详细的规定。

指令性计划下,下级官员为了得到赞赏或避免惩罚,加速执行试图超额完成上级的任务甚至弄虚作假,受到误导的决策层提高政策目标,又进一步迫使下级扭曲和强硬地执行计划,最终会导致严重的后果。1947年地方苏维埃组织竞相虚报完成和超额交公粮的计划,强制农民交出种子和口粮;为完成肉类计划,强制将奶牛(甚至是怀孕的奶牛)作为肉类上缴屠宰。这些做法造成了地方上广泛的饥馑。②1958年计划逐步将拖拉机站和农庄合并,本来准备分期推进,结果各农庄发起合并竞赛,到1959年1月,8000个拖拉机站就只剩下345个,年底就只剩34个了。运动式的合并让大量农庄经济上破产,所购机械缺乏技师和维护人员而效率低下,同时还造成农业机器工业生产的萎缩。③

---

① 参见格·阿·阿尔巴托夫:《苏联政治内幕》,徐葵等译,新华出版社1998年版。
② 参见沈志华总主编《苏联历史档案选编》第23卷,社会科学文献出版社2002年版。
③ 参见陆南泉《苏联经济体制改革史论》,人民出版社2007年版。

类似的事情同样发生在中国，并且后果比苏联更加严重。1958年，毛泽东掀起"大跃进"运动，8月要求农村居民加入"人民公社"，到年底整个农村都实现了公社化。为了实现国家的钢铁生产目标，农民停止农活，捐出家里的炊具去搞土法炼钢，自己到食堂吃大锅饭。在炼出大量废钢的同时，消耗掉了农村集体的粮食积存。1958年秋冬，由于太多劳动力脱离农业生产，农作物开始严重减产。其后由于政策失误、管理混乱和天灾影响，中国的粮食生产继续遭遇困难。与此同时，领导人保障城市粮食供应的计划必须得到执行。地方官员为了取悦上司，"浮夸风""共产风"盛行，为此不惜刻意隐瞒农村生产生活的困境，甚至超额征收农民的口粮，造成广泛的饥荒，非正常死亡人数超过千万人。工业、财政、商业均严重后退。1961年按可比价格计算，农业总产值比上年下降2.4%，轻工业总产值比上年下降21.6%，重工业总产值下降46.5%。财政收入比上年减少37.8%，社会商品零售总额减少12.8%。全国城乡居民人均粮、油、布的消费量，在1959年、1960年连年下降的情况下，连续第三年下降，人民生活处在新中国成立以来最困难的时期。[①]严重后果发生后，毛泽东在中央扩大会议（因为参会人数7118人，通称七千人大会）上作了检讨。

邓小平与"猫论"有关的演讲正是作于中国领导人开始反思"大跃进"运动之后。从1961年到1965年，邓小平与刘少奇、周恩来、陈云共同负责制定恢复经济的计划，调整"大跃进"中的过激措施。他们提出的规划几乎废除了"大跃进"的全部政策。农业方面，人民公社的权力被下放给生产队，农民允许拥有小块自留

---

① 中共中央党史研究室：《中国共产党历史》第二卷，中共党史出版社2011年版，第593页。

地。工业方面，重新采用责任制、专门化管理和差别工资制度。到1965年形势已经有了明显的好转，当年粮食收成1.95亿吨，恢复到了"大跃进"之前1957年的水平，工业品绝大多数品种则达到了1957年的两倍多。① 尽管对国民经济实行了调整并取得了很大成效，但"左"倾错误在经济工作的指导思想上并未得到纠正，在政治和思想文化方面还出现了进一步的发展。② 正如邓小平本人所评价的那样："一九五七年后，'左'的思想开始抬头，逐渐占了上风。"③

直到1971年毛泽东指定的接班人林彪叛逃并因飞机事故摔死后，邓小平得到消息在次年给毛泽东和中央写信重申要求工作。在周恩来总理的支持下，邓小平于1973年2月离开下放地江西回到北京，并被重新任命为副总理，协助罹患癌症的周恩来主持政府工作。1975年毛泽东对邓小平纠正"文化大革命"错误的工作再度不满发起"批邓、反击右倾翻案风"，次年撤销了邓小平的职务但保留其党籍。此时距邓小平下一次复出并最终摆开束缚真正开启改革开放大业还有一年多的时间。其间毛泽东和周恩来逝世，而借助与毛泽东的亲近关系掌握权力并对中国经济社会造成巨大破坏的小集团"四人帮"亦被粉碎。

---

① 理查德·伊文思：《邓小平传》，武市红译，上海人民出版社1996年版，第179页。

② 中共中央党史研究室：《中国共产党历史》第二卷，中共党史出版社2011年版，第743页。

③ 邓小平：《政治上发展民主，经济上实行改革》（1985年4月15日），《邓小平文选》第三卷，人民出版社1993年版，第115页。

◇ 坚持四项基本原则

如果把具备务实精神的邓小平看成是只要能推进改革可以采取任何措施的实用主义者，那就大错特错了。这一点上，邓小平与1980年代中后期的戈尔巴乔夫等苏联领导层人物有很大的不同。当时，苏联的一些领导人（比如苏共中央政治局委员利加乔夫）希望改革，但拒绝因此影响到苏联的国际军事地位和社会主义制度。但最高领导人戈尔巴乔夫及其政治局的盟友不这么想，他们认为只要能确保改革的成效，甚至不惜解散苏联。[①]

与戈尔巴乔夫等苏联的"革命后代"不同，邓小平等老一辈无产阶级革命家非常珍视国家独立自主的地位，珍惜经过长期艰苦卓绝斗争而建立的社会主义制度。此外，尽管毛泽东晚年在"文化大革命"等问题上犯下了严重的错误，但毛泽东本人的威望仍是当时绝大多数中国人的信仰所在。赫鲁晓夫作秘密报告之后，在格鲁吉亚等地引发的混乱已是前车之鉴。邓小平非常清楚，刚刚从灾难中走出的中国经不起再一次的分裂和对立。

1978年12月13日，复出一年多的邓小平在中共中央工作会议闭幕会上发表了《解放思想，实事求是，团结一致向前看》的讲话，里面提道，"毛泽东同志在长期革命斗争中立下的伟大功勋是永远不可磨灭的……毛泽东思想永远是我们全党、全军、全国各族人民的最宝贵的精神财富"。邓小平也指出，毛泽东也有错误和缺点，应当科学

[①] 威廉·奥多姆：《苏联军队是怎样崩溃的》，王振西等译，新华出版社2000年版，第99—101页。

地历史地认识他的伟大功绩,关于"文化大革命"要"经过更长一点的时间才能充分理解和作出评价,那时再来说明这一段历史,可能会比我们今天说得更好"。

受此鼓舞,国内掀起了打碎观念禁锢、解放思想的热潮。但是,也出现了一些在邓小平看来"过头"的言论和行动。比如1979年理论工作务虚会上有人否定毛泽东思想和毛泽东本人,要连根拔掉毛泽东思想;也有人指出把党领导国家写入宪法,很不恰当。理论务虚会的场外,西单"民主墙"释放出来的强烈不满情绪也使邓小平等革命家感到担忧。邓小平在和胡乔木谈话时说:"看理论工作务虚会的简报,越看越看不下去。"[①]

1979年3月30日,邓小平在理论工作务虚会上发表了《坚持四项基本原则》的长篇讲话,对前段时间党内的思想状况和社会上的思潮做出回应,明确提出实现四个现代化必须坚持四项基本原则,即:必须坚持社会主义道路;必须坚持无产阶级专政;必须坚持共产党的领导;必须坚持马列主义、毛泽东思想。

通过坚持四项基本原则,邓小平重申了社会主义道路的目标,强化了共产党按照无产阶级专政原则,在马列主义、毛泽东思想指导下,继续领导人民开展社会主义建设的合法性,稳定了思想和干部队伍。坚持四项基本原则的表态,为按照务实精神推进改革开放明确了约束边界,澄清了国内认识上的误区,凝聚了开展现代化建设的力量。实际上,中国模式的核心就是坚持中国共产党的领导。这一坚强领导核心的存在,为社会政治经济环境的稳定提供了基础性的、有效率的政经架构,提升了政府行为模式的

---

① 王涛:《1979年理论工作务虚会》,《党史文苑》2014年第13期。

可预期性。

从另一个角度看,坚持四项基本原则也反映了中国坚持独立自主发展道路的坚毅之心和务实精神。1989年东欧剧变,社会主义遭遇重大挫折。邓小平在向几位中央领导同志交底时谈道,"如果我们不坚持社会主义,最终发展起来也不过成为一个附庸国,而且就连想要发展起来也不容易。现在国际市场已经被占得满满的,打进去都很不容易。只有社会主义才能救中国,只有社会主义才能发展中国"[①]。由此看来,邓小平也从保持国家独立性甚至获得国际市场这样非常务实的角度来看待社会主义身份。他看得很清楚。如果中国像东欧社会主义小伙伴们一样倒向西方,无非是众多"改旗易帜者"之一,还因为文化、习俗上的格格不入而未必招人待见。即便能收到点卖身的援助费,但对中国这种规模的经济体的经济发展的帮助也非常有限。何况国际市场已经处于高度竞争的状态,即便全面倒向西方,也不可能平白把市场让给中国来发展。

相反,如果中国保住社会主义的旗帜,这一身份就很容易在诸多国家中被识别出来,那些在现有国际市场和国际规则下缺乏比较优势的国家,就可能更集中地发展与中国的关系,中国可以在能源、原材料等方面获得更多元化的供应渠道。在核武器的存在已经相当程度排除了大国战争的条件下,那些西方发达国家,也反倒可能会因为中国的特立独行而投入更多资源试图用市场的方式改变中国。中国将会成为西方发达国家更加关注和重点交往的国家。只要保持这种交往和交流,按照市场和诚信原则行事,这些国家的资金、技术和市场都会逐渐向中国放开。只要中国自己稳住了,发展好了,凭借国内强大的生

[①] 邓小平:《第三代领导集体的当务之急》,《邓小平文选》第三卷,人民出版社1993年版,第311页。

产要素资源和市场规模，融入世界经济而又不被外国所左右的目标就能更好地实现。四项基本原则为中国特色社会主义道路奠定了基础。后面三十多年的发展实践证明，邓小平为中国指明的这条有原则的务实发展道路是正确的。

总之，社会主义道路是中国特色发展道路的基础。共产党领导下的无产阶级专政则为探索和实践社会主义道路提供了稳定坚强的领导核心和有效高能的政经架构。从这个意义上说，共产党的领导是中国模式的核心。在共产党长期领导之下，全国各阶层对政治秩序拥有稳定的预期，能心无旁骛地开展社会主义建设。而共产党则可以从长期的、全局的和战略的角度来精心谋划国家发展和建设的蓝图，并通过有效的政经架构来试行和实现。

◇ 允许一部分人先富裕起来

在邓小平看来，让中国务实发展的具体方法，就是让一部分人先富裕起来，先富带动后富，最终实现共同富裕。在1978年《解放思想，实事求是，团结一致向前》的讲话中，邓小平已经提出允许"先好"的政策，"在经济政策上，我认为要允许一部分地区、一部分企业、一部分工人农民，由于辛勤努力成绩大而收入先多一些，生活先好起来。一部分人生活先好起来，就必然产生极大的示范力量，影响左邻右舍，带动其他地区、其他单位的人们向他们学习。这样，就会使整个国民经济不断地波浪式地向前发展，使全国各族人民都能比较快地富裕起来"。

1983年1月12日，邓小平同国家计委、国家经委和农业部门负责同志谈话时首次提出了"先富"的概念，他指出："农村、城市都要允许一部分人先富裕起来，勤劳致富是正当的。一部分人先富裕起来，一部分地区先富裕起来，是大家都拥护的新办法，新办法比老办法好。"1985年10月23日，邓小平在会见美国时代公司组织的美国高级企业代表团时，再次提出了让一部分人"先富"和实现"共同富裕"的问题，他说："一部分地区、一部分人可以先富起来，带动和帮助其他地区、其他的人，逐步达到共同富裕。"

通常邓小平的共同富裕理论被认为是正确地指出了按照效率原则和激励机制实现国民经济增长的机理。这当然很有道理。邓小平后来还在不同场合提到过让一部分人和地区先富起来的问题，几乎每次都同时要强调先富是为了带动后富，实现共同富裕。除了是为了阐述清楚激励机制外，这也有为先富寻找社会主义制度合法性的原因存在。实际上，邓小平明确提出了"贫穷不是社会主义"的命题。在1986年接受华莱士采访时，邓小平讲道，"文化大革命"中有一种观点，认为宁可要穷的共产主义，不要富的资本主义。他当时进行了反驳，认为没有穷的共产主义，共产主义是物质极大丰富的社会。他强调，不能有穷的共产主义，同样也不能有穷的社会主义。致富不是罪过。社会主义原则，第一是发展生产，第二是共同富裕。[①] 这些观点让社会主义制度对致富问题更具包容性。富裕不再被视为完全是资本主义的罪恶后果。

先富共富论的内涵中容易被忽视的主要有两点。第一点是，邓小平先富论更加基础性的贡献是，阐明了人民富裕是国家富强的基础和前提，从而纠正了斯大林模式下，压抑民间消费和收入增长，强调军

[①] 邓小平：《答美国记者迈克·华莱士问（一九八六年九月二日）》，《邓小平文选》第三卷，人民出版社1993年版。

事、重工业等国家项目投入的畸形发展道路。

在一个相对封闭的环境下，国家也有可能通过农村与城市的"剪刀差"，通过号召或强迫人民"勒紧裤腰带"或"要大炮不要黄油"，来实现特定领域与特定部门的超常发展。在特定历史环境下，这种发展能迅速提升国家基础生产能力和安全水平，是有意义的。但如果把特殊政策长期化，最后得到的很可能是畸形发展的社会。

苏联是吃过这个亏的。一份率先在俄罗斯网络上公布的撒切尔夫人1991年休斯敦演讲记录显示[1]，美英一直在通过"泄露"拥有核武器数量等方式将苏联拖入军备竞赛，迫使苏联压缩居民消费品生产，引发国内大规模不满[2]。即便不考虑这类难以查证的证据，从苏联军事投入与生产性投入的关系来看，的确存在资源严重错配影响国内经济发展的状况。用GNP增速减去军费开支年增速来考察军费可持续性可知，从1960年代末至1970年代末，苏联的军费可持续性均低于美国，并且在相当多的年份为负。这意味着十多年中，与美国相比，苏联的GNP增长更难以支持军费增长，并且不少年份军费开支增速超过了经济增速。进入1980年代以后，苏联的军费可持续性指数看似相对有所提升，但参照GDP增速来看，这是在GNP增速（绝对及相对于美国意义上）大幅下滑的背景下发生的，换言之，这是之前长

---

[1] 有人怀疑演讲为俄方伪造。率先通过《红旗文稿》向国内介绍该演讲的张树华博士等人专门进行了查证，其结论是"撒切尔夫人曾于1991年11月18日访问过美国休斯敦，并在美国石油学会组织的会议上发表过演讲。到目前为止，演讲的内容是由俄罗斯媒体和俄罗斯相关人士披露或转引的。而英国撒切尔基金会不能提供（或不愿拿出）此次演讲的具体内容，英国独立电视新闻公司、美国石油学会也保持了沉默。我们认为，在撒切尔基金会没有拿出可信的证据反驳俄罗斯媒体的相关报道之前，可以使用俄方的材料"。见张树华、王文娥《对撒切尔夫人1991年在美国休斯敦演讲的查证》，《红旗文稿》2010年第23期。

[2] 张树华：《英国前首相撒切尔夫人谈瓦解苏联》，《红旗文稿》2010年第11期。

期军费高支出拖垮经济的后果，以致军费开支增速也不得不做出被动的调整。

邓小平的先富共富论，以人民的富裕为国家富强的前提，能够避免重蹈苏联的覆辙，为国家强盛奠定坚实的和可持续的基础。当然，这与中国当时所处并竭力维护的国际环境与苏联有所不同是密切相关的。中国处于一个相对和平和开放的国际环境之中，这为中国人民的富裕之路提供了相对稳定的外部基础。

美苏争霸的时代则有所不同。美国以意识形态上对立的苏联为必欲消除而后快之的唯一目标，即便苏联在军备竞赛压力下出现了"和平共处，和平竞争，和平过渡"的政策报价，美方依旧坚持遏制和敌视苏联的政策。美国学者张少书（Gordon H. Chang）利用大量解密外交文件的研究显示，1940年代末以后，为削弱苏联阵营的力量，美国还借中国对苏开展"心理战"。一方面利用苏联新一代领导人渴望获得西方"文明世界"尊敬的心理，对于苏联所作的让步，美国要公开表示尊重与赞赏；而对于中国，则不断公开加以谴责。另一方面对中国实行长期、全面之经济封锁，迫使中国无路可走，只能更多依靠苏联与东欧，而增加苏联与东欧的经济负担，最终导致苏联的不满。但让苏联领导人始料未及的是，一旦确认中苏同盟最终分裂，美国立即与中国修好，从东方、西方与中亚腹地，各个方向，包围苏联，导致苏联财政极度空虚，最终击败这个头号对手。这说明美国在判别主要对手并集中力量瓦解之的战略上是非常鲜明和坚决的。[1]

相比之下，美国并没有对改革开放之后试图全面融入全球经济的中国采取严厉的遏制策略。美国兰德（RAND）公司的一篇研究报告

---

[1] 张少书：《朋友还是敌人？1948—1972年的美国、中国和苏联》，顾宁等译，中央编译出版社2014年版。

曾对中国的全球化作出如下评价：中国是美国所维护的开放世界体系的重要贡献者，"尽管中国参与全球化体制中的时间比较晚，但是中国的态度比日本积极乐观得多。中国经济比日本经济的开放程度更大"，中国已经发生了许多变化，"重要的变化是决定采纳西方法治的概念，将竞争作为经济行为中重要的元素，以及事实上把英语作为受过教育华人的第二语言。……可能最重要的是，中国将青年精英送到国外接受国际主义教育，正如以前罗马人把孩子送到希腊读书一样"[①]。

2013年6月20日，我们在拜访俄罗斯科学院远东研究所所长季塔连科院士时，院士抱怨他在中国开会时的不满。他说在中国举办的国际会议，参会的中国学者不用汉语反倒用英语来发表观点，这是非常不妥的，他"为中国同志感到不好意思"。在他看来，中国是历史悠久的文明国家，作为联合国工作语言的汉语本身也是重要的国际语言，应当像俄罗斯一样更加珍视本国的文化和语言。的确如此。在莫斯科的街头和地铁里很少能看到英文指示牌，大多只用俄文书写。这与北京的街头形成了鲜明的对比。几乎所有的公共标识都同时用中文和英文书写，给懂英文的外国人士带来了便利。从一个角度来看，院士的抱怨是合理的。这等于中国向美国等英语世界国家单方面缴纳了巨额的"语言铸币税"。但从兰德公司报告的角度来看，这笔税金相当于中国全面拥抱美国主导的全球化的信誉保证金。

换言之，1970年代中美建交后，美国并未以中国为势不两立的敌手，而是希望借助中国的力量来削弱苏联，这为中美关系后续的发

---

① Overholt W H., China and Globalization: Testimony Presented to the US – China Economic and Security Review Commission on May 19, 2005, Santa Monica, CA: RAND Corporation, 2005.

展奠定了合作的基础。而改革开放之后中国采取了一系列以人民富裕为前提的经济发展措施，并且还发出了其他可置信的拥抱全球化的信号，这进一步缓解了中国与美国等西方国家的紧张关系。

第二点容易被忽略的是，邓小平的先富共富论不是一般意义上的保护产权。在确定推广包产到户的时候，邓小平就已经从政策和法律上明确了农民对土地的承包权与收益权。这些权利不断被扩充和承认，承包年限由一年、三年、十五年、三十年扩展为"长期不变"，农民从拥有产量到拥有资产（除使用权、收益权外还拥有了承包转让权）。有恒产者有恒心。日益明晰的产权界定激发了农民的劳动积极性，使当时农业技术没有明显变化的条件下，农业生产就获得了极大的提高。从1978年到1984年，人均粮食产量、棉花产量和肉类产量年增率分别为3.8%、17.5%和9%，这些农产品从1957年到1977年年度增长率分别仅为0.2%、-0.6%和1.7%。到1980年代中期，邓小平曾经感慨社会主义建设20年城市工人家庭都买不起的收音机，已经"飞入寻常农户家"，许多农户还购买了自行车并准备用砖、水泥和沙石来盖新房。① 承认产权的领域还迅速向全社会扩散，最后到私有财产不受侵犯被写入宪法。② 这个一般意义上保护私有产权的进程，完全可以上溯到改革开放之初邓小平对包产到户的承认和肯定。

与此有所不同，先富共富论所强调的是"非中性产权制度的分布

---

① 理查德·伊文思：《邓小平传》，武市红译，上海人民出版社1996年版，第278页。

② "五四宪法"中只对保护公民私有财产的继承权做出了规定，"七五宪法"和"七八宪法"中索性取消了私有财产的提法，"八二宪法"回到了"五四宪法"的立场，规定"国家依照法律规定保护公民的私有财产的继承权"。2004年宪法修订案才正式明确"公民的合法的私有财产不受侵犯"，"国家依照法律规定保护公民的私有财产权和继承权"。至此，私有财产权才作为一项完整的、正式的权利进入宪法。

高于产权保护本身"[1]。西方世界兴起的经历表明，美洲金银流入欧洲，造成财富分化和阶级重组，随着实力的增长，新兴商业阶级要求保护产权的力量越来越强，推进了有利于资本主义发展的系列制度变迁，最终实现了经济增长。当时欧洲的产权制度特别（非中性地）保护了新兴商业阶级的财产权利，而这部分人又是各阶层中最富冒险精神（也可以说是企业家精神）、生产能力和攫取利润之欲望的群体。这种非中性产权制度的分布有利于他们，一则帮助了他们作为个体的成长与壮大，再则刺激了其他群体（携带着本群体的资源）转变身份加入到这一群体之中，最终造成了欧洲整体或西方世界的兴起。先富共富论与此异曲同工，也是要保护那些更具生产性的企业家群体，实践"生产性的非中性产权保护高于产权保护本身"。

在当时的背景下，无论是作为保护者的邓小平一方还是作为被保护者的一方都非常不容易。保护者一方需要不断说服持传统观念的保守的同事，被保护一方甚至面临牢狱之灾。那个时候，第三次"复出"的邓小平已经完成了人生的"三起三落"，"傻子瓜子"创办人年广久的"三起三落"才进行不到一半。

1960年代，年广久继承了父亲的水果摊，后来水果摊被当成"资本主义尾巴"给割掉，他本人也因"投机倒把"入狱。"文化大革命"中年广久学会了炒制瓜子。1979年年底，他注册了"傻子瓜子"，很快经营范围扩大，雇工超过100人。当时的中国，雇用超过8人就被认为是剥削工人剩余价值的资本家。有人把材料报到邓小平处。邓小平传回来的指示是"不要动他"。1984年10月22日，邓小

---

[1] 参见张宇燕、高程《美洲金银和西方世界的兴起》，中信出版社2004年版。

平在中央顾问委员会第三次全体会议上的讲话中明确提及："前些时候那个雇工问题，相当震动呀，大家担心得不得了。我的意见是放两年再看。那个能影响到我们的大局吗？如果你一动，群众就说政策变了，人心就不安了。你解决了一个'傻子瓜子'，会牵动人心不安，没有益处。让'傻子瓜子'经营一段，怕什么？伤害了社会主义吗？"[①] 最高层的点名保护让年广久过了关。

1987年年广久又因经济问题被侦查，拖到1991年以流氓罪[②]被判刑三年。邓小平的点名再次保护了年广久。1992年邓小平南方谈话中提到："农村改革初期，安徽出了个'傻子瓜子'问题。当时许多人不舒服，说他赚了一百万，主张动他。我说不能动，一动人们就会说政策变了，得不偿失。"[③] 讲话公开后，芜湖市检察院主动撤诉，当年3月13日年广久被无罪释放。

邓小平保护的当然不只是年广久或"傻子瓜子"。他对先富者的保护政策鼓励了一大批富有企业家精神的创业者"冒"出来，其中就包括与年广久大致在改革开放后同期创业的柳传志。后者一手创立的联想集团2004年收购了IBM的全球台式电脑和笔记本业务，2014年又收购了摩托罗拉智能手机业务，现在已经成为全球最大的个人电脑厂商和第三大的智能手机厂商。

[①] 邓小平：《在中央顾问委员会第三次全体会议上的讲话（一九八四年十月二十二日）》，《邓小平文选》第三卷，人民出版社1993年版，第357页。

[②] 1997年新刑法取消了该项罪名。

[③] 邓小平：《在武昌、深圳、珠海、上海等地的谈话要点（一九九二年一月十八日—二月二十一日）》，《邓小平文选》第三卷，人民出版社1993年版，第371页。

◇◇ 一国两制

粉碎"四人帮"后不久，邓小平在陈云等老干部支持下复出，并很快肃清了毛泽东指定接班人提出的"两个凡是"[①]的消极影响。此时他面临的是一个百废待兴的中国。用他自己的话来说，"四人帮"对四个现代化的破坏，已使国民经济濒于崩溃的边缘。长年的内耗使中国国内积累有限，邓小平要"挽狂澜于既倒，扶大厦之将倾"，只靠对内推进改革、鼓励一部分人和地区先富裕起来的逐渐积累是不够的，迅速的经济发展还离不开相对稳定的国外环境和持续的外部资金与技术的支持。而中国香港、台湾等华人聚集的地方是开放后的中国获取境外资本、技术和管理经验流入的重要潜在来源地。

"一国两制"虽然是针对解决香港回归、台湾问题等中国统一问题而提出的，但在当时的国内外环境下，这一方针的提出首先是一种维持国际和平环境的努力，其中很大程度上包括了让美日等发达国家放心的努力。邓小平这一思想的萌芽最初见于 1978 年 10 月 8 日他会见日本文艺家江藤淳时的谈话，他提出将根据台湾的现实来采取对台政策，他举例说会正视美国、日本在中国台湾有大量投资利益的现实。此后，邓小平在会见美日人士和访美时多次谈到，只要回归祖国，尊重台湾的现实和现行制度，外国在台湾的投资、民间交往照旧。

[①] 即"凡是毛主席做出的决策，我们都坚决维护；凡是毛主席的指示，我们都始终不渝地遵循"。按照这个信条，在毛泽东逝世前被下放的邓小平不具备"出来参加工作"的合法性。

收录在《邓小平文选》第三卷中第一篇提到"一个国家，两种制度"的文章，是1984年2月22日邓小平会见美国乔治城大学战略与国际问题研究中心代表团时的谈话，题目是《稳定世界局势的新办法》，里面开篇就谈："世界上有许多争端，总要找个解决问题的出路。我多年来一直在想，找个什么办法，不用战争手段而用和平方式，来解决这种问题。"这也说明"一国两制"的实质或着重点之一是向世界（特别是美国）发出和平信号。

统一问题关涉任何中国执政者的合法性，不容半点含糊。但怎样才能最大限度或可置信地表达和平的诚意，从而赢得稳定的外部环境？空谈和平的口号是不行的。"一国两制"提出了一种可操作的"希望用和平方式解决"的具体设想，此设想照顾到了全民族的利益、分裂双方的利益及因投资贸易联系而牵涉的国外第三方的利益。通过最高领导层不断表述和宣讲，并被最高权力机构第六届全国人民代表大会第三次会议确定为基本国策，这就从制度上为中国希望以和平方式实现统一的诚意进行了"背书"。

"一国两制"还为凝聚海外华人力量参与中国经济建设发挥了重要作用。如果处于分裂状态的中国重新回到对立对抗的局面，不同背景的海外华人在支持谁反对谁的问题上难免怀有疑虑。但和平状态下，海外华人希望中国大陆兴旺是没有问题的。"一国两制"给出了中国大陆一方的和平方案，对海外华人参与中国发展是极大的鼓励。邓小平在1990年4月7日会见泰国正大集团董事长谢国民等人时也解释了"一国两制"政策，称大陆方面已经想开了才提出了这一方案。他还在会谈中谈道："我们还有几千万爱国同胞在海外，他们希望中国兴旺发达，这在世界上是独一无二的。"为了解除海外同胞投资中国的顾虑，邓小平特地解释说："去年发生动乱，当时我们控制了局势，这是完全必要的。我曾经请人转告布什总统，中国如果不稳定就是个国际问题，后果难以想象。只有稳定，才能有发展。只有共产党的领导，才能有一个稳定的社会主义中国。"①

在"一国两制"的承诺下，海外同胞的资金通过香港等地进入中国大陆，为中国经济建设做出了巨大贡献。1986—1994年，从香港地区流入的外国直接投资（FDI）占中国来自境外的全部FDI的比重年均值高达61.2%，此后虽有所下降但也维持在30%以上。2007年美国次贷危机引发国际金融危机之后，从香港流入中国大陆的FDI占比有显著的提升，2009—2013年年均值达到58.1%。这从一个侧面显示了海外中华同胞不弃不离、积极参与中国国家经济建设的热情和重要性。

"一国两制"还在为中国特色社会主义制度的包容性"作证"。这种包容性让西方发达国家认识到，中国的制度不是一种扩张性或进攻性的制度，而是一种开放的、富有合作精神的制度。正如"贫穷不是社会主义"为中国的社会主义制度增加了包容性与灵活性一样，"一国两制"也彰显了中国特色社会主义制度的活力。

1986年邓小平在接受华莱士采访时也谈道："我们的社会主义制度是有中国特色的社会主义制度，这个特色，很重要的一个内容就是对香港、澳门、台湾问题的处理，就是'一国两制'。这是个新事物。这个新事物不是美国提出来的，不是日本提出来的，不是欧洲提出来的，也不是苏联提出来的，而是中国提出来的，这就叫做中国特

---

① 邓小平：《振兴中华民族（一九九○年四月七日）》，《邓小平文选》第三卷，人民出版社1993年版，第357页。

色。"① 在邓小平看来，换一个其他制度，是不可能拥有这么大的制度包容性的。美国不会允许它的一部分地区搞共产主义，英国、日本也不会；同样，苏联也不会容忍它的一部分领土去搞资本主义。以前苏联说的两种制度的和平竞赛是在国家与国家之间的。只有改革开放的中国才有这样的雅量，让制度的和平竞赛发生在一个国家之内。邓小平有这样的制度自信，"我们相信，在小范围内容许资本主义存在，更有利于发展社会主义。……有利于壮大和发展社会主义经济"②。

◇ 和平与发展是当代世界的两大问题

对内发展经济鼓励致富，对外宣示希望以"一国两制"方案和平解决统一问题，这样的战略转变与邓小平和中国共产党对当今世界时代主题的判断发生变化有关。毛泽东时代认为战争与革命是时代的主题。中国虽然不希望发生战争，但预设了战争一定会发生而己方处于守势，因此晚打不如早打、小打不如大打、打常规战争不如打核战争，希望以这样的准备来推迟甚至消除战争。"战争总有战争的规律，是不以人们的主观意志为转移的。如果我们不准备打，就不好；如果我们准备好了，要么他不敢来，要么他来了我们就把他消灭。"③ 所

---

① 邓小平：《答美国记者迈克·华莱士问（一九八六年九月二日）》，《邓小平文选》第三卷，人民出版社 1993 年版，第 218 页。

② 邓小平：《中国是信守诺言的（一九八四年十二月十九日）》，《邓小平文选》第三卷，人民出版社 1993 年版，第 103 页。

③ 中央文献研究室编：《周恩来年谱》（中），中央文献出版社 1997 年版，第 731 页。

以那个时候老是强调"战争不可避免，而且迫在眉睫"①。

　　进入 1980 年代以后，中国共产党对国际大势的判断开始发生变化。中国共产党全国代表大会是党的最高权力机关，每五年由中央委员会召集举行。大会报告会对党和国家重要工作进行总结，并在对新的国内国际形势作出重大判断的前提下，对未来工作开展部署。对照中国共产党第八次代表大会（1956 年 9 月 15 日至 27 日召开）以来报告中有关国际部分的情况可以发现，中国共产党对国际环境的判断逐渐由改革开放前的"猖狂反华""天下大乱""战争因素明显增长"等趋于缓和。1982 年十二大报告虽然还认为"世界大战的危险越来越严重"，但同时也指出，"世界人民能够打乱它们的战略部署"。到了十三大变为"东西方关系出现了一定程度的缓和"，从十四大开始对大形势的判断是新的世界大战可以避免或打不起来。十五大报告提出："相当长的时期内，避免新的世界大战是可能的，争取一个良好的国际和平环境和周边环境是可以实现的"。十六大报告更是笃定地指出，"新的世界大战在可预见的时期内打不起来"。十七大和十八大报告对推动未来和平局面得以维系背后的力量作出了判断，指出"国际力量对比朝着有利于维护世界和平方向发展"。由此，历次代表大会所作出的中国对自身的对外立场的定位，也由对抗性的表述转为维护和平的表述。

　　不仅如此，与改革开放之前相比，改革开放之后中国共产党的代表大会报告中，国际环境部分占全报告的相对篇幅有显著的下降，这也意味着中国执政党开始恢复了中国历史上长期以来的内向型传统，开始专注于内部的建设，而非向外的斗争，并且积极以对外的合作来为内部的发展创造条件。

---

① 邓小平：《在军委扩大会议上的讲话（一九八五年六月四日）》，《邓小平文选》第三卷，人民出版社 1993 年版，第 127 页。

表2　新中国成立后中国共产党代表大会报告中有关国际环境的表述

年份	届别	总字数	国际部分字数	占比（%）	对国际环境的判断	中国的定位与立场
1956	八大	44502	4828	10.85	世界局势趋向缓和，持久和平有可能实现	苏联阵营中的一员
1969	九大	22430	5256	23.43	美帝、苏修猖狂反华	无产阶级国际义务的履行者，把斗争进行到底
1973	十大	9886	2760	27.92	当前国际形势的特点，是天下大乱	坚持无产阶级国际主义，团结第三世界反对美苏霸权
1977	十一大	31081	3499	11.26	革命因素继续增长的同时，战争因素明显增长	中国是发展中的社会主义国家，属于第三世界
1982	十二大	31713	4439	14.00	世界大战的危险越来越严重。但是，世界人民能够打乱它们的战略部署	社会主义中国属于第三世界
1987	十三大	32125	364	1.13	东西方关系出现了一定程度的缓和	—
1992	十四大	26351	2116	8.03	在今后一个较长时期内，争取和平的国际环境，避免新的世界大战，是有可能的	中国是发展中国家。中国愿意在和平共处五项原则的基础上，同所有国家发展友好合作关系
1997	十五大	28410	1546	5.44	在相当长的时期内，避免新的世界大战是可能的，争取一个良好的国际和平环境和周边环境是可以实现的	要反对霸权主义，维护世界和平。今后中国发达起来了，也永远不称霸

续表

年份	届别	总字数	国际部分字数	占比（%）	对国际环境的判断	中国的定位与立场
2002	十六大	28196	1254	4.45	新的世界大战在可预见的时期内打不起来。争取较长时期的和平国际环境和良好周边环境是可以实现的	中国永远不称霸，永远不搞扩张。主张反对一切形式的恐怖主义
2007	十七大	28084	1575	5.61	国际力量对比朝着有利于维护世界和平方向发展，国际形势总体稳定	始终不渝走和平发展道路。反对一切形式的恐怖主义。永远不称霸，永远不搞扩张
2012	十八大	29115	1490	5.12	国际力量对比朝着有利于维护世界和平方向发展，保持国际形势总体稳定具备更多有利条件	中国将继续高举和平、发展、合作、共赢的旗帜。坚决维护国家主权、安全、发展利益，决不会屈服于任何外来压力。反对颠覆别国合法政权

资料来源：作者整理自新华网发布的历年报告。

中国共产党对国际局势判断的变化是邓小平为核心的领导集体对时代主题提出全新看法的结果。1977年12月28日，邓小平复出之初就对国际形势提出新的判断，认为"可以争取延缓战争的爆发"，一方面有中国主观努力的空间，"因为我们有毛泽东同志的关于划分三个世界的战略和外交路线，可以搞好国际的反霸斗争"；另一方面也有客观的有利于维持和平现状的条件，"苏联的全球战略部署还没有准备好。美国在东南亚失败后,全球战略目前是防守的,打世界大战也没有准备好"。① 正因为有了这样的判断,邓小平才敢于决策,一面加紧国家经济建设,一面维护和巩固和平的环境。1987年他回顾当年的决策时坦率地指出,"对于总的国际局势,我的看法是,争取比较长期的和平是可能的,战争是可以避免的。……一九七八年我们制定一心一意搞建设的方针,就是建立在这样一个判断上的。要建设,没有和平环境不行。我们在制定国内搞建设这个方针的同时,调整了对外政策。我们奉行独立自主的和平外交政策,这有利于和平"②。

1984年5月和10月,邓小平会见巴西总统菲格雷多和缅甸总统吴山友时都提到,国际上有两个问题非常突出,一个是和平问题,一个是南北问题。1985年会见日本企业界人士时,正式提出现在世界上真正大的问题,带有全球战略性的问题,是和平问题和发展问题。③ 邓小平把两大问题概括成东西南北四个字,和平问题是东西问题,发展问题是南北问题。对于前者,他明确表示,"中国现在是维护世界和平和稳定的力量,不是破坏力量。中国发展得越强大,世界和平越靠得住"。关于后者,邓小平提出,欧美日发达国家的资本、商品要找出路,只能从中国等南方国家的发展中找出路。只有中国等第三世界国家的经济发展起来了,发达国家才能扩大市场。这些表态意味着,中国不仅自己判断和平与发展成为时代的主题,还希望将这一信

---

① 邓小平:《在中央军委全体会议上的讲话(一九七七年十二月二十八日)》,《邓小平文选》第二卷,人民出版社1994年版,第77页。
② 邓小平:《改革开放使中国真正活跃起来(一九八七年五月十二日)》,《邓小平文选》第三卷,人民出版社1993年版,第233页。
③ 邓小平:《和平和发展是当代世界的两大问题(一九八五年三月四日)》,《邓小平文选》第三卷,人民出版社1993年版,第96页。

息积极传递到发达国家那里，希望通过与发达国家加深经济贸易联系，来维护世界的和平与发展。

总的来看，邓小平推动的中国跨入全球化、接入全球市场的过程，也是中国逐渐放弃斗争哲学，成为和平稳定的支撑性力量的过程。这并非权宜之计。1990年代初，邓小平提出了"韬光养晦，有所作为"的方针，"不当头（与西方对抗）"成了中国长期执行的战略。其背后的逻辑是，中国卷入世界市场的程度越深，对世界经济体系的依赖就越强，此时，世界经济体系的不稳定将给中国带来的损失就越大，这也意味着中国在世界的共容利益规模越大。因此，在"国际力量对比朝着有利于维护世界和平方向发展，保持国际形势总体稳定具备更多有利条件"的大前提下，中国越来越强调和平发展的重要性，越来越强调要"始终不渝走和平发展道路"，"继续高举和平、发展、合作、共赢的旗帜"。

◇ 摸着石头过河

从方法论的角度看，怎样才能找到维护和平特别是实现发展的途径呢？从评价标准来看，怎样才算是实现了合意的发展呢？邓小平对第一个问题的回答是大胆闯、大胆试，后来被总结为摸着石头过河，他对第二个问题的回答就是"三个有利于"。

界定和保护产权只解决了发展的前提条件，但没能解决具体的发展路径问题。对此，当时的中国领导人也没有特别好的办法，只能是不断摸索和尝试。最早将摸着石头过河当作工作方法提出的是陈云。陈云和邓小平同一年入党，但比邓小平早21年成为政治局委员。在很长一段时间内，陈云是邓小平的上级。新中国成立初期领导人排序有毛刘周朱陈林邓之说，陈云在邓小平之前两位。党内陈云以擅长经济工作著称。

在可以查阅到的资料中，陈云最早提"摸着石头过河"是在1950年4月7日的政务院会议上，提出物价涨跌都对生产不利，还是摸着石头过河，稳当点好。1951年7月20日，陈云在《做好工商联工作》一文中提出："办法也应该稳妥，这叫摸着石头过河。搞急了是要出毛病的。毛毛草草而发生错误和稳稳当当而慢一点相比较，我们宁可采取后者。尤其是处理全国经济问题，更须注意这点。"[1] 1961年3月4日，陈云在听取化工部关于化学肥料工业的汇报时强调指出："一方面试验研究要敢想敢说敢做；另一方面，具体做必须从实际出发，要摸着石头过河，要把试验研究同推广分别开来，推广必须是成熟的东西。"

1980年12月16日，陈云在中央工作会议上发表了《经济形势与经验教训》的重要讲话。在这次讲话中，他总结了改革开放应采取的原则和方法，指出："我们要改革，但是步子要稳。因为我们的改革，问题复杂，不能要求过急。改革固然要靠一定的理论研究、经济统计和经济预测，更重要的还是要从试点着手，随时总结经验，也就是要'摸着石头过河'。开始时步子要小，缓缓而行。"在12月25日的闭幕会上，邓小平明确表示完全同意陈云的讲话，他说陈云同志的"这个讲话在一系列问题上正确地总结了我国31年来经济工作的经验教训，是我们今后长期的指导方针"。

从陈云的表述来看，摸着石头过河主要强调的还是其原意，即不

---

[1] 陈云：《做好工商联工作（一九五一年七月二十日）》，《陈云文选》第二卷，人民出版社1995年版。

能操之过急,要一切从实际出发,注意稳当。但现在所说的摸着石头过河,与陈云的原意相比有所变化,加入了邓小平"大胆试、大胆闯"的一些思想。1987年4月30日,邓小平在会见西班牙副首相的谈话中指出,"中国是这么大的国家,我们做的事是前人没有做过的。中国有自己的特点,所以我们只能按中国的实际办事,别人的经验可以借鉴,但不能照搬。搞改革完全是一件新的事情,难免会犯错误,但我们不能怕,不能因噎废食,不能停步不前。胆子还是要大,没有胆量搞不成四个现代化。但处理具体事情要谨慎小心,及时总结经验。小错误难免,避免犯大错误"[1]。1987年11月16日,邓小平会见日本客人时也强调,"我们现在所干的事业是一项新事业,马克思没有讲过,我们的前人没有做过,其他社会主义国家也没有干过,所以,没有现成的经验可学。我们只能在干中学,在实践中摸索"[2]。南方谈话时,邓小平进一步提出,"改革开放胆子要大一些,敢于试验,不能像小脚女人一样。看准了的,就大胆地试,大胆地闯"[3]。就其共同点来说,陈云和邓小平都强调要摸索着干,但后者更强调要敢于大胆地试,闯破旧模式的禁区。

从经济发展的角度来看,当时要破除的主要还是以苏联为模板的指令计划经济下高度集权模式的桎梏。指令计划下,领导的意志往往被快速执行,缺乏科学的试验反馈机制来验证或制约。例如,赫鲁晓夫将自己在乌克兰促进种植玉米的经验作为农业改革的重要内容在全

---

[1] 邓小平:《吸取历史经验,防止错误倾向(一九八七年四月三十日)》,《邓小平文选》第三卷,人民出版社1993年版,第229页。

[2] 邓小平:《十三大的两个特点(一九八七年十一月十六日)》,《邓小平文选》第三卷,人民出版社1993年版,第259页。

[3] 邓小平:《在武昌、深圳、珠海、上海等地的谈话要点(一九九二年一月十八日—二月二十一日)》,《邓小平文选》第三卷,人民出版社1993年版,第372页。

苏推广。赫鲁晓夫通过在驻美使馆设"农业随员"收集农业情报。访美期间,大规模推广玉米种植的想法得到了他参观的爱荷华州加斯特农场的经营者的支持,认识到玉米除了食用,其秸秆还可用作青贮饲料。但在大规模推广前,他只在自己别墅边的菜园及别墅相邻农庄试种了美国"斯特尔林"杂交玉米①。在强力动员模式下,苏联玉米种植面积急速膨胀。1953年种植面积不超过350万公顷,到1962年高达3700万公顷,约占全苏播种面积1/6以上。其他部门的资源也被投入玉米相关领域②。轻率推广的结果是,玉米作为谷物的单位产量在苏联只有在美国的1/4,作为青贮饲料的产量也只有美国的12%。最终这场玉米种植运动带来了经济和政治的双重失败。

邓小平的摸着石头过河则更带有"大胆试验,科学求证"的含义。国外的哪些制度和方法可以借鉴,没有人知道。所以需要设立特区,设立开放城市,大胆地试。做得对的,再扩大范围进行推广。做错了,风险也可控。邓小平给深圳的任务很清楚,就是大胆地闯。"每年领导层都要总结经验,对的就坚持,不对的赶快改,新问题出来抓紧解决。恐怕再有三十年的时间,我们才会在各方面形成一整套更加成熟、更加定型的制度。在这个制度下的方针、政策,也将更加定型化。"③

---

① 2015年3月到中国来推广矮秆高密植玉米的美国斯泰种业公司的老板哈利·斯泰先生也来自爱荷华州,不知与"斯特尔林"或加斯特农场是否有关。事见http://world.people.com.cn/n/2015/0326/c1002-26754499.html。

② 机械制造部门也加大投入设计了播种玉米的专门设备,还成立了专门的玉米研究所,为更好引进美国杂交玉米,农业部创办了名为《玉米》的科学杂志,食品部门专门研制了玉米食品,城市开设了专门的玉米食品店。

③ 邓小平:《在武昌、深圳、珠海、上海等地的谈话要点(一九九二年一月十八日—二月二十一日)》,《邓小平文选》第三卷,人民出版社1993年版,第372页。

◇ 三个有利于

哪些做法或制度才是可以定型化的做法或制度呢？邓小平在南方谈话中也给出了明确的回答，即是否有利于发展社会主义社会的生产力，是否有利于增强社会主义国家的综合国力，是否有利于提高人民的生活水平。

生产力是社会可持续发展、综合国力持续提升、人民生活水平不断改善的基础。没有生产力的发展和进步，一切都是无源之水、无本之木。邓小平强调，"发展才是硬道理"[1]。发展这个道理之"硬"，就硬在与其他道理相比，发展更具有优先性。十一届三中全会确认，除非发生大规模外敌入侵，发展经济实现现代化建设都将始终是党的中心工作。即使真的出现了这种情况，"中国有抵御外敌入侵的丰富经验，打垮了侵略者，我们再来建设"[2]。

尤为重要的是邓小平对大国发展规律的把握。他指出，像中国这样的大国，要快速发展经济就不可能总是平平静静、稳稳当当。稳定和协调是相对的，不是绝对的。不能因为发展过程中的波动、挫折就否定发展本身。"谨小慎微，不敢解放思想，不敢放开手脚，结果是丧失时机，又如逆水行舟，不进则退。"[3]

---

[1] 邓小平：《在武昌、深圳、珠海、上海等地的谈话要点（一九九二年一月十八日—二月二十一日）》，《邓小平文选》第三卷，人民出版社1993年版，第375页。

[2] 邓小平：《改革开放政策稳定，中国大有希望（一九八九年九月四日）》，《邓小平文选》第三卷，人民出版社1993年版，第320页。

[3] 邓小平：《在武昌、深圳、珠海、上海等地的谈话要点（一九九二年一月十八日—二月二十一日）》，《邓小平文选》第三卷，人民出版社1993年版，第377页。

强调综合国力的提升，则是要求在生产力发展和进步的前提下，实现国家综合实力的全面提升。落后而挨打固然绝对不行，富而不强也不合格。实际上，综合国力的强盛，除了经济的富足、安全的稳固、社会的和谐、环境的清洁等物质层面或硬实力上的要求之外，还有国家软实力上的要求，即要把中国建设成为体现了社会主义优越性和道义性，富有魅力、吸引力和感召力的国家。

要有利于人民生活水平的提高，是对生产力、综合国力提升在包容性方面的进一步要求。生产力和综合国力的提升必须最终体现到惠及民众的具体内容上。中国共产党以为人民服务为宗旨，背离了人民群众、得不到人民群众的拥戴，共产党就背离了自己的根本，就像希腊神话中离开大地母亲盖亚的巨人安泰俄斯一样会变得手脚无力[①]。

三个有利于和摸着石头过河结合起来，就解开了束缚中国人大展拳脚谋发展的绳索，使得共产党领导下的中国能够彻底突破意识形态等各种禁区，通过广泛的国际合作等一切可尝试的方式，来一心或优先谋求国内经济社会和民生发展，并最终为巩固世界和平做出贡献。

◇ 科学技术是第一生产力

既然三个有利于中生产力是更具基础性的发展目标和评价标准，那么怎样才能高效发展社会主义社会的生产力，就成了至关重要的问题。不容讳言，新中国曾经经历了一段"人有多大胆，地有多大产"

[①] 希腊神话中安泰俄斯是大地女神盖亚和海神波塞冬的儿子，力大无穷，只要他保持与大地的接触，就不可战胜（因为这样他就可以从他的母亲那里持续获取无限的力量）。

的"浪漫主义"反智期。前文已经述及,那个浮夸造假成风的时期给民族带来的灾难。究其原因,与其说是人性造成,不如老实承认是制度使然。人的所谓主观能动性终究不能罔顾现实的客观的条件。生产力的提升,除了劳动力、资本等一般生产要素的锱积铢累之外,要有"飞跃"式的提升,恐怕只能期待于科学的昌明和技术的进步运用到生产之上了。

邓小平对此有非常清楚的认识。他在1988年9月5日会见捷克总统及同年9月12日听取价格和工资改革初步方案汇报时的讲话,都涉及了科学技术的问题,两次谈话被节录整理为《科学技术是第一生产力》一文,收录到《邓小平文选》第三卷之中。这篇不长的讲话节录反映了党的领导在认识和政策上的重要转变。归纳起来,里面有三层意思。首先,是从认识上把科学技术的重要性由马克思所说的"科学技术是生产力"提升到"第一生产力"的位置上。

其次,承认了开放对于生产力提升的重要意义。"发展生产力……为此就必须开放",这意味着强调了外源式技术进步的必要性和重要性,展现出一种不故步自封的技术进步观。除了要积极引进先进技术促进生产力发展之外,邓小平还特别提出要为留学生回国工作创造条件,以便外部先进科学技术随之回流中国。从开放的角度看,重视外源技术进步还有特殊的意义。中国准备接受欧美发达国家的技术,往往意味着需要同时接受其技术标准。这些标准一旦接受,要改变起来非常困难,中国将面临极高的退出成本。这也增加了中国加入现有规则体系的可信度。

最后,特别强调内源式技术进步的重要性。提出要注意解决国内高级知识分子的待遇问题,调动他们的积极性,尊重他们,"我们自己的原子弹、氢弹、卫星、空间技术不也搞起来了吗?我们的正负电子对撞机工程在全世界也是居于前列的"。邓小平已经准确地看到了，对科学家或高级知识分子的激励，物质只是一个方面，或者说基本的方面，除此之外还需要给予尊重或精神上的激励。此外，邓小平还看到了教育对内源式技术进步的重要性，宁可在别的方面忍耐一些，甚至牺牲一点速度，也要把教育问题解决好。正因为如此，邓小平在复出后首先自告奋勇提出要管的就是教育科技工作。[①] 1977年8月8日，邓小平在其主持的科学和教育工作座谈会上提出恢复高考，不再搞"文化大革命"中的群众推荐。[②] 这一决策改变了一代知识青年的命运，也为内源式技术进步和科学发展奠定了人力基础。

强调科学技术的重要性，对于经历了"文化大革命"之后的中国，有特别重要的意义。仅就一般情况而言，特别重视科学技术的作用也是有必要的。科学技术可以同时作用于劳动力和资本设备，通过提升劳动力的技能和素养，提升生产工具的效率，来从多个要素范畴提升生产力。这种质量上的改进，比单纯通过增加劳动力的数量和机器设备的数量投入，对生产力提升的效果更加明显。

在南方谈话中，邓小平再次强调了"科学技术是第一生产力"的观点，指出"经济发展得快一点，必须依靠科技和教育"，"高科技领域的一个突破，带动一批产业的发展"，"要提倡科学，靠科学才有希望"，"高科技领域，中国也要在世界占有一席之地"。南方谈话是邓小平对自己改革开放思想的总结，他把科学技术放到了改革开放事业的重要位置上。

---

① 中共中央文献研究室：《邓小平年谱：一九七五——一九九七（上）》，中央文献出版社2004年版，第164、178页。

② 中共中央文献研究室：《邓小平年谱：一九七五——一九九七（上）》，中央文献出版社2004年版，第179页。

邓小平的许多思想是在他参与会议以及更多是与国外拜访者的谈话中似乎不经意间表达出来的。看似轻松随意的谈话氛围，蕴含着深思熟虑，时而还要求他的听众向不在场的目标听众传话。这些谈话是非正式的宣示、承诺及动员的混合物。就像是他所钟爱的桥牌游戏的"叫牌"一样，他借此传递着"牌局"的关键信息。前英国驻华大使理查德·伊文思将邓小平通过谈话提供的信息总结为三点。一是"文化大革命"的十年动乱已经结束，并且不会重演。二是中国的发展需要有一个和平的国际环境，中国愿为维护世界和平而努力。三是中国需要向其他国家学习，但中国要保持政治和经济上的独立。[1] 这一想法实际上是近代中国遭遇"千年未有之大变局"之际，许多维新变法之士的共识，即中国要接受西方的影响，但不受西方的控制，并且争取到与西方平起平坐的地位。

总的来看，邓小平身上表现出一种有原则的务实精神。他所坚持的原则使得中国能够保有自己的独特性、独立性和包容性，而务实精神让中国能够秉持开放和大胆试验的态度，脚踏实地的发展经济和生产力、改善人民生活水平。他的这些政策让世界相信了和平环境对中国的重要性，相信了中国自身发展能够给世界带来的机遇，这本身又为中国的发展提供了机遇。中国将邓小平开创的新时代，视为发展的重要机遇期。

---

[1] 理查德·伊文思：《邓小平传》，武市红译，上海人民出版社1996年版，第271页。

第 三 章

斯密—奥尔森—熊彼特增长：
一个政治经济学解释

改革开放三十多年来，中国经济发展的成就可谓举世瞩目，这一进程的领导者邓小平的功绩足以彪炳史册。三十多年前，改革开放的总设计师邓小平开宗明义，把改革开放的目标定位为解放生产力和发展生产力。这一基本思想在《邓小平文选》第三卷中得到了深刻的、反复的阐述。上一章对邓小平领导的改革开放的主要措施和过程进行了归纳。如果用经济学语言加以表述，邓小平强调的解放生产力和发展生产力就是促进和维持经济的长期增长，准确说是保证人均产出或人均收入的稳定快速持续增长。如何维持经济长期增长，自经济学产生伊始便成为一个永恒的核心问题。如果从中国改革开放的实践来看，其高速经济增长得益于市场规模的扩大和分工与专业化水平的提升，中国巨大的国内市场也是世界市场的重要组成部分，而公共部门与私人部门的创造性活动在中国内外市场扩大和交易费用降低的过程中发挥了重要的作用。尽管邓小平没有使用现代经济学的语言及逻辑，但中国改革开放的实践逻辑与现代经济学所蕴含的"斯密—奥尔森—熊彼特定理"的理论逻辑是高度一致的。根据"斯密—奥尔森—熊彼特定理"，市场规模、政府治理能力及企业家精神对于提升劳动生产率并实现长期经济增长至关重要。本章的分析会表明，邓小平所强调并身体力行的那些强调和平与发展的政策,大多具有经济学学理上的合理性与必然性。

◈ 分工产生效率

人类对如何实现长期经济增长的思考,远早于经济或增长这两个概念的出现。两千多年前,中国最伟大的历史学家,开创了历史书写传统的司马迁,在他的不朽著作《史记》(这也是中国第一部纪传体通史,被视为中国史书的典范)就有专门为从事经营而致富的杰出人物所撰写的传记。里面已经涉及了市场自我调节机制、垄断等问题,并且对政府与市场的关系进行了分析,批评了政府与百姓争利的现象。尽管如此,系统地讨论经济增长的始作俑者,当属两百多年前出版《国富论》的亚当·斯密。

斯密此书的全名,叫《国民财富的性质和原因的研究》。[1] 斯密当时提出的两个最为基本的问题是:国民财富究竟从哪里来,以及财富的本质是什么。这两个问题归结为一点,便是经济增长之源泉及其实现条件。虽然《国富论》洋洋洒洒数十万言,但斯密对增长之内在逻辑的解释与归纳却言简意赅,那就是:经济增长滥觞于劳动生产率的提高;劳动生产率的提高导因于分工和专业化程度的加强;分工和专业化程度的加强来源于市场规模的扩大。如果删繁就简,我们就得到了这样一个促成经济长期快速增长模型:市场规模扩大→分工和专业化加强→劳动生产率提高→经济增长。再进一步简化后,我们便看

---

[1] 亚当·斯密:《国民财富的性质和原因的研究》,郭大力、王亚南译,商务印书馆1972年版。

到了被经济学家称为"斯密定理"的命题：经济增长取决于市场规模的扩大。

假定某人在单位时间内原来只能生产一件产品，在劳动强度大体不变时，现在可以生产两件了。这便是劳动生产率的提高，即单位时间的产出量增加。由此，他的收入水平相应地也会提高，至少是提高的可能性更大了。劳动生产率的提高导致经济增长，一般不会产生任何歧义。但随之而来的问题是，劳动生产率又是如何提高的。我们已经知道，斯密的回答是分工和专业化程度的加强。为了说明分工和专业化与劳动生产率之间的关系，斯密特别地举"扣针"（也就是缝纫所用之针）生产为例。

扣针虽小，但在斯密那个时代，一个劳动者，如果没有受过相当的职业训练，又不知如何使用生产扣针的机械，那么即使他竭尽全力地工作，也许一天也制造不出一枚扣针来。然而在生产扣针的流程被分解成大约十八种操作或工序之后，情况则大不相同了。在一个只雇用十几名工人的小扣针工厂中，每个工人只负责两三种操作。虽然其机器设备十分简陋，但他们经过勤勉工作，每人每天可制成的扣针数量高达四千八百枚。对此斯密感叹道："凡是能采用分工制的工艺，一经采用分工制，便相应地增进劳动的生产力。"

◇ 市场规模促进分工

随之而来的问题是：分工和专业化又是如何演化出来的呢？按照斯密的逻辑，是市场规模扩大引发了分工和专业化程度的加强。而这其中的机理又何在呢？假定有一个只有三户人家的村庄。由于人手少，为了生存他们必须个个都多才多艺，不仅要会种庄稼和蔬菜，亦必须会喂牲口饲养家禽，也要会种棉花兼代纺纱织布做衣服，还要会盖房子烧饭理发制作农具，等等。即使这三户人家之间存在某种程度的分工和专业化生产，那也只能是非常有限的或粗糙的，因为人太少了。然而，当村民户数由三户增加到三百户时，情况就发生了巨大的变化。随着人口的增多，不难想象，村子里就可能出现餐馆、理发店、铁匠铺和裁缝屋，还可能有其他形形色色的生产或服务的"专业户"。作为最重要的生产要素，人的数量上的增加实际上就等同于市场规模的扩大。这里，我们开始见识了市场规模如何促进和深化分工的内在机理。同时，在这一过程中，技术进步其实就是分工和专业化的一个派生结果。

  表现为人口增加的市场规模扩大为何会促进分工和专业化呢？这其中的关键点在于，市场规模扩大将会催生或增加潜在的"得自贸易的收益"。只要两个人（这可以轻易地拓展到两个企业或两个国家）在生产相同的两种商品时劳动生产率不等，他们各自只生产劳动生产率相对高的商品并彼此交换，其获得的两种商品的总量均会大于他们同时生产两种商品时的总量。在此分工和专业化生产过程中双方多获得的商品量，便是经济学家最为关注的"得自贸易的收益"，其含义与李嘉图两百年前在《政治经济学及赋税原理》中首创的"比较利益"概念等价。[①] 显而易见，随着人数的增加，人们之间潜在的"得自贸易的收益"就会随之甚至会更高比例地增加，从而"诱致"出分工和专业化，并最终推动了经济增长。也恰恰是在这个意义上，斯密和李嘉图都成为鼓吹自由贸易的旗手。当然，他们坚定地主张自由

---

① 大卫·李嘉图：《政治经济学及赋税原理》，郭大力、王亚南译，商务印书馆1962年版。

的国际贸易，在相当程度上也和服务英国新兴商人阶级之利益有关。

◇ 扩大市场规模的奥秘

除了和卷入分工与交易过程中来的人数多寡有关外，市场规模的大小也和特定区域内人口的富裕程度相关。人口拥有的购买力的大小，特别是他们拥有的创造财富能力的大小，亦直接影响到市场规模。人口越是富足，越是具有生产性，他们创造的可交易财富就越多，得自贸易的收益就随之增加，市场规模也就越大。在此有人或许会争辩说，人们的富裕程度和创造性，反过来也取决于分工水平决定的劳动生产率之高低。换言之，市场规模与分工和专业化互为因果。在八十年前的《报酬递增与经济进步》一文中，美国经济学家杨格就表述过"变化以一种积累的方式传播着自身"的思想。[①] 这一观察结果又被称为"杨格定理"。表面上看杨格定理对斯密定理构成了挑战，但实际上恐怕并非如此，因为相关关系远不意味着对因果关系的简单否定，因为从某种意义上讲，斯密和杨格两人之间的互补性大于排斥性。

市场规模的扩大还有一个维度，那就是可交易对象的范围拓展。曾经被禁止交易的对象被允许交易，比如我国的房地产业，就属此类。曾经不存在的交易产品被创造出来并被允许公开交易，比如我国有价证券交易和知识产权交易的从无到有，当属此类。曾经受到严重抑制的交易得以释放，比如农民手中剩余的农副产品可以自由买卖，

[①] 阿林·杨格：《报酬递增与经济进步》，贾根良译，《经济社会体制比较》1996年第2期。

便属此类。曾经受到政府严格管制的行业其管制逐步放松,比如曾长期由原邮电部独家垄断经营的中国电信业渐渐有了多家竞争者并存,仍属此类。作为生产要素的核心内容之一,劳动力或人力资本市场的建立与成长,同样应被视为市场规模扩大的一部分,尽管有关人的"交易"在非经济学领域常常是一个敏感且富有争议的话题。

与交易对象范围之拓展同步展开的,是经济的"货币化"程度不断提高。简单说,所谓经济的货币化,指的就是某一经济体中可以用货币计量、交易和结算的对象(商品、服务、权利等)持续增加的过程,其中伴随着流通中的货币量持续,甚至高速的增长,以便适应市场规模迅速扩大的要求。经济的货币化程度高低与交易对象范围之拓展,其间的关系可表述如下:任何潜在的可交易对象最终能否成为实际的可以交易对象,以及实际交易量的多寡,取决于它能否用货币计价与结算,取决于市场交易成本的高低。此外,从某种意义上讲,放松对商品与服务价格与数量的政府管制,亦可成为经济货币化的另一项内容,尤其是当这种管制因严重扭曲了价格而极大地错配了资源的时候。顺带指出一点,市场规模的扩大与经济的货币化程度之间互为因果的关系,还可以对物价水平变化做出解释:当货币发行量增长速度不变时,市场规模扩大或货币化程度提升的速度放慢,整体价格水平势必上升。这意味着治理或减弱通货膨胀的途径之一,至少从中期看,在于扩大可交易对象范围并提高其货币化程度。

这里有一个我们一直在谈论却没有明确定义的核心概念——市场。按理说,我们应该在一开始就把市场加以定义。但有些重要的概念就是这样,只有在做了相当多的理论铺垫后才能够界定。所谓市场,主要有两层含义。其一是通过建立在自愿基础上的自由契约,来实现社会生产、交换、分配与消费的过程;其二是指那些使上述过程得以顺利进行的制度安排，其中特别要紧的是那些由政府确立和实施的、与财产权保护和契约执行密切相关的制度安排。比较而言，市场的后一层含义更为关键，因为前一层含义的市场带有更强的自发性，并受后一层含义的市场深刻影响。鉴于特定制度安排的覆盖面或适用性总是有边界的，因而那些能够使交易得以在更大范围内实现的制度安排，或者那些使更为有效的制度安排的覆盖面和适用性得以拓展的有目的行为，其结果都会促进市场规模扩大。换言之，促进或衡量市场规模扩大的一个重要因素或尺度，在于使有效制度安排覆盖面加大和适用性加强。所谓有效制度，无非是指使财产权和契约权得到充分保护和尊重的制度。对于有效制度的讨论，我们在后面进行阐述。

这样一来，我们对市场规模的扩大就有了一个"五位一体"且相对完整的感知：一曰参与交易的人口数量的增多；二曰参与者创造财富能力的提高；三曰可交易对象范围的扩大；四曰货币化程度攀升；五曰有效制度安排之覆盖面的拓展和执行力度的加强。它们五者相辅相成、共同作用，并导致了市场规模的扩大。从地理或空间的意义上看，对一国或地区而言，市场规模的扩大又可以有两种路径，一是扩大国内市场规模，二是扩大国际市场规模。

◇ 斯密定理的不足

虽然斯密定理具有很强的解释力和说服力，虽然斯密在《国富论》中也谈到了政府必须具有的职能，还谈到了交易，但市场规模与分工和专业化之间的因果联系关系的确立，也就是"得自贸易的收益"的最终实现，尚需要一系列苛刻条件，而斯密对这些条件的讨论则不够充分和细致。这些条件中最为关键的一点，就是把市场规模和分工与专业化连接起来的交易。对交易进行深入讨论的这项近似于填补空白的工作，先是由一些非主流经济学家（如康芒斯七十多年前在其《制度经济学》[①] 一书中就以"交易"为基本分析单位）、其后主要是由被称为新古典政治经济学家们来完成的，特别是其中那些产权经济学家。相比之下，斯密定理中的另外两个环节，即分工和专业化与劳动生产率之间的关系，以及劳动生产率与经济增长之间的关系，其逻辑关联则直接得多，同时也容易理解得多。

如果不存在交易或交换，分工和专业化的后果会非常严重，造成一面是大量生产的积累，另一面又找不到销路。扣针的职业生产者就只能因滞销而破产或失业。从字面上讲，交易与人的买卖行为有关。更深一步看，交易还具有"可交易性"的含义，也就是说保证商品和服务得以交易的制度条件。也恰是商品和服务的可交易性构成了分工和专业化的必要条件，而且只要市场规模足够大，其可交易性也同时构成了分工和专业化的实现条件。同时，交易又有即时交易和未来交易之分。一旦商品或服务的实际"易手"是在一段时间以后发生，契约便出现了。考虑到借贷现象和延迟支付等期货买卖如此普遍，以至于契约几乎可以成为交易的等价物，或者说，可交易性经常是由契约来最终表现的。总之，可交易性在这里扮演了贯通市场规模和劳动分工的角色。不存在可交易性，市场规模扩大所带来的潜在比较利益便无法催生分工和专业化，从而也失去了经济学意义上的存在价值。鉴于交易的至关重要性，尤其是考虑到保证可交易性本身也是有成本的，过高的交易成本将使许多交易变得无利可图，故相关的分析又叫

---

① 康芒斯：《制度经济学》，商务印书馆 1998 年版。

作"交易成本经济学"。美国经济学家威廉姆森和马斯腾两人还专门编写过一本叫作《交易成本经济学》的书[①]。

更广义地看,制度(既包括契约、法律等正式制度,也包括风俗习惯等非正式制度)是影响交易成本高低的关键因素。制度是否有效,主要体现在能否降低交易成本,尤其是单位交易的边际成本。具体来说,有效制度至少可以从三个方面降低交易成本。

首先,有效制度可以为交易提供合法性,或为交易者提供稳定的预期,这将降低市场环境中的交易成本。例如,在邓小平时代确定"包产到户"制度、放弃"割资本主义尾巴"之前,以居民户为单位进行生产并在集市上交易剩余产品是一种非法行为。交易者虽然能从中获得利益(有时候这些利益决定了一家人能否获得起码的生活资料),但一旦被发现就可能被抓"走资本主义道路"的现行,从而面临灭顶之灾。这种环境下交易费用极高,生产和交易都只能是偶发的、非常态的,其规模十分有限。只有通过制度将相关交易行为合法化,才能形成稳定的市场,这些交易的规模才能不断扩大。

其次,有效制度可以通过为交易提供通用的标准和规范来降低交易成本。例如,许多政府间和非政府组织(如联合国贸发大会、联合国欧洲经济委员会、世界海关组织、国际商会、经济合作与发展组织、国际货币基金组织和世界银行等)大力推行的贸易便利化,即是要通过简化和标准化与贸易有关的程序及贸易过程的复杂性,来降低国际贸易的成本,推动货物与服务更好地流通。

最后,有效制度可以向交易行为人提供激励,使其主动降低交易

---

① 奥利佛·威廉姆森、斯科特·马斯腾:《交易成本经济学》,人民出版社2008年版。

成本。例如，中国在人民公社化时期，生产资料甚至公社社员的劳动力都被"公有化"，但监督成本极高，劳动中普遍发生磨洋工、混工分、出工不出力、滥用劳动工具等现象，劳动力组织成本（或劳动力市场交易成本）非常高。改革开放之后，桎梏劳动力的制度被取缔，每个人的劳动力为其个人所掌握，人们才开始注重提高效率。不仅如此，很多人还主动开始对人力资本的投资，劳动力市场上更容易找到合格的劳动者，市场交易成本大大降低。

◈ 强化与扩大市场型政府

如前所述，市场无疑是一种制度。这一制度既有自发契约的一面，也有人为规则的一面。无论是自发契约还是人为规则，市场都既可能成为有效制度，也可能濒于失灵状态。这意味着市场并非无条件的绝对的有效制度。市场制度的质量，还需要外在于市场的一些条件来限定或保证。

自由主义者特别强调财产权保护的前提下，由自发契约来实现资源配置。强调保护财产权自然是有其合理性的。作为分工和专业化前提的可交易性，其存在的制度条件正是财产权，包括财产权的界定、财产的保护和对契约的尊重。当财产归属不明晰、财产可以被任意剥夺、契约可以随便撕毁时，根本就不可能会有什么交易。财产权之所以极端重要，在于它为可交易性奠定了基础，在于它浓缩了人类的社会关系，从而成为人类生活中带有根本性的问题。在《论公民》一书中，17世纪英国哲学家、斯密的前辈同胞霍布斯，就曾把人世间所有问题的"元"问题归结为一句话："一个人怎么会声称某物归他自己而非别人所有?"① 这是一句充满大智慧的话。马克思、恩格斯以及后来的一大批伟大的思想家,都把财产权或其含义与之稍有差别的所有权当作论述的核心。

得到保护的财产权和受到尊重的契约还派生出两个相互促进的重要功能:消除或减弱不确定性,为人类选择提供强有力的激励。如果辛勤劳动之成果的所有权归属总是含混不清,如果自我财产的安全性总是处于风雨飘摇之中,如果人们对未来缺乏较为稳定的预期,那么就不会有人真正关心财富的创造和积累,就不会有人真正努力去有效地配置稀缺资源。

为了更好地阐释其中的逻辑,我们可以借助一下英国作家笛福在《鲁滨逊漂流记》中讲述的故事。② 当鲁滨逊·克鲁索独身处孤岛时,一切成本和收益都由他自己承担与享用。后来"星期五"出现了。这首先意味着市场规模的扩大。同时,由于两人的劳动生产率存在差异,潜在的"得自贸易的收益"随之产生;受到巨大的潜在"比较利益"的诱惑,分工与专业化生产或两人之间的合作,也就水到渠成了。然而,要想实现那些潜在的收益,还必须允许他们两人进行交易。如果两者之间是主仆关系,"星期五"就可以用他的劳动时间按鲁滨逊所决定的"价格"来换取鲁滨逊施舍的食物;如果两者之间是平等关系,"星期五"就可以用他打捞上来的鱼虾,按双方商定的比例去换取鲁滨逊采摘下来的浆果。在后一种情况下,双方必须事先就下述问题达成共识:每个人的劳动所得为个人财产且不得被随意剥夺,任何交易均必须建立在自愿的基础上,恪守签订的任何契约构成双方的义务。否则,可交易性难以保障,交易无法完成。

---

① 参见霍布斯《论公民》,应星、冯克利译,贵州人民出版社2004年版。
② 参见笛福《鲁滨逊漂流记》,马静译,广西民族出版社2002年版。

由于不确定性的存在,由于契约本身的不完备性,在鲁滨逊和"星期五"两人的交易过程中很可能出现一些侵权或违约现象。鉴于两人都是利益攸关方,因此要想公正地解决他们之间的纠纷或分歧,就需要引入第三方来实施仲裁。在现实生活中,这第三方通常就是政府。"政府"在此指的是包括行政权、立法权和司法权之行使在内的广义政府。尽管有许多角度或切入点把政府引入经济分析,比如有作为既得利益集团"俘虏"的政府,也有把经济作为管制对象的政府,但政府最重要的身份还是公共产品的提供者。而在诸项公共产品中,最为根本的便是保障财产权和维护契约,尤其是要维护统治阶级的财产权与契约权。恩格斯在《家庭、私有制和国家的起源》一书中讲道,"一个机关,它不仅可以保障单个人新获得的财富不受氏族制度的共产制传统的侵犯,不仅可以使以前被轻视的私有财产神圣化,并宣布这种神圣化是整个人类社会的最高目的,而且还会给相继发展起来的获得财产的新形式,因而是给不断加速的财富积累,盖上社会普遍承认的印章……而这样的机关也就出现了。国家被发明出来了"[1]。道格拉斯·诺斯在《经济史中的结构与变迁》一书中也提出,"国家既作为每一个契约的第三者,又是强制力的最终来源。……国家提供的基本服务是博弈的基本规则。……国家基础结构的创立旨在界定和实施一套产权"[2]。在其著述之中,恩格斯和诺斯从各自的视角、以自己的语言充分地论证了国家或政府最本质的属性或最重要的职责就是保障财产权和维护契约。

保护财产权和监督契约执行的重任一定要由政府来承担,原因在

---

[1] 参见恩格斯《家庭、私有制和国家的起源》,人民出版社1972年版,第106页。
[2] 参见道格纳斯·C.诺斯:《经济史中的结构与变迁》,陈郁、罗华平译,上海人民出版社1994年版,第21—25页。

于政府是强制力或暴力的合法垄断者和行使者，在于政府作为一种"公共"机构可能或能够比个人抱有更为中立和公正的态度，在于政府统治的辖区比私人的活动范围要宽广得多。然而，也正是因为拥有如此强大与广泛的垄断性权力，尤其是行使这些权力的又都是些难免带有私心的个人，故政府也往往是个人财产和契约安全最大的潜在威胁。这其中颇有些"成也萧何，败也萧何"的味道。奥地利学派经济学家米塞斯在《自由与繁荣的国度》[1]、哈耶克在《通往奴役之路》[2]、美国公共选择理论领军人物布坎南在《自由、市场与国家》[3]等著作中，始终都在提请读者注意政府可能对个人财产与契约权利的侵害，并想方设法使政府具有的副作用最小化。

考虑到机构设置、制度设计、组织协调、监督执行等事项，强化产权和保障契约的成本往往是很高的。实际上，人们通常所说的交易成本，其主要部分就体现于此。同时，交易成本的高低和市场规模的大小之间又是高度正相关的。在市场规模迅速扩大的过程中，交易成本的增加同样很快。一旦引入成本与收益概念，那就意味着以最小的投入寻求最大的产出。当政府无法在特定历史时期内保护所有人的财产权和契约权或无法一视同仁地对不同人群实施同等强度的保护时，如何最有效地使用稀缺的"制度资源"以保护财产权和契约权，并且最终实现约束条件下的最大化经济增长之目标，便成为制度经济学家们关注的一个焦点。

---

[1] 参见路德维希·冯·米塞斯《自由与繁荣的国度》，韩光明等译，中国社会科学出版社1995年版。

[2] 参见弗里德利希·冯·哈耶克《通往奴役之路》，王明毅、冯兴元译，中国社会科学出版社1997年版。

[3] 参见布坎南《自由、市场与国家》，吴良健、桑伍、曾获译，北京经济学院出版社1988年版。

前文已经述及,在《美洲金银和西方世界的兴起》一书中,张宇燕和高程的主要发现之一是,较之于普遍性的财产权保护而言,在历史的特定时期和特定环境下,政府对不同社会集团或社会阶层实施的财产权保护强度之差异,有可能对经济长期增长之绩效产生决定性的影响。[1] 这意味着,自由放任主义者和政府干预主义者都共同坚持的让一般意义的交易费用降到最低,可能并非增长的最优条件。政府应当做的,是让那些更具生产性的阶层面临更低的交易费用和更有力的产权保护,而对那些缺乏特别是破坏生产性的团体,甚至应该增加其交易费用,避免其从得自贸易的收益中获益并壮大。

在《权力与繁荣》一书中,曼瑟·奥尔森探讨了政府权力和经济增长之间的关系。[2] 和斯密的思路相反,奥尔森的出发点不是去寻找导致经济增长的原因,而是去挖掘阻碍经济增长、准确说是阻碍交易得以充分实现的深层次原因。在市场规模大体保持不变的情况下,要解释各国或各经济体各异的繁荣程度之变化,人们只能从它们内部的交易障碍或交易束缚方面寻找答案。奥尔森指出,一国经济上的失败,主要在于没有满足下述两个必要且充分的增长条件:一是存在可靠且明确界定的财产权利和公正的契约执行权利;二是不存在任何形式的、主要来自政府的强取豪夺。"奥尔森增长条件"之中隐含的重大命题是:经济繁荣取决于政府权力的有效使用。在此基础上,他逐渐形成了一个可以高度浓缩其长期增长理论的重要概念:强化与扩大市场型政府。在奥尔森看来,一个政府如果有足够的权力去保护个人财产权、强制执行各种契约,并且其本身还受到约束而不能任意、非法地剥夺或侵犯私人权利,那么这个政府便是一个"强化与扩大市场

---

[1] 参见张宇燕、高程《美洲金银和西方世界的兴起》,中信出版社2004年版。
[2] 参见曼瑟·奥尔森《权力与繁荣》,苏长和译,上海人民出版社2005年版。

型政府"。

斯密强调市场规模的扩大，奥尔森看重强化和扩大市场型政府。这表明两人都深知市场规模对经济增长的决定意义。然而我们还要看到，他们两人的关注点又各有侧重。斯密要扩大的主要是"市场规模"，力图增加的是参与交易的"量"。奥尔森要扩大的是"市场"，是使交易顺利进行之条件（亦即可交易性）的覆盖或适用范围不断拓展，旨在强化使"得自贸易的收益"得以实现的制度安排之"质"。斯密眼中的市场规模之扩大，更像是一种自发的市场进程，其基本动力来自于商人的牟利诉求。奥尔森则把市场规模的扩大看作一种由政府主导的制度演进过程，为的是创造条件以使所有潜在的得自贸易之收益获得实现。简言之，斯密更关注的是市场规模的外延扩展，奥尔森则更青睐于市场规模的内涵延伸。

对两人的思想做一番适当的整合、再辅之以一些相对枝节性考虑之后，我们就可以获得一个较为高度互补的、逻辑连贯的、解释力较强的经济长期增长模型：市场规模扩大→潜在的"得自贸易的收入"出现→得到政府恰当保障的财产权和契约权→交易成为可能→分工和专业化程度加强→劳动生产率提高→经济增长。正是在这个模型中，斯密的"无形之手"和奥尔森的"引导之手"紧紧地握在了一起。出于简洁的考虑，我们也可以将其称为"斯密—奥尔森定理"，或"斯密—奥尔森增长"。

需要补充说明的是，"斯密—奥尔森增长"中的各个逻辑关节点，其间的关系并非全都是单向的因果关系。经济增长既可能是市场规模扩大的结果，也可能是使市场规模得以扩大的原因。以得到政府恰当保护的财产权和契约权为标志的有效制度安排，其覆盖面与适用范围的延展，其执行力度的加大，既是市场规模扩大的条件，同时也是市场规模扩大的一项重要内容。在特定历史条件下，当财产权与契约权的保护强度对不同阶级或阶层而言存在不均匀分布时，很可能会有更为耀眼的或是更为暗淡的经济长期增长之绩效。鉴于"斯密—奥尔森增长"模型所表达的逻辑关系高度抽象，从而舍弃掉了不少枝蔓，故上述补充说明有助于丰富和细化我们对经济增长的理解。实际上，谈论市场与政府（或国家）之间关系者众多，比如卡尔·波兰尼的《大转型》关注的焦点也在于此。比较而言，波兰尼的观点甚至更加尖锐。他认为自我调节的有效市场，是"彻头彻尾的乌托邦……不能存在于任何时期"①。这里以奥尔森为代表，原因主要在于他不仅观点鲜明，而且逻辑更加清晰，论证更为有力。

对于一个初始状态为与世隔绝、资源或要素主要靠计划配置、建立在自愿契约基础上的交易受到多方限制、市场规模被严重挤压的巨型经济体而言，一旦参照"斯密—奥尔森增长"之逻辑，我们便可以清楚地看到通向长期经济增长之路径所在。这一路径的目标是通过扩大市场规模来实现经济长期快速增长，而实现这一目标的最重要的手段在于保障财产权和尊重契约，并以此来促进交易和收获随分工和专业化而来的贸易收益。至于这一寻求长期快速增长之历史进程的起始点之所在，则主要取决于特定经济体"起飞"时的初始条件，特别是与当时的政府之财政状况、国内利益集团格局和国际政治经济与安全环境等因素高度相关。

保障财产权和尊重契约并确保其能得到执行是强化和扩大市场型政府最核心的职责，正如前文所述，包括产权制度在内有效制度安排覆盖面的拓展和执行力度的加强本身就意味着市场规模的扩大。除此

---

① 卡尔·波兰尼：《大转型》，刘阳、冯钢译，浙江人民出版社2007年版，第3页。

之外，强化和扩大市场型政府在市场规模扩大的其他四个维度也可以有所作为。例如，在增加参与交易人口数量方面，适当放宽行业或市场准入条件可以增加参与交易的人口数量，改良基础设施能够有效增加可参与交易的人口数量，与其他国家签订经济与安全合作协定可以有效增加参与交易人口数量，甚至从跨期的角度来看采取合适的人口生育政策也可以增加未来的参与交易的人口数量。又如，在扩大可交易对象范围方面，强化和扩大市场型政府可以做的事情包括但不限于，放松对交易标的的管制增加可交易的产品和服务的内容、提供明确易行的交易标准和支付工具等。再如，提升货币化程度方面，政府可以致力于提升货币政策有效性、维护货币信誉、扩大货币在全球范围的流通域等等。

◈ 政府角色之辩

在"参与者创造财富能力提高"的维度上，政府应该发挥什么样的作用，一直存在争议。一种观点认为政府不应该直接介入创造财富的过程，否则只会弄巧成拙。信奉自由主义的哈耶克指出，"自由的政策不仅要求制止主观刻意的管制，而且还极力主张接受不受指导的自生自发的发展"。[①] 哈耶克区分了自由的英国传统和法国传统，或称"盎格鲁自由"与"高卢自由"，指出后者是"在政府组织做出的最高程度的干预中寻求政治文明"，而英国反对干预的传统才是自由

[①] 弗里德利希·冯·哈耶克：《自由秩序原理》，邓正来译，生活·读书·新知三联书店1997年版，第80页。

的真谛所在,其自由制度和传统"已然成了文明世界的示范"。①

幼稚产业保护论之父弗里德里希·李斯特（Georg Friedrich List）同样承认英国"已经成为一切国家的榜样",认为其在国内政策和外交政策等方面"都起了示范作用"。但李斯特眼中英国的政策并非自由放任的政策,而是"一贯鼓励生产力的输入,商品输入考虑在后","输入的只限于原料和农产品,输出的只限于工业品","承认殖民地贸易自由与海运事业的自由,但只以它从这方面的所得超过所失为限"。李斯特不无诛心地指出,亚当·斯密支持自由贸易的学说掩盖了英国实际执行的政策,"目的是在于防止外国仿效这个政策"。英国在顺着梯子登上高处之后,一脚踢开身后的梯子,防止别的国家跟上来。②

顺着李斯特的进路,③ 张夏准（Ha-Joon Chang）主要研究了19世纪和20世纪初期（有的国家上溯到18甚至14世纪,有的扩展到第二次世界大战以后）英国、美国、德国、法国、瑞典、比利时、荷兰、瑞士、韩国、日本等多个国家的产业、贸易和技术政策,以及选举、行政司法、产权、公司治理、金融及劳工与社保等方面的制度,其结论是发达国家并不是通过使用它们向发展中国家推荐的政策和制度获得成功的;相反,它们现在坚决抵制的那些已经树立了"政治不

---

① 弗里德利希·冯·哈耶克:《自由秩序原理》,邓正来译,生活·读书·新知三联书店1997年版,第204页。
② 弗里德利希·李斯特:《政治经济学的国民体系》,陈万煦译,商务印书馆1961年版,第306—307页。
③ 张夏准所著《富国陷阱》一书的副标题"发达国家为何踢开梯子?"就使用了李斯特关于英国踢开梯子的典故。

正确"形象的贸易和产业政策及相关制度才是其成功崛起的不传之秘。①

亚历山大·格申克龙（Alexander Gerschenkron）则指出，落后国家的工业化可能存在一种后发优势，可以采取引进先进技术设备和工艺知识等政策，实现加速赶超。但他也指出了政策失败的风险，如意大利"愚蠢的经济政策"扶持了不具备比较优势的工业部门。②

从理论上看，固然不能用政府的行为去取代市场来成为配置资源的主要方式，但也不宜将政府的一切涉及经济的活动或所有产业政策都视为"政治禁忌"。关键在于政府的行为是否能有效降低市场交易费用，能否成功鼓励市场主体积极参与市场交易活动或激发其创新行为。

前一个方面，例如在交通基础设施等公共产品含义比较明显的领域，政府的集中投入可能产生较大的效益。正如历史学家严耕望所言，"交通为空间发展之首要条件，盖无论政令推行，政情沟通，军事进退，经济开发，物资流通，与夫文化宗教之传播，民族感情之融合，国际关系之亲睦，皆受交通畅阻之影响，故交通发展为一切政治经济文化发展之基础，交通建设亦居诸般建设之首位。中国疆域辽阔，交通建设尤为要务，故中山先生避总统之位，即以铁道建设为己任，其立意盖以交通建设为国家一切建设之基本也"③。交通领域的建设投入，其周期长、资金需求大、收益率相对较低，完

---

① 张夏准：《富国陷阱：发达国家为何踢开梯子？》，肖炼等译，社会科学文献出版社 2009 年版，第 151—153 页。
② 亚历山大·格申克龙：《经济落后的历史透视》，张凤林译，商务印书馆 2009 年版，第 439—440 页。
③ 严耕望：《唐代交通图考》序言，载《治史三书》，上海人民出版社 2016 年版，第 215 页。

全由私人部门投入，则其实际水平可能低于社会效益最大化所需要的水平。此时通过政府政策的有效引导和投入来改善基础设施，可以降低市场交易费用，促进私人部门投资，最终增加社会整体的福利。

又如，在一些传统行业，生产链条细密，产出的是市场广泛接受的成熟产品，工艺精湛可靠，生产过程相对固定，风险可控，回报稳定，其利润主要得自空间集约成本而致的规模收益，这些行业通过模仿引进即可产生效益。此时，只要解决好内部激励问题，通过政府产业政策也可以比较顺利地克服投资大、周期长、配套多等困难，发挥政府部门"集中力量办大事"的优势。

但是，对于以投入新要素、开发新产品、创造新市场为主的新兴产业，成败的不确定性较大，一旦成功则回报颇高，其利润主要得自时间上领先同侪所得的创新收益。此时，与信息劣势、激励劣势相比，政府的规模优势可能发挥不出来，强推产业政策甚至可能弄巧成拙。这种条件之下，政府角色应当主要集中于鼓励和保护市场主体创新的积极性上面，通过良好的产权（包括知识产权）保护等制度方面的建设和执行能力的培育，充分发挥企业家精神的作用。

◇ 美国是小政府吗？

从理念上看，美国人信奉对"大政府"持怀疑态度的价值观。有调查显示受访的美国人中五成七认为政府对商业的管理弊大于利，六成四的美国人认为当某一事项交由政府管理时，通常的结果是效率低下且造成浪费，七成五的美国人对联邦政府比对地方政府更不信任。[①]但表达与实践往往背离。在美国历史上，各级政府的规模都在不断扩张。1902年，美国联邦政府、州政府和地方政府财政收入占GNP的百分比分别为3%、0.8%和4%，到1952年，分别上升至20.4%、4.1%和4%，再到1992年三者进一步上升至20.8%、9.3%和7.3%。在整个18世纪末到19世纪中相当长时间里，美国的州政府扮演着国内项目（包括银行、运河以及其他交通设施改造项目）主要投资者的角色。[②]

20世纪的美国更是演变出了庞大的管制系统。《美国90年代的经济政策》一书将国家的经济比作一条目标明确的船，并认为这条船能否最终到达目的地，将取决于天气、船长和船员的素质，以及这条船本身的设计、结构和质地。该书进一步指出，对美国经济这条船来说，总统是船长，他可以做许多事，但其行为受制于气候、天气等不确定因素，同时为船体本身的结构所约束。船体的结构便是那些形形色色的政府管制，包括经济管制、健康与安全管制、金融管制、反托拉斯、社会保障政策，等等。[③]

美国有四十多个管制机构，它们通常既有政策的性质，又有立法的性质，本身又是联邦政府的行政机构，可谓身兼行政、立法和司法三职。在美国，承担政府管制职能的重要部门，举例说有类似中国环保总局的环境保护署、类似中国药监局的食品与药品管理委员会、类

---

① 詹姆斯·麦格雷戈·伯恩斯等：《近距离看美国政治》，吴爱明、李亚梅等译，中国人民大学出版社2016年版，第90页。

② 普莱斯·费希拜克、罗伯特·希格斯、加里·利贝卡普等：《美国经济史新论》，张燕、郭晨、白玲等译，中信出版社2013年版，第20—26页。

③ 杰弗里·法兰克尔、彼得·奥萨格等：《美国90年代的经济政策》，徐卫宇译，中信出版社2004年版。

似中国中央人民银行的美联储、专管金融市场的证监会以及能源委员会、联邦通讯委员会，等等。在这些管制机构之外，另有一个部门专门负责审批、审核各种管制规章，它有权裁决各种管制条例的有效性，或要求变更其内容。这个监管机构叫做预算与管理办公室（OMB）。该办公室被设在白宫，其主任是正部长级别。此机构的权力和作用很大，以至于不少人称它为美国的一个"超级政府"。不但美国政府管制规章条例都要通过它来审定，美国所有的预算也要由它提出。

人们通常只看到，美国是当今世界上市场经济最自由的国家之一。但事实上，它同时又是一个政府管制无所不在的国家。1976年至2001年，美国共生效了13.8万项管制规章，平均每年约5300项。把它们都打印出来，大约有140万页之多！在美国办企业，雇佣人数五人以下，约束你的管制条例可能是十条，如果雇佣人数超过十人，适用你的条例可能变成三十条，若超过五十人可能是六十条，超过一百人可能是一百条，如果五百人以上可能就多达数百条了。总之，企业做得越大，管束你的条例就越多、越强。美国的人口只占世界人口的不到5%，而它拥有的律师数量却占世界总数的35%，美国律师事务所每年的收入高达2500亿美元左右。美国的律师业如此发达，在很大程度上，正是因为美国的管制条例繁多，需要大量律师帮助人们解读这些政府条例，事后好代其跟政府打官司、钻空子。

美国的政府管制范围如此之宽，其间需要投入的人力、物力、财力等监管成本必然非常高昂。根据美国经济学家的估算，美国管制成本在2001年为8540亿美元，占当年GDP的8.4%。联邦政府的管制人员截至2001年时为13.2万人，现在大概维持在12万人左右。人们往往误以为美国政府是一个小政府，事实情况大相径庭。越发达的国家，其政府规模就越大，支配的资源也越多，美国在这点上毫不例外。美国所有拿政府工资的人员，占整个就业人口的15%左右，仅美国联邦政府在加州一省派驻的领政府薪水的工作人员就达30万人之多。我们在中美之间做一个简单的比较，便可知晓两国政府规模的差距。一个国家的就业人口大概是总人口的一半，中国现在有13亿人，就业人口大致为6亿5千万。如果中国领政府薪水的人和美国拥有同样的比例，即就业人口的15%，那么中国的政府工作人员得扩充到一个亿的规模才行！美国联邦政府支出的财政数额占其GDP的20%，中国中央政府的预算占GDP的比例远不及此；美国地方县、市的政府预算全部加起来，占到其GDP总量的35%—37%，这一比例远远高于中国。

曾有记者采访一位造访中国的美国环境经济学家，问他对中国环保现状的看法，对方回答说中国的环保搞得不行，和美国差距很大。记者继续追问差距所在，他说主要是因为中国政府的作用太小、人数太少，美国环保署大楼工作人员大概五千多人，中国环保总局正式编制才一百多人。在网上曾经流行一组PPT对比照片：中国县政府、乡政府的大楼很大、十分气派；相比而言，美国的州政府、市政府都那么小。这组图片给人的错觉似乎是，中国的政府规模太大，而美国的政府规模很小。这让人联想起另一张照片。十几年前，几个愤世嫉俗的美国人在俄州制造了一次爆炸行动，炸死了联邦政府大楼的150多位工作人员，在当时引起轰动。事故现场照片显示，联邦政府大楼被炸掉单面上的一小角，也就是不到1/20的面积。这一小角导致的死亡人数就高达150多人，可见美国的政府规模并不像我们传统观念中认为得那么小。

还需要特别注意一点，美国相当多的管制条例是非中性的，它们对不同的人、不同的集团之影响差异很大。这里涉及两个概念，即中性管制和非中性管制。所谓中性管制，是指那些不但对所有人都平等适用，而且每个人从中的收益状况也都相同的管制条例。例如，规定所有的车和人都靠马路右边行走，这类条例对所有人都很公平，属于中性管制。非中性管制对不同的人意味着不同的事情，它并非平等适用所有个体，即便表面一视同仁，人们从中的获益受损状况也不尽相同。一位美国著名的诺贝尔经济学奖获得者曾明言，判断一个经济学家的水平高低，就看他对经济政策和政府管制的批评力度。他对此批评得越猛烈就说明他水平越低，因为他不明白，每一项经济政策和政府管制条例的背后，都存在各种各样的、试图使自己利益最大化的利益集团在那里讨价还价，这些经济政策和管制条例的最终形成正是这些利益集团之间竞争和博弈的结果。

经济学们经常把一个糖业的管制条例作为美国政府管制非中性的经典案例。这项管制条例把美国食糖的消费标准提得十分苛刻，结果使外国糖出口到美国变得困难重重。该条例出台的表面理由说起来都是冠冕堂皇的，例如为美国人的健康、福利着想等等，但其背后的真实原因却是美国生产糖的一帮家伙，比如南部的甜菜种植者、甘蔗种植者等，他们之间结成了利益集团，并成功游说政府通过管制条例来保障自己的既得利益。美国曾经出过一个涉及共和党著名参议员的丑闻。他在"9·11"之后提议通过一项管制条例，内容是要求美国在反恐战争中负责运输物资、军火和人员到中东的船舶公司必须是美国的公司，或者美国人持有85%以上股权的公司。他声称，这一条例的倡议是出于美国国家安全的考虑，因为通过外国公司运输军事物资危险太大。但后来经调查，人们发现，这位参议员的主要赞助商正是那些从该管制条例中大获收益的美国运输公司。

美国监管的非中性不仅仅体现在其国内,而且和国际社会也有密切联系。著名的"巴塞尔协议"的形成就是其中的典型例证。20世纪80年代,世界十个主要发达国家在瑞士的巴塞尔通过一项协议,强调银行监管的重要性,并将这些国家银行的资本充足率提高到8%。后来,有学者的研究证明,该协议产生的动力与美国银行业利益集团对政府的影响存在明显关联。当时的背景是,美国大的商业银行把大额款项贷给拉丁美洲国家,这些国家到期无力还债,从而导致美国银行出现债务危机。在面临亏损的局面下,这些商业银行试图把损失转嫁到企业和储户身上,即对企业提高贷款利率的同时压低储户的存款利率。如此一来,企业和储户便不干了,于是联合起来要求政府通过法律对银行进行严格监管,以降低他们的投资风险。这个时候美国的银行业集团又提出,如果政府加大银行监管力度,结果将导致外国银行在全球市场的竞争优势。为了走出两难困境,美国政府最后决定,把那些发达国家的中央银行首脑聚集起来,通过一项国际监管协定,既监管美国的银行业,同时也把这些发达国家的银行一并监管。这就是所谓巴塞尔协议最初产生的原因。

很多国际知识产权条例也有类似的非中性性质。例如,外国企业在美国销售药品,必须得通过美国食品和药品管理局的检测。而通过这些检测实际上非常困难,因为药品分子式的保护权把很多外国药品排除在美国市场大门之外。美国公司生产一片药的成本可能只有几美分、十几美分,但是在市场上可以卖到十几美元。可见,这些涉及药品知识产权的管理条例是非中性的,它们最终保护的是那些美国大药品公司的利益。现在一些国家已经声明要退出这一知识产权保护体系,因为它们支付不起这些成本。

尽管美国的政府管制由于浓厚的非中性色彩而一直受到猛烈抨

击,但从整体上我们仍能看清这样一个事实:世界上根本就不存在纯粹的市场经济,有的只是政府管制和法律制约的市场经济。换句话说,没有政府就没有市场,没有管制就没有自由。有效的市场经济,一定建立在有效的监管之上,没有法律规章制度的确立和执行,市场是不可能有效运转的。越是发达的市场,它的政府管制就越多、越细腻。哲学家卡尔·波普说过一句听似矛盾的话:"你限制的越多,你得到的就越多。"这句话很有辩证法的意味:你限制得多了,那些没有被限制的权利你就可以完全享受。

市场力量发挥积极作用的前提条件在于有效的政府管制。作为引申,我们还能悟出这样一个结论:美国经济不仅是受管制的市场经济,还是试图通过市场来改进管制的市场经济。在经济学界,无论是在美国还是在欧洲,普遍的说法都是倡导放松政府管制。这种观点听起来好像是要求政府管制越来越少、越来越松,执行力度越来越小,实际上却并非如此。所谓放松管制,无非是要提高管制质量、改进管制效率而已。或许由此我们还可以派生出其他命题,比如,区分市场经济和非市场经济的基本标准,不在于政府是否介入经济生活或介入的深浅,而在于介入的方式是命令式的还是市场的;再比如,发达的市场经济和欠发达的市场经济的一个本质区别,往往就在于政府是否为最大限度地发挥市场的功能提供了全面而有效的制度保证。

我们要承认,美国经济从历史发展到今天大致是成功的,它的经济水平在当今世界也是最发达的,这其中的很多经验需要我们去学习和体会。借鉴别人的东西首先要认真考虑条件和时机,要明白它是怎样一步步走过来的。中国从计划经济向市场经济过渡,一定要清楚一点:建立社会主义市场经济,改革原有的计划经济体制,决不意味着自由放任不要政府，而是需要一个有效使用权力的政府。

事实上，从理念来看，自由放任主义者与政府干预主义者的分歧在于如何看待政府的作用。前者相信政府只应该做好维持法治秩序，其他的任何干预最终只会增加交易费用并破坏市场的完美功能。只要一般意义上地保持法治秩序，保持对私人财产权的界定、保护和对契约的尊重，市场就能够自发地保持以交易费用最低的方式运作，增长就能够实现。政府干预主义者则认为，政府应当主动地介入市场，因为政府知道如何更好地降低交易费用，知道应该采取何种规则来激励市场主体，弘扬其创新能力和企业家精神。

◇ 企业家精神与熊彼特增长

经济学中解释经济增长的源泉，除了亚当·斯密提出的"市场规模扩大→分工和专业化加强→劳动生产率提高→经济增长"这一更加显赫的思路之外，还有一支约瑟夫·熊彼特开创的"隐秘"传统。言其"隐秘"，主要是从学术研究和传承的角度来判断。从对管理和经济实践活动的影响来看，熊彼特开创的思路可能更具"显学"的况味。

1912年，年仅29岁的熊彼特发表《经济发展理论》一书。书中提出，增长的源泉来自创新，而从事创新活动的人便是企业家。具体说，创新表现为新工艺、新技术、新材料、新市场、新组织方式。任何一项创新的结果，都是新的生产要素和生产条件的重新组合。在整个过程中，企业家扮演着关键的角色，因为企业家的职责或定义就是实现创新的人。

其实仔细想想，熊彼特的创新之结果，无非是分工和专业化程度的加深，以及市场规模的扩大。可见，这种被后人称之为"熊彼特增长"的理论完全可以融入"斯密增长"。尽管如此，强调创新和企业家的作用至少具有一个方面的重要意义，即解释经济增长和周期问题的出发点在企业层面，在于组合生产要素的企业家。凸显人的价值，尤其是少数社会精英的价值，贯穿于熊彼特的整个思想体系，亦是其理论的一大特点。

当看到阿尔弗雷德·斯隆在1923年成为通用汽车公司第八任总裁后带来的"管理革命"，即设计出一种多部门且各自针对特定性消费群体的组织结构之后，我们恐怕会自然地成为熊彼特的拥趸。经济学家罗伯特·蒙代尔曾经说过，"有力量的不是公司，而是人"。这番话可以说是对"熊彼特增长"思路的最简洁的诠释。

如果对熊彼特增长作进一步的延伸，在斯密—奥尔森增长路径（市场规模扩大→潜在的"得自贸易的收入"出现或增大→得到政府恰当保障的财产权和契约权→交易成为可能→分工和专业化程度加强→劳动生产率提高→经济增长）中来看熊彼特增长所能发挥的作用，不难发现，创新或企业家精神将在斯密—奥尔森增长中扮演类似"催化剂"的角色。企业家精神将在斯密—奥尔森增长的包含了市场与政府的各个环节发挥"加速""促稳"或"提质"的作用，而不仅仅是在市场运作环节助力分工与专业化。

首先，企业家精神推动下的创新本身就包含了新市场的发现与创造，这直接意味着市场规模的扩大。空气本来无所不在谈不上稀缺，但是有企业家发现了一些城市空气污染严重造成"清洁空气"供应不足的商机，开发出制造清洁空气的机器或索性直接出售来自高品质空气来源地的新鲜空气罐头，使得可供交易的产品增多，从而创造了原本不存在的市场。

其次,工艺、技术或制度上的创新能够创造或放大潜在的"得自贸易的收入"。在航海技术取得长足进展之前,罗马和中国的贸易只能通过陆上丝绸之路来开展。罗马贵族对来自东方的丝绸需求极大(他们那个时候还不知道是来自中国,甚至还一度认为丝是从某种树上摘取),罗马共和国独裁官恺撒穿着丝绸长袍去戏院引起众贵族羡慕,看戏者成了被看者。尽管如此,在汉朝的技术条件下,能够实现的贸易利益是非常有限的。直到唐代中期以后,航海技术有显著提高,克服海洋风险的能力有所增加,才能通过海上丝绸之路的远洋贸易,把双方得自贸易的潜在收益扩大并实现出来。

再次,企业家精神在政府中的运用可以创造性地为交易者提供保护、降低交易费用、形成稳定预期,这些都促进了交易规模的扩大。企业家精神并不局限在企业家群体之中,任何具有强烈创新意识和创新能力的人或组织,都可以说拥有企业家精神。唐朝设置市舶使管理对外贸易,此举开了宋元市舶司的先河,即是富有企业家精神的政府机制创新。在市舶使管理之下,来广州贸易的海外商人越来越多。政府又在汉蕃管理制度上进行创新,允许外国人聚居的社区(蕃坊)内的外商自行选举蕃长并予以任命,赋予其管理外籍侨民和信仰宗教自由的权力。这种做法为外商在中国长期经营提供了极大的便利,鼓励了更多商人到广州从事贸易。唐末黄巢起义,广州的外籍侨民和当地人一起抵抗起义军的侵袭,罹难的外商竟然高达 12 万人。[①] 政府体制上的创新在某些条件下可以释放的生产力超乎想象。改革开放初期的"包产到户"合法化就是另一个很好的例证。

---

① 苏莱曼:《苏莱曼东游记》,刘半农译,中华书局 1937 年版,第 58 页。转引自陈炎《海上丝绸之路与中外文化交流》,北京大学出版社 1996 年版,第 37 页。

最后，创新与分工和专业化能够形成相互强化的正反馈，这提升了劳动生产率。亚当·斯密在讲述他对扣针工厂的观察时谈到工人们只运用了简陋的机械设备，如果这些简陋的、通用的设备能够被更先进的、更专业化的机械所取代（比如引进了新的生产设备和生产工艺流程），那么一定会引起分工的变化，而劳动生产率也会有所提升。亚当·斯密还提到了专业机械设备的发明也可能是分工的结果，也即每个人只从事一个环节的工作时，能够有更充裕的时间和更集中的注意力来思考这一个环节在生产工作、劳动方式上如何改良，因此也更有机会促成技术与生产方式上的创新。

因此，在斯密—奥尔森增长路径的主要环节都有必要注重创新的作用，注重企业家精神的发挥。这种加入了人的主观能动的创新因素的斯密—奥尔森增长，可以称为斯密—奥尔森—熊彼特增长或斯密—奥尔森—熊彼特定理。与不考虑创新因素的斯密—奥尔森增长在体制上最大的不同是，斯密—奥尔森—熊彼特增长包含了一整套鼓励创造和创新的制度安排，包括对知识财产权的尊重与保护及评价和维护这一权利的法规制度等。在这些正式和非正式的制度激励下，创新者能够比较充分地获得创新的收益，从而鼓励公共与私人部门的人，都以更大的热情投入创新活动之中。

◇ 改革开放与斯密—奥尔森—熊彼特定理

分析至此，邓小平开启的"改革开放"在中国三十多年经济高速增长过程中所扮演的举足轻重的角色，也就凸显出来了。最概括地讲，中国过去三十多年所从事的改革开放事业，至少从制度经济学的角度看，是沿着一条较为典型的"斯密—奥尔森—熊彼特增长"之路前行的。

"改革"，作为一种意义深远的制度进步，界定、保护了财产权（包括知识财产权）和契约权，并且拓展了有效制度的适用范围，从而为市场规模的扩大或使受到压抑的市场能量得以释放奠定了基础，甚至直接扩大了市场规模。"开放"，作为一项深谋远虑的政策，一方面直接扩大了中国的外部市场，让中国通过参与国际分工来最大化其自身的比较利益，让尽可能多的中国企业成为国际分工与交易的受益者；另一方面，打开国门本身也促进和深化了改革，引进了先进的技术和管理方式，鼓励了新工具、新方法的运用。

站在今天的历史坐标上我们不难发现：无论从内部容量还是外部尺寸看，中国的市场规模都得到了空前的扩大，分工和专业化皆因日趋有效的产权制度之实施而得到了极大的加强，并以此为基础，制度与技术的创新和进步得到了实现，劳动生产率得以大幅度提高。总体而言，中国经济三十年的高速增长，或如林毅夫、蔡昉和李周三人在《中国的奇迹：发展战略与经济改革》一书中所关注的现象，其背后的机理便在于此。[①]

中国的改革开放，主要针对的是实行了 1/4 个世纪的中央计划经济。公允地讲，计划经济体制的基本目标，同样是要实现分工和专业化，同样含有扩大"交易"（交换）规模的倾向，同样是要寻求经济长期稳定快速增长。计划经济体制在一定历史条件下取得成功，重要原因也在于它与"斯密—奥尔森—熊彼特增长"之间的吻合度高。例如，苏联在 1930 年代取得良好增长业绩的原因之一，就

[①] 林毅夫、蔡昉、李周：《中国的奇迹：发展战略与经济改革》，上海人民出版社 1999 年版。

是趁着资本主义危机下西方国家机械设备大甩卖之际，廉价购得了相当数量的先进生产资料和技术，通过外源式的技术创新促进了生产率的提升。当然，鉴于人类的理性毕竟是有限度的以至于任何计划都必定是有缺陷的，鉴于计划经济体制提供的激励在长时段内难以持续，鉴于贬抑货币在计价与结算中之重要功能的计划在施行过程中引发的交易成本甚巨，故"计划型增长"的可持续性便出现了问题。

以上所论述的，只是一个理解中国改革开放三十多年来经济高速增长的逻辑分析框架。它主要从制度经济学的视角解读了经济长期增长需要具备的一般条件，准确说是给出了一个描述经济长期增长的命题。至于这种高度简约的论述或概括能否与中国改革开放的具体实践与进程相吻合，自然还需要一系列检验与印证。

除了给出带有一般性的经济长期增长的关键因素之外，这里还存在中国改革开放的"特殊性"问题，也就是"中国特色"问题。美国高盛公司高级顾问乔舒亚·雷默在其题为《北京共识》的长篇报告里集中讨论了这一问题，并得出结论说，中国的改革开放走的是一条完全与众不同的道路。[①] 看来我们在此遇到了一个绕不过去的逻辑难题，即一般性和特殊性的关系。中国三十多年来所取得的巨大成就，与改革开放吻合了经济长期增长的基本逻辑密不可分。同时，中国市场规模之扩大的途径与步骤又确实是举世无双。这主要是因为改革开放是由一项项具体政策措施、法律法规、管制条例等制度构成的，内容繁杂，时分先后。由此便出现了"制度组合""时机把握"与"实施顺序"问题。所谓"中国特色"，从狭隘的经济学角度看，大致集

---

① Joshua Cooper Ramo, "The Beijing Consensus, the Foreign Policy Centre", 2004, http://fpc.org.uk/fsblob/244.pdf.

中体现于如何处理它们。当然,一个国家、一个民族能够在正确的时间、以正确的顺序做正确的事,不仅需要智慧和勇气,有时恐怕也需要直觉和运气。

第四章

中国梦：民族复兴与外部世界

中国的经济发展受益于和平环境下的全球化，这也让中国更加依赖于和平环境和全球化。在经济学家看来，全球化无非是一个市场规模不断扩大的进程。分散在世界不同地区的生产要素和商品不断卷入日益完整化的全球市场，市场规模的扩大将带来分工和专业化水平的提升，后者的直接后果是增加劳动生产率并实现长期经济增长。这是古典经济增长理论为人类描述的理想范型。随着对市场机制的理解日趋深刻，人们越来越认识到市场规模的扩大并非无条件的。一个有能力明晰和保护产权并维持良好秩序的法治政府，是扩大并强化市场的重要前提。全球化的严重缺陷就在于，没有这样一个世界层面的扩大和强化市场型政府来为全球化建章立制。就算没有一个世界性的扩大和强化市场型政府，但人类也并未放弃驯服全球化的努力。美国主导的布雷顿森林机构为支柱的世界经济体系，就是理想化的扩大和强化市场型世界政府在某些功能上的不完美的替代物。

但应看到，美国次贷危机及其引发之全球金融危机的影响表明，运作至今的世界经济治理体系对全球经济增长的包容性已接近"临界点"。全球化被它自己的成功所击败的看似荒谬的前景，正在日益显现。作为世界和平与全球化受益者之一的中国，为和平与发展也做出了与自身定位和能力相适应的贡献。这些贡献有的是内向型的，比如中国以前强调的解决了世界五分之一人口的吃饭问题就是对人类最大的贡献[①]。又如在遭遇外部强权强加的不公正时能够从地区与世界和平的大局出发，相忍为公，有理有节地处理危机。随着能力的增长，中国的外向型贡献越来越多，也越来越系统化。中国将加入驯服全球化的行列之中并贡献自己的领导力。这并不意味着中国只是要加入现有体系的"领导层"，在国际体系中谋取更多的特权。恰恰相反，中国要和其他国家共同努力，让现有的国际治理体系，在功能上进一步趋近而非远离公正包容的扩大和强化市场型"世界政府"。

要弄清楚实现民族复兴的中国梦与外部世界之间的互动是否能促进以和平的方式建立一个扩大和强化市场的世界体制，必须了解中国在当今世界中的定位以及中国所要实现的对外战略基本目标。国家定位所要问答的是中国在今天的国际舞台上到底是一个什么样的国家。对于这一问题，可以从六个方面来刻画，即中国是一个社会主义的、改革开放的、发展中的、迅速成长的、尚未统一的、规模巨大且不可或缺的国家。

◇ 社会主义

中国是社会主义国家。中国遵循的社会主义是中国特色的社会主义。与其他一些"福利国家社会主义""国大党社会主义""纲领党社会主义""复兴党社会主义""佛教社会主义""伊斯兰社会主义""阿拉伯社会主义""乌贾马（村社）社会主义""非洲社会

[①] 温家宝：《中国人完全有能力解决自己的吃饭问题》，《农家之友》2008年第11期。

主义""桑地诺社会主义"等有所不同，中国特色社会主义是在对马克思、恩格斯提出的科学社会主义的继承和发展基础上形成的。其含义是，在中国共产党领导下，立足基本国情，以经济建设为中心，坚持四项基本原则，坚持改革开放，解放和发展社会生产力，建设社会主义市场经济、社会主义民主政治、社会主义先进文化、社会主义和谐社会、社会主义生态文明，促进人的全面发展，逐步实现全体人民共同富裕，建设富强民主文明和谐的社会主义现代化国家。

邓小平是中国特色社会主义的提出者，从他本人的论述中可以看到中国特色社会主义的本色。1983年4月29日，邓小平在会见印度共产党（马克思主义）中央代表团时的谈话中提出，"在社会主义国家，一个真正的马克思主义政党在执政以后，一定要致力于发展生产力，并在这个基础上逐步提高人民的生活水平。这就是建设物质文明。……与此同时，还要建设社会主义的精神文明，最根本的是要使广大人民有共产主义的理想，有道德，有文化，守纪律。国际主义、爱国主义都属于精神文明的范畴"[①]。这意味着，中国特色的社会主义一方面强调经济发展以及成果为人民所享有；另一方面强调不因现实的进步而满足，要怀有远大的共产主义理想和信念，不断保持一种发展中的状态和心态。

1984年6月30日，邓小平在会见第二次中日民间人士会议日方委员会代表团时对什么是中国特色社会主义，怎么建设中国特色社会主义作出了更详细的阐述。他首先从中国近代的经历出发，讲述了中国走切合中国实际的社会主义而非资本主义道路的必然性。他强调了

---

① 邓小平：《建设社会主义的物质文明和精神文明（一九八三年四月二十九日）》，《邓小平文选》第三卷，人民出版社1993年版，第28页。

社会主义是共产主义的初级阶段，提出"社会主义阶段的最根本任务就是发展生产力，社会主义的优越性归根到底要体现在它的生产力比资本主义发展得更快一些、更高一些，并且在发展生产力的基础上不断改善人民的物质文化生活……社会主义要消灭贫穷。贫穷不是社会主义"。在他看来，资本主义可以使少部分人富裕起来，只有社会主义才能解决"百分之九十几的人生活富裕的问题"。"坚持社会主义，实行按劳分配的原则，就不会产生贫富过大的差距，再过二十年、三十年，我国生产力发展起来了，也不会两极分化。"他还强调了开放的重要性，不能关起门来搞社会主义，不仅如此，国家内部不同地区、行业、部门之间的壁垒也要打开。"欢迎外资，也欢迎国外先进技术，管理也是一种技术。"最后他还谈道，"我们还要积累新经验，还会遇到新问题，然后提出新办法。总的来说，这条道路叫做建设有中国特色的社会主义的道路"。[①] 从以上表述中我们可以看到，邓小平的中国特色社会主义从目标来看，要求包括：发展生产力（增长速度要比资本主义国家更快）、限制两极分化（用现在的话来讲，就是实现包容性的发展）。从手段来看，要求包括：改革开放（引进资金、管理和技术，实现国内与国际的经济一体化），不以固定的套路限定社会主义的具体形式，而是用创新的视角采取"干中学"的态度，不断用新办法解决新问题。

为了将资本主义国家那些可以促进经济或生产力发展的机制与作为意识形态对立面的资本主义本身区分开来，以便中国（的有识之士）可以更好地学习和利用那些好的机制，而不必被扣上资本主义的帽子，邓小平支持了对市场经济和资本主义的划分。1985年10月23

---

① 邓小平：《建设有中国特色的社会主义（一九八四年六月三十日）》，《邓小平文选》第三卷，人民出版社1993年版，第65页。

日，邓小平在会见美国时代公司组织的美国高级企业家代表团的回答提问环节中指出，"社会主义和市场经济之间不存在根本矛盾"①。在他看来，只要坚持了公有制为主体和共同富裕这两条，就不会违反社会主义的原则。而资本主义中那些好的方法（市场经济）就可以大胆引进和使用。

除了发展生产力、坚持共同富裕之外，中国特色社会主义还有坚持和平的含义。1989年10月26日，邓小平在会见泰国总理差猜时指出，"我们搞的是有中国特色的社会主义，是不断发展社会生产力的社会主义，是主张和平的社会主义。只有不断发展社会生产力，国家才能一步步富强起来，人民生活才能一步步改善。只有争取到和平的环境，才能比较顺利地发展。中国要维护自己国家的利益、主权和领土完整，中国同样认为，社会主义国家不能侵犯别国的利益、主权和领土。"② 从"只有争取到和平的环境，才能比较顺利地发展"的表述来看，"和平"似乎只是"发展"的条件性要求（尽管是一种必要条件），但从"社会主义国家不能侵犯别国的利益、主权和领土"来看，和平其实还是对中国特色社会主义本质属性的一种"道德律令"式的绝对要求。

在邓小平那里，中国特色社会主义的和平属性绝非一时的心血来潮。早在1986年4月4日，邓小平在会见南斯拉夫社会主义联邦共和国主席团主席弗拉伊科维奇时，特地把社会主义与和平合而论之。他指出："坚持社会主义，是中国一个很重要的问题。如果十亿人的

---

① 邓小平：《社会主义和市场经济不存在根本矛盾（一九八五年十月二十三日）》，《邓小平文选》第三卷，人民出版社1993年版，第148页。

② 邓小平：《社会主义的中国谁也动摇不了（一九八九年十月二十六日）》，《邓小平文选》第三卷，人民出版社1993年版，第328页。

中国走资本主义道路,对世界是个灾难,是把历史拉向后退,要倒退好多年。如果十亿人的中国不坚持和平政策,不反对霸权主义,或者是随着经济的发展自己搞霸权主义,那对世界也是一个灾难,也是历史的倒退。十亿人的中国坚持社会主义,十亿人的中国坚持和平政策,做到这两条,我们的路就走对了,就可能对人类有比较大的贡献。"[①] 结合起来看,正因为社会主义存在不侵犯别国利益的内在要求,中国不坚持社会主义才会有成为对外扩张或剥削别国的危险。与此同时,社会主义同样要求维护自己的利益不被别国所侵犯,中国特色社会主义所主张和要求的和平,不是逆来顺受、毫无原则与尊严的"和平"。正如邓小平所言:"坚持发展生产力,始终扭住这个根本环节不放松,除非打起世界战争。即使打世界战争,打完了还搞建设。"[②]

在习近平时代,中国特色社会主义已经成为国家意识形态中传承有序的核心内容,形成了中国共产党第一代领导集体提供"宝贵经验、理论准备、物质基础",第二代领导集体"成功开创",第三代领导集体将之"推向二十一世纪",以胡锦涛为总书记的党中央"成功在新的历史起点上坚持和发展",这样一种一脉相承的政治道统[③]。以习近平为总书记的新一届党中央则在总结长期建设实践的基础上,

---

[①] 邓小平:《坚持社会主义,坚持和平政策(一九八六年四月四日)》,《邓小平文选》第三卷,人民出版社1993年版,第158页。

[②] 邓小平:《建设有中国特色的社会主义(一九八四年六月三十日)》,《邓小平文选》第三卷,人民出版社1993年版,第64页。

[③] 道统原是儒家关于传道系统的一种说法。最早是孟子建构了从尧、舜、汤、周文王、孔子及至他本人的传道系统。朱熹最早提出道统的说法,他以周敦颐、二程(程颢、程颐)上承孟子,并以继周、程的儒家正统自居。道统反映了意识形态基于传承的正统性与合法性。

从原理上细化和升华了中国特色社会主义，提出它是由道路、理论体系和制度三位一体构成的。

在道路方面，经济建设为中心、解放和发展生产力、实现共同富裕、四项基本原则和改革开放仍然是中国特色社会主义的核心内容。除此之外，还进一步强调了经济建设之外还要全面推进政治、文化、社会、生态等各方面建设，强调了人的全面发展。在理论体系上，则是指出了马克思主义中国化最新成果（邓小平理论、"三个代表"重要思想、科学发展观）与马克思列宁主义、毛泽东思想的关系，提出"在当代中国，坚持中国特色社会主义理论体系，就是真正坚持马克思主义"。在制度方面，强调了根本政治制度（人民代表大会制度）、基本政治制度（中国共产党领导的多党合作和政治协商制度、民族区域自治制度以及基层群众自治制度等）与基本经济制度（公有制为主体、多种所有制经济共同发展的经济制度）以及其他各方面体制机制等具体制度有机结合的特征。[①] 总之，自邓小平到习近平，中国特色社会主义的形式更加完备，核心内容得到了坚持和强化，作为意识形态的合法性和不可动摇性日益凸显。

中国特色社会主义关于发展生产力、缩小贫富差距、促进人的全面发展、坚持和平发展等内容，并不会成为其他多数国家不认同的原因。坚持共产党对国家的领导这一本质特征，则并非当前世界上多数国家所接受的选项。当前世界上绝大多数国家不是社会主义国家，因此社会主义国家就意味着在国际舞台上是少数，意味着价值观念、意识形态、政治结构、社会目标都和主流国家不一样。从中国一方来看，国家与国家之间存在差异是很自然的事情，只要彼此尊重，不同

[①] 习近平：《紧紧围绕坚持和发展中国特色社会主义学习宣传贯彻党的十八大精神》，《习近平谈治国理政》，外文出版社 2014 年版，第 6—20 页。

制度的国家并非不能实现很好的合作。邓小平曾对泰国总理差猜表示,"我们两国的关系是不同社会制度国家发展友好关系的典范"。①但是有一些国家的部分人士,则坚持"所有共产党执政的国家都是专制国家、中国是共产党领导的国家,因此中国是专制国家"式的三段论,认为多党竞选的"民主国家"与"专制国家"一定不共戴天,是食草动物与食肉动物的关系。这种认知如果贯彻到国家政策之中,可能对国际关系造成严重的损害。

◇ 改革开放

中国是改革开放的国家。改革和开放是一体之两面。1984年10月10日,邓小平会见联邦德国总理科尔时曾经谈道:"无论是农村改革还是城市改革,其基本内容和基本经验都是开放,对内把经济搞活,对外更加开放。"② 1985年3月28日,邓小平会见日本自由民主党副总裁二阶堂进时也谈道,"两个开放,即对外开放和对内开放,这个政策不会变,我们现在进行的改革是两个开放政策的继续和发展。改革需要继续开放"③。由封闭到开放是那个时候的改革的基本内容。由上可知,改革与开放的不可分性(或有机统一性)是改革开放的第一重属性。

---

① 邓小平:《社会主义的中国谁也动摇不了(一九八九年十月二十六日)》,《邓小平文选》第三卷,人民出版社1993年版,第328页。

② 邓小平:《我们把改革当作一种革命(一九八四年十月十日)》,《邓小平文选》第三卷,人民出版社1993年版,第81页。

③ 邓小平:《改革是中国的第二次革命(一九八五年三月二十八日)》,《邓小平文选》第三卷,人民出版社1993年版,第113页。

不可逆性是改革开放的第二重属性。改革开放打破了原有的生产与分配格局，在国内与国外都创造了新的利益相关方，他们受益于改革开放，与改革开放的受损者相比，他们的力量要更加庞大。根据麦迪森的数据，新中国成立后的 1950 年至改革开放启动的 1978 年，中国的 GDP 之和大约合 15.1 万亿国际美元。但改革开放后从 1979 年至 1989 年的 GDP 之和大约为 16.3 万亿国际美元，已经超过了新中国成立到改革开放前近三十年经济积累的总规模。如果没有改革开放，如此快速的经济增量是难以实现的。这意味着即便以赎买的方式，中国改革开放的受益者也有可能挣脱出反对改革开放的既得利益者的束缚了。邓小平对改革开放的不可逆性有非常清楚的认识和敏锐的把握。在 1985 年会见二阶堂进时他就明确讲到："外国有的评论家说，中国的现行政策是不可逆转的。我认为这个看法是正确的。"①

全面性是中国改革开放的第三重属性。改革开放的全面性表现在既要求经济体制改革，也要求政治体制改革；既包括宏观层面国家大政方针的改革，也包括微观层面企业管理技术方面的改革；既包括对西方发达国家的开放，也包括对其他转轨及发展中国家的开放。1986 年 9 月至 11 月间，邓小平在不同场合都谈到了政治体制改革的问题。他指出，中国的经济体制改革进行得基本顺利，但政治体制不适应经济体制改革的要求的现象越来越严重。在他看来，政治体制改革的目标至少包括巩固社会主义制度、发展社会主义生产力、消除官僚主义、发展社会主义民主并调动人民与基层单位积极性等方面。从内容

---

① 邓小平：《改革是中国的第二次革命（一九八五年三月二十八日）》，《邓小平文选》第三卷，人民出版社 1993 年版，第 114 页。

来看，主要包括党政分开、权力下放、精简机构、实现干部年轻化等。① 可以看到，邓小平所说的政治体制改革实际上是现有政治体制的进一步完善和巩固，是为了让现有政治体制能够顺应经济体制改革的要求提高效率，从而促进生产力的发展，是一种技术性的调整和改良，与所谓"改旗易帜"式的政体变革是毫不相关的。邓小平是改革开放的总设计师，但这并不意味着他只关注大的方面，而忽略具体的细节。他特别强调工业产品质量的重要性，认为工业生产特别是出口产品生产的中心任务是提高质量，"把质量摆到第一位。乡镇企业也要抓质量。要提高质量，就必须改革。要立些法，要有一套质量检验标准，而且要有强有力的机构来严格执行"②。十八大以来，党中央对改革开放的全面性有更加深入的继承和发展。习近平在主持十八届中央政治局第二次集体学习时指出："改革开放是一个系统工程，必须坚持全面改革，在各项改革协同配合中推进。"③ 十八届三中全会发布了《中共中央关于全面深化改革若干重大问题的决定》，将改革开放的全面性提升到全新水平。现在回过头去理解邓小平以来改革开放思想的全面性，可以发现它是非常务实的全面开放。邓小平曾经提出，不能把开放理解为只是对西方的开放，中国的开放是对西方、苏东、发展中国家三个方面都要开放。即使国家关系不能够正常化，仍

---

① 邓小平：《关于政治体制改革问题（一九八六年九月—十一月）》，《邓小平文选》第三卷，人民出版社 1993 年版，第 177 页。

② 邓小平：《抓住时机，推进改革（一九八五年七月十一日）》，《邓小平文选》第三卷，人民出版社 1993 年版，第 132 页。

③ 习近平：《改革开放只有进行时没有完成时》，《习近平谈治国理政》，外文出版社 2014 年版，第 68 页。

然可以交往、做生意、开展技术合作或搞合资经营。① 这意味着只要微观层面有合作共赢的机会，就可以突破宏观政策的妨碍去实现"得自贸易的利益"。苏联解体了，东欧剧变了，但这种务实的全面开放观并未过时。

中国改革开放还具备试验性这第四重属性。邓小平所说的试验性并不意味着改革开放本身是权宜之计，一旦遇到挫折就要改弦更张。实际上，在"不可逆性"中，邓小平已经表明了改革开放的大方向不会改变。试验性意味着承认"改革没有万无一失的方案"②，而"整个开放政策也是一个试验，从世界的角度来讲，也是一个大试验"③。一方面，试验性要求改革者大胆闯、大胆试，解除为试验失败担责的思想负担，主动积极、富有创造性地开展并推进改革开放。另一方面，在改革开放过程中要小心谨慎，保持谦逊态度，以比较稳妥的方式推进，不妨将风险估计得更严重一点，从困难的局势入手来谋划应对。"不犯错误不可能，要争取犯得小一点，遇到问题就及时调整。同时，我们要把工作的基点放在出现较大的风险上，准备好对策。这样，即使出现了大的风险，天也不会塌下来。"④ 习近平也指出："摸着石头过河，是富有中国特色、符合中国国情的改革方法。摸着石头过河就是摸规律，从实践中获得真

---

① 邓小平：《军队要服从整个国家建设大局（一九八四年十一月一日）》，《邓小平文选》第三卷，人民出版社 1993 年版，第 99 页。
② 邓小平：《要吸收国际的经验（一九八八年六月三日）》，《邓小平文选》第三卷，人民出版社 1993 年版，第 267 页。
③ 邓小平：《特区经济要从内向转到外向（一九八五年八月一日）》，《邓小平文选》第三卷，人民出版社 1993 年版，第 133 页。
④ 邓小平：《要吸收国际的经验（一九八八年六月三日）》，《邓小平文选》第三卷，人民出版社 1993 年版，第 267 页。

第四章　中国梦：民族复兴与外部世界 | **133**

知。摸着石头过河和加强顶层设计是辩证统一的，推进局部的阶段性改革开放要在加强顶层设计的前提下进行，加强顶层设计要在推进局部的阶段性改革开放的基础上来谋划。要加强宏观思考和顶层设计，更加注重改革的系统性、整体性、协同性，同时也要继续鼓励大胆试验、大胆突破，不断把改革开放引向深入。"[1] 从几个特区，特别是深圳的发展情况来看，中国改革开放的试验性方法取得了成功。这种成功甚至具备方法论上的重要意义。美国经济学家保罗·罗默受到深圳经验的启发，提出了宪章城市（Charter Cities）的设想。这一设想建议，欠发达国家的一些城市可以"通过识别和适应从世界其他地方引进的优秀规则起步，就如深圳曾采用的一些政策，使得中国在长期经济衰退后从全球经济参与中获益"。通过这些使用了有别于当地法律的国际规则和管理团队的改革试验区，"为人们提供更多的就业机会和改善他们及其子女生活的新途径"，从而加快快速城市化国家的改革进程。[2]

长期性或战略性是中国改革开放的第五项属性。改革开放是中国的一项长期基本国策。邓小平1985年就已经明确指出，"改革的意义，是为下一个十年和下世纪的前五十年奠定良好的持续发展的基础。没有改革就没有今后的持续发展。所以，改革不只是看三年五年，而是要看二十年，要看下世纪的前五十年。这件事必须坚决干下去"[3]。1988年6月7日，邓小平会见波兰统一工人党中央政治局委

---

[1] 习近平：《改革开放只有进行时没有完成时》，《习近平谈治国理政》，外文出版社2014年版，第68页。

[2] 更多有关宪章城市的信息参见 http://urbanizationproject.org/blog/charter-cities。

[3] 邓小平：《抓住时机，推进改革（一九八五年七月十一日）》，《邓小平文选》第三卷，人民出版社1993年版，第131页。

员、部长会议主席梅斯内尔时再次提及了改革的长期性,他向来访者指出,"中国正在深化改革,为今后的发展创造更好的条件。我们不仅着眼于本世纪,更多的是着眼于下一个世纪。现在面临的问题是,不进则退,退是没有出路的。只有深化改革,而且是综合性的改革,才能够保证本世纪内达到小康水平,而且在下个世纪更好地前进"①。习近平进一步将邓小平提出的改革开放的长期性,发展为"改革开放只有进行时没有完成时",提出"改革开放是一项长期的、艰巨的、繁重的事业,必须一代又一代人接力干下去"②。

改革开放的第六项属性是革命性。所谓革命性,其一是指改革开放事业与以往事业相比,有重大的不同,具备崭新的内容和要求,可能将引起翻天覆地的变革;其二是指改革开放事业的任务极为艰巨,要全党全国人民付出巨大的努力。1985年8月21日,邓小平会见坦桑尼亚联合共和国总统尼雷尔时首先阐述了改革开放"革命性"的一面。他指出,"为了扫除发展社会生产力的障碍,使中国摆脱贫穷落后的状态",从这个意义上说,"改革的性质同过去的革命一样……也可以叫革命性的变革"③。对改革开放的"革命性",习近平同样有深刻的认识,他也明确提出,"改革开放是一场深刻革命,必须坚持正确方向,沿着正确道路推进……改革开放是前无古人的崭新事业,必

---

① 邓小平:《在改革中保持生产的较好发展(一九八八年六月七日)》,《邓小平文选》第三卷,人民出版社1993年版,第268页。

② 习近平:《改革开放只有进行时没有完成时》,《习近平谈治国理政》,外文出版社2014年版,第67页。

③ 邓小平:《对中国改革的两种评价(一九八五年八月二十一日)》,《邓小平文选》第三卷,人民出版社1993年版,第135页。

须坚持正确的方法论,在不断实践探索中推进"①。

中国改革开放的第七项属性是人民性。人民性的含义是改革开放的正确和顺利推进要依靠人民,改革开放的成果要为人民所享有。邓小平1988年在谈及改革时指出,中国的改革有很大的风险,但也很有希望成功,关键一条是"要同人民一起商量着办事,决心要坚定,步骤要稳妥,还要及时总结经验,改正不妥当的方案和步骤,不使小的错误发展成为大的错误"②。人民在改革开放中发挥着事前提供智力支持和群众基础,事中与事后开展监督与总结评估的作用。习近平关于改革开放人民性的看法与邓小平一脉相承,他在十八届三中全会第二次全体会议上的发言中指出,要"紧紧依靠人民推动改革。人民是历史的创造者,是我们的力量源泉。改革开放之所以得到广大人民群众衷心拥护和积极参与,最根本的原因在于我们一开始就使改革开放事业深深扎根于人民群众之中……改革开放积累的宝贵经验,其中很重要的一条就是强调必须坚持以人为本,尊重人民主体地位,发挥群众首创精神,紧紧依靠人民推动改革。没有人民支持和参与,任何改革都不可能取得成功。无论遇到任何困难和挑战,只要有人民支持和参与,就没有克服不了的困难,就没有越不过的坎。我们要贯彻党的群众路线,与人民心心相印、与人民同甘共苦、与人民团结奋斗"③。

总的来看,改革开放是中国迄今经济成功的重要经验,其内容和形式已经引起国际社会特别是越来越多发展中国家的兴趣。实际上,早在

---

① 习近平:《改革开放只有进行时没有完成时》,《习近平谈治国理政》,外文出版社2014年版,第67页。

② 邓小平:《在改革中保持生产的较好发展(一九八八年六月七日)》,《邓小平文选》第三卷,人民出版社1993年版,第268页。

③ 习近平:《切实把思想统一到党的十八届三中全会精神上来》,《习近平谈治国理政》,外文出版社2014年版,第97页。

1985年来访的坦桑尼亚副总统姆维尼就向邓小平提出要学习、借鉴中国的经验。[①] 2013年10月7日，习近平在亚太经合组织工商领导人峰会上发表了《深化改革开放，共创美好亚太》的演讲，向与会人士分享了中国的增长经验。他也指出，增长动力只能从改革中来，从调整中来，从创新中来。中国正处在深化改革、扩大开放的进程之中。改革开放作为一个有机整体，无论是引进来还是走出去，都需要长时期维持一个良好的、稳定的、充满善意的外部环境，以便中国能够通过试错和创新，不断取得更多的改革开放成果，惠及本国人民及友好国家。

◇ 发展中国家

中国是一个发展中国家。强调中国的发展中国家身份有两重含义。其一是从发展的客观阶段和水平来看，中国的确只能算是发展中国家。其二是从在国际社会中所秉持的立场来看，中国坚持发展中国家的身份，主张为保护发展中国家的利益发声，反对发达国家利用非中性的国际规则损害发展中国家的权益。

从人均的角度来看，无论是经济或消费水平还是公众享有的社会公共产品水平，中国都仍处在发展中国家的范围之中。从人均国民总收入（GNI）来看，2014年中国的人均GNI为7380美元，远远不及高收入国家的38392美元，比中等收入国家的4690美元要高一些，但比中高等收入国家的7893美元要低。以国家来比较，大概在白俄罗斯（7340美元）和保加利亚（7420美元）之间。从人均居民最终

[①] 邓小平：《政治上发展民主，经济上实行改革（一九八五年四月十五日）》，《邓小平文选》第三卷，人民出版社1993年版，第115页。

消费支出来看，2013年中国为1307美元，不仅远远不如高收入国家的18492美元以及中高等收入国家的2238美元，甚至还赶不上中等收入国家的1446美元。以国家论，中国排在约旦河西岸与加沙（即巴勒斯坦，1294美元）和安哥拉（1379美元）之间。从人均医疗卫生支出来看，2013年中国为367美元，与高收入国家的4463美元相去甚远，也低于中高等收入国家的465美元，但比中等收入国家的256美元略高。从国家来比较，中国处在秘鲁（354美元）和巴拉圭（395美元）之间。从城市改善的卫生设施状况看，2012年中国获得改善卫生设施①的城市人口所占百分比为74.1%，比高收入国家（97.0%）、中高等收入国家（81.5%）和中等收入国家（74.6%）都要低，从国家比较来看，中国高于吉布提（73.1%），略低于俄罗斯（74.4%）。从2013年每100人所拥有的电话线路数量来看，中国为19.3条，比中高等收入国家（18.6条）略高，但仍远远不及高收入国家的41.1条。以国家来看，中国在卡塔尔（19.0条）和亚美尼亚（19.4条）之间。从每100人的互联网用户数来看，2013年中国45.8人，略高于中高等收入国家水平（44.2人），但比高收入国家的77.1人还有非常大的差距。从国家来看，中国在约旦（44.2人）和多米尼加（45.9人）之间。从每100人中移动电话使用数来看，2013年中国为88.7部，比高收入国家（121.8部）、中高等收入国家（98.7部）和中等收入国家（90.3部）都要低，比中低等收入国家（83.2部）略高。从国家来看，在多米尼加（88.4部）和波黑（91.1部）之间。

---

① 获得经改善卫生设施是指具有最基本的处理排泄物设施的人口所占的比例，这些设施能够有效防止人畜及蚊蝇与排泄物接触。经改善的卫生设施包括从简单但有防护的厕坑到连通污水管道的直冲式厕所。为了保证有效，卫生设施的修建方式必须正确并得到适当维护。

综合来看，中国的人均居民最终消费、城市改善的卫生设施、移动电话拥有数等指标还赶不上中等收入国家水平；人均GNI、人均医疗卫生支出等指标比中高等收入国家水平要低；耗电量（更好的指标是居民用电量，耗电量则不能完全说明居民生活水平，而是与中国是制造业大国有关）、每百人电话线路拥有量与每百人互联网用户数虽然达到了中高等收入国家水平，但与高收入国家水平的差距非常大。再看那些各指标与中国处于相近水平的国家（白俄罗斯、保加利亚、巴勒斯坦、安哥拉、秘鲁、巴拉圭、吉布提、俄罗斯、卡塔尔、亚美尼亚、约旦、多米尼加和波黑），没有一个跻身发达国家之列。因此从这些人均及社会发展指标来看，中国显然处于发展中国家的水平上。

表3　　　　　　　各项指标显示中国仍属于发展中国家

国家类型	2014年人均GNI（现价美元）	2013年人均居民最终消费支出（2005年不变价美元）	2013年人均医疗卫生支出（现价美元）	耗电量（人均千瓦时）	2012年城市改善的卫生设施（获得经改善卫生设施的城市人口所占百分比）	2013年每100人所拥有的电话线路数量	2013年互联网用户（每100人）	2013年移动蜂窝式无线通信系统的电话租用（每百人）
高收入国家	38392	18492	4463	8573	97.0	41.1	77.1	121.8
中高等收入国家	7893	2238	465	2916	81.5	18.6	44.2	98.7
中国	7380	1307	367	3298	74.1	19.3	45.8	88.7
中等收入国家	4690	1446	256	1714	74.6	10.9	31.2	90.3
中低等收入国家	2037	787	82	689	65.5	4.5	20.2	83.2
低收入国家	635	311	38	—	39.1	0.9	5.2	50.8

资料来源：世界银行数据库。

除人均指标外,一些刻画经济发展结构性不平衡性的指标也显示,中国处于发展中国家的水平。通常,发达国家内部区域之间、城乡之间发展水平比较均衡,但中国的地区差距和城乡差距都非常明显。[1] 从城乡间的收入、支出及公共服务等指标来看,差距较为悬殊。2014年,中国农村居民人均可支配收入10488.88元,而城镇居民人均可支配收入28843.85元,是前者的2.75倍;同期农村居民人均消费支出8382.57元,城镇居民人均消费支出19968.08元,后者是前者的2.38倍。2013年,中国农村人均卫生费用1274.44元,城市人均卫生费用3234.12元,是前者的2.54倍。不同地区之间的差异也非常大。2014年人均地区生产总值最高的天津市为105202元,是最低的贵州省(26393元)的3.99倍。2013年居民消费水平最高的上海市为39223元,是最低的西藏自治区(6275元)的6.25倍。[2]

除了上述指标以外,还可以用一国创新的来源主要是外源式技术进步还是内源式技术进步,来确定该国是发展中国家还是发达国家。通常,发达国家具备技术优势,是技术的输出方,发展中国家更多需要通过引进、学习、模仿来实现技术进步。曾任美联储主席的格林斯潘指出,中国近年来的快速增长主要依赖于从国外借鉴的技术,到目前为止,只有很少是源于自身。他还援引汤姆森路透社的研究指出,2011年全球100家最具创新力的企业中,没有一家是中国企业,而美国企业有40家。[3]

实际上,指出中国缺乏内源技术创新能力,从而要依靠美国或者

---

[1] 刘世锦:《为什么中国"发展中国家"的身份会成为一个问题》,《求是》2011年第11期。
[2] 相关数据来自国家统计局网站"国家数据",http://data.stats.gov.cn/。
[3] 艾伦·格林斯潘:《动荡的世界》,余江译,中信出版社2013年版,第135页。

其他发达国家的技术,已经成了一种思维定式。只有少数人才认识到或承认这种状态的阶段性。面对一些人对中国"盗窃"西方技术的指责,曾经获得美国财经新闻界最高荣誉奖项勒布奖(Loeb Award)最佳商业图书奖的查尔斯·莫里斯(Charles R. Morris)就写文章称中国现在对美国做的两百年前美国对英国都干过,而且美国干得更加肆无忌惮。那时美国人公开打广告诱惑英国熟练工人冒着被捕投监的危险盗窃机械图纸到新大陆创业。美国开国元勋亚历山大·汉密尔顿在财政部的副手坦奇·考克斯(Tench Coxe)专门设立了奖励出卖商业秘密的整套制度,并且亲自派人去偷机械图纸。看到广告后不顾国家禁令把机械纺纱技术偷到美国的斯莱特(Samuel Slater),被总统安德鲁·杰克逊(Andrew Jackson)誉为美国工业革命之父。总之,那时的美国竭力盗窃所有能从英国偷到的技术。中国所做的,简直望尘莫及。[①]

美国《外交》杂志2013年7/8月号有一篇文章,也认为中国的"盗版"和仿造并非总是创新的敌人。因为几乎所有的创造都是以已有成果为基础的。能够自由仿造和改进现有设计,可以推动时装、金融和软件等各领域的创新,还能鼓励更强的竞争,拓展市场和建立品牌。而且成千上万的中国人通过仿造获得了技能,这将改善他们的收入,形成庞大的中产阶级,这些人是美国企业的潜在客户,最终将增加对美国商品的购买从而提振美国经济。"因此,主张美国在阻止中

[①] Charles R. Morris, "We were Pirates, too: China is Stealing Our Trade Secrets—Just as We Stole Britain's", December 16, 2012, http://www.post-gazette.com/stories/opinion/perspectives/we-were-pirates-too-china-is-stealing-our-trade-secrets-just-as-we-stole-britains-666529/#ixzz2aCgncdrg.

国剽窃知识产权上要采取非常强硬的立场也是错误的。"①

以上分析意味着，从创新的主要来源看，中国仍然处于发展中国家的阶段，并且这种对外源式创新的依赖，并非只对中国自身有好处。发展阶段的差异性，特别是中国这样巨大规模的国家处于发展中阶段，将给全世界的经济增长带来机会。这个逻辑邓小平早就进行过阐述。1984年10月6日，邓小平在会见参加中外经济合作问题讨论会全体中外代表时就已经谈道，"在坚持自力更生的基础上，还需要对外开放，吸收外国的资金和技术来帮助我们发展。这种帮助不是单方面的。中国取得了国际的特别是发达国家的资金和技术，中国对国际的经济也会做出较多的贡献。几年来中国对外贸易的发展，就是一个证明。所以我们说，帮助是相互的，贡献也是相互的"②。

从主观秉持的立场来看，发展中国家是中国长期坚持的基本立场。1974年2月22日，毛泽东在会见赞比亚总统卡翁达时提出了划分"三个世界"的思想，他把美国和苏联划分为第一世界，把欧洲、加拿大、日本、澳大利亚等划分为第二世界，把亚非拉国家（除了日本）划分为第三世界。③ 大约两个月之后的4月10日，邓小平在联合国大会第六届特别会议上发言时，代表中国政府在全世界面前完整阐述了"三个世界"划分的思想。邓小平曾将中国的对外政策归纳为两句话，一句是"反对霸权主义，维护世界和平"，另一句是"中国永远属于第三世界"。他说，"中国现在属于第三世界，将来

---

① Kal Raustiala and Christopher Sprigman, "Fake It Till You Make It: The Good News about China's Knockoff Economy", *Foreign Affairs*, Vol. 92, No. 4. Aug/Jul. 2013.

② 邓小平:《维护世界和平，搞好国内建设（一九八四年五月二十九日）》,《邓小平文选》第三卷，人民出版社1993年版，第79页。

③ 毛泽东:《毛泽东外交文选》，中央文献出版社、世界知识出版社1994年版，第600—601页。

发展富强起来，仍然属于第三世界。中国和所有第三世界国家的命运是共同的。中国永远不会称霸，永远不会欺负别人，永远站在第三世界一边"①。邓小平的这一观点，直到习近平时期并未改变。2015年4月22日，习近平在亚非领导人会议上的讲话也指出，"无论发展到哪一步，无论国际风云如何变幻，中国都永远做发展中国家的可靠朋友和真诚伙伴。这是中国对外政策的基础，过去、现在、将来都不会改变"②。

现在有一些观点认为中国坚持发展中国家身份，是为了在现有国际规则中规避国际义务和责任，享受更大的权利，比如在气候变化等问题上发达国家应比发展中国家承担更多的责任。实际上，从中国开始划分三个世界并以第三世界/发展中国家自任时起，首先意识到的并不是权利，而是责任和道义。③

毛泽东划分三个世界，与支持大小国一律平等密切相关。他指出，"大国高一级，小国低一级，这是帝国主义的理论。一个国家不论多么小，即使它的人口只有几十万或者甚至几万，它同另外一个有几万万人口的国家，也应该是完全平等的。这是一个基本原则，不是空话。既然说平等，大国就不应该损害小国，不应该在经济上剥削小国，在政治上压迫小国，不应该把自己的意志、政策和思想强加在小国身上"④。

---

① 邓小平：《我们的宏伟目标和根本政策（一九八四年十月六日）》，《邓小平文选》第三卷，人民出版社1993年版，第79页。

② 习近平：《弘扬万隆精神 推进合作共赢——在亚非领导人会议上的讲话》，2015年4月22日，http://news.xinhuanet.com/politics/2015-04/22/c_1115057390.htm。

③ 俞沂暄：《关于中国发展中国家身份的探讨》，《复旦国际关系评论》2013年第7期。

④ 毛泽东：《毛泽东外交文选》，中央文献出版社、世界知识出版社1994年版，第190页。

中国共产党的官方文件中提到第三世界或发展中国家时，也多是表达履行援助责任、增强发展中国家的团结合作及发言权等意图。例如中国共产党十二大报告中提及，"社会主义中国属于第三世界……中国还是一个发展中国家，但是我们一贯尽力援助与我们共命运、同呼吸的第三世界国家。……无论是进行互利合作还是提供援助，我们都严格尊重对方的主权，从不附带任何条件，不要求任何特权。今后，随着我国经济建设的发展，我们将不断扩大同第三世界国家和人民的友好合作"。十四大报告中提及："中国是发展中国家，加强同第三世界国家的团结与合作是我国对外政策的基本立足点，中国将一如既往地同发展中国家在维护各自国家的独立主权上相互支持，在经济、文化方面加强交流。"十五大报告中的表述是，"要进一步加强同第三世界国家的团结与合作。……中国将一如既往，同广大发展中国家在各个方面相互支持，密切配合，共同维护正当权益"。十六大报告中提及："我们将继续增强同第三世界的团结和合作，增进相互理解和信任，加强相互帮助和支持，拓宽合作领域，提高合作效果。"十七大报告提出："在实现本国发展的同时兼顾对方特别是发展中国家的正当关切……支持国际社会帮助发展中国家增强自主发展能力、改善民生，缩小南北差距……继续加强同广大发展中国家的团结合作，深化传统友谊，扩大务实合作，提供力所能及的援助，维护发展中国家的正当要求和共同利益。"十八大报告亦指出："我们将加强同广大发展中国家的团结合作，共同维护发展中国家正当权益，支持扩大发展中国家在国际事务中的代表性和发言权，永远做发展中国家的可靠朋友和真诚伙伴。"

总之，尽管中国改革开放取得了很大的成就，经济总量不断扩大，但客观来看仍存在人均发展水平不高、结构性失衡较为严重、内源式创新动力较弱等很多发展中国家普遍存在的问题，中国在主观上仍旧坚持发展中国家的立场，愿意为发展中国家的合作与团结做出更多贡献，维护发展中国家整体的利益。

◇ 快速增长

中国是一个经济快速增长的国家。从世界银行数据库有记录以来的情况看，中国实际GDP增长率在1961年以来特别是1978年改革开放以后多数年份都比其他不同收入水平的国家群体增长率要高。从1978年至2014年，中国每年实际GDP增长率均值为9.82%，在所有国家中只低于赤道几内亚、卡塔尔和波黑三个小国，并且中国GDP增长的稳定性更佳。从1978年至2014年实际GDP增长率的标准差来看，中国只有2.69%，而赤道几内亚、卡塔尔和波黑分别为

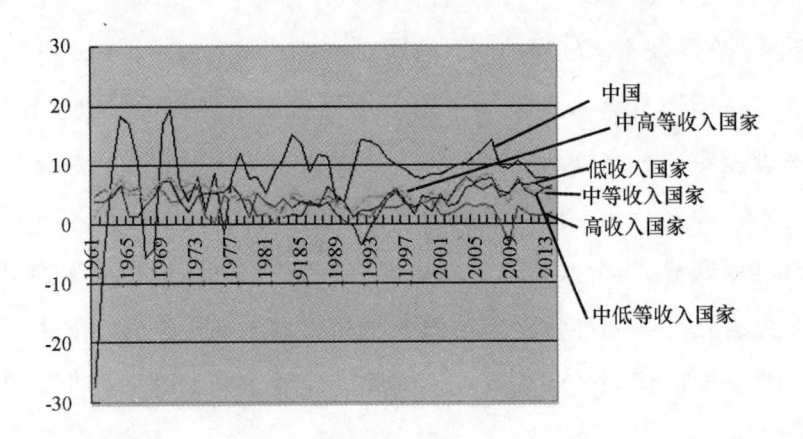

图2 中国与不同收入国家的GDP增长率：1961—2014年

资料来源：世界银行数据库。

29.34%、7.08%和20.19%,这意味着这三个国家实际GDP增长率均值较高,是因为部分年份畸高的异常值所致。实际上,在所有标准差低于5%[①]的国家中,中国的实际GDP增长率均值是最高的。

作为参照,我们摘取了东盟和G20国家的实际GDP增长率均值和标准差(见表4)。就增长速度与稳定性而言,包括中国在内的东亚被视为全球经济增长的发动机可谓一语中的、信而有征,而中国无疑是其中表现最突出的一个。

表4　东盟与G20国家1978—2014年实际GDP增长率均值及标准差

国家	均值(%)	标准差(%)
中国	9.82	2.69
柬埔寨	7.69	2.81
新加坡	6.87	4.04
越南	6.42	1.64
老挝	6.42	2.87
韩国	6.41	3.94
马来西亚	6.06	3.67
缅甸	5.99	5.43
印度	5.95	2.84
印度尼西亚	5.64	3.75
泰国	5.40	4.36
土耳其	3.96	4.30
菲律宾	3.63	3.35

---

① 世界银行数据库全部经济体的1978—2014年实际GDP增长率的标准差的均值大约为5%。

续表

国家	均值（%）	标准差（%）
澳大利亚	3.16	1.57
墨西哥	3.05	3.69
沙特阿拉伯	3.01	4.94
巴西	2.93	3.18
美国	2.75	1.98
阿根廷	2.60	6.16
加拿大	2.54	1.99
南非	2.47	2.29
英国	2.24	2.05
日本	2.22	2.52
法国	1.90	1.47
德国	1.80	1.99
意大利	1.41	2.07
文莱	1.37	5.68
俄罗斯	0.80	6.89

资料来源：根据世界银行数据库数据计算整理。

根据 IMF 的预测，从 2015 年到 2020 年，中国仍将维持相对较高的经济增长率（均值为 6.3%），在金砖国家及 G7 国家中仅次于印度（7.6%），并且明显高于除印度之外的其他国家（这些国家中次于中国的是美国，其 2015 年到 2020 年的实际 GDP 增长率均值为 2.5%）。

视野拉得更长远来看，一些机构预测了到 2050 年世界前五大经济体的 GDP 规模及排名。我们用 2005 年不变价美元进行了折算，其结果是：欧盟委员会采用的法国国际经济研究所（CEPII）的预测是

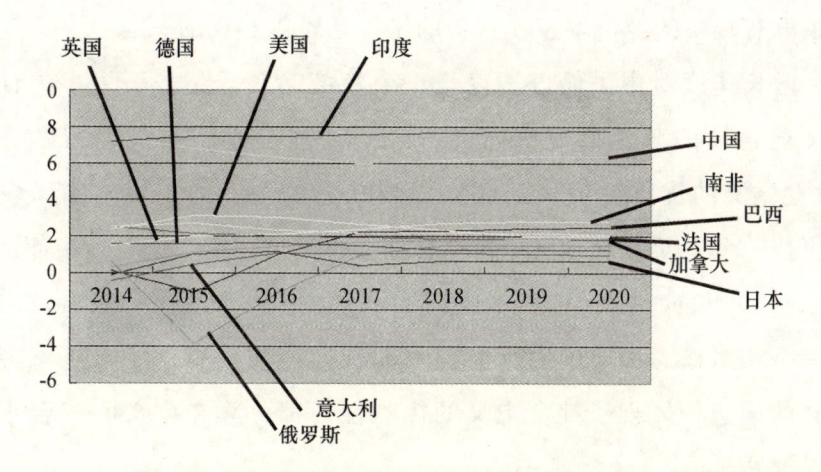

第四章 中国梦：民族复兴与外部世界 | 147

图3 金砖国家与G7国家的实际GDP增长率预测值：2014—2020年

资料来源：IMF数据库。

中国34.7万亿、美国26.7万亿、印度8.8万亿、日本8.1万亿、英国5.0万亿美元；汇丰银行的预测是中国28.5万亿、美国25.0万亿、印度9.2万亿、日本7.2万亿、德国4.2万亿美元；卡内基国际和平研究院的预测是中国46.3万亿、美国38.6万亿、印度15.4万亿、日本6.2万亿、巴西6.0万亿美元；普华永道的预测是中国51.9万亿、印度35.9万亿、美国35.2万亿、印尼10.4万亿、巴西7.8万亿美元。[①] 虽然不同机构预测的差异不小，但中国都高居榜首，并且

---

① 这些报告包括欧盟委员会的《Global Europe 2050》（http：//ec. europa. eu/research/social – sciences/pdf/global – europe – 2050 – summary – report_ en. pdf），汇丰银行的"the world in 2050：From the Top 30 to the Top 100"（http：//www. hsbc. com/ ~ /media/HSBC – com/about – hsbc/advertising/pdfs/the – world – in – 2050. pdf），卡内基国际和平研究院的"The World Order in 2050"（http：//carnegieendowment. org/files/World_ Order_ in_ 2050. pdf），普华永道的"The World in 2050：Will the shift in global economic power continue?"（http：//www. pwc. com/gx/en/issues/the – economy/the – world – in – 2050. jhtml）。

如果没有较快的经济增速，这样的结果是难以实现的。

增长速度对中国而言不仅是一个经济问题，还是一个事关社会主义优越性的政治问题。前文曾经引述过邓小平对此的看法，即"社会主义的优越性归根到底要体现在它的生产力比资本主义发展得更快一些、更高一些"。中国政府已经提出"新常态"，准备接受"高速"增长向"中高速"增长的回落。但从政治视野来看，增速是一个相对概念而非绝对概念，只要比欧美发达资本主义国家拥有更高的增速，体现了社会主义的优越性，都可算在广义的"合理区间"之内。

总之，无论从过去，未来中期还是长期来看，中国的经济增长都保持在一个相对较高的水平，这意味着中国没有把"疑难问题"留在眼下"解决"的紧迫性，现在挑起事端令中国和平稳定的发展环境受到威胁，并不符合中国的利益。"不惹事，但也不怕事"是中国现状的真实写照。

◇ 尚未统一

中国是一个尚未统一的国家。目前，中国还是一个分裂的国家。不但没有统一，还面临着内部分裂势力的威胁，存在分裂主义、民族问题、宗教问题等交织的状况。

台湾问题尚未解决。1982年9月1日，邓小平在中国共产党第十二次全国代表大会开幕词中就谈道，"加紧社会主义现代化建设，争取实现包括台湾在内的祖国统一，反对霸权主义、维护世界和平，是我国人民在八十年代的三大任务"①。现在回过头来看，三大任务中的核心任务经济建设取得明显成效，反对霸权主义、维护世界和平的任务基本实现，"八十年代"没有出现第三次世界大战，而两岸统一也取得了务实进展。

"八十年代"显然没有完成三大任务，它们已经被转移到了习近平时期。习近平在主持十八届中央政治局第一次集体学习时指出，"……继续实现推进现代化建设、完成祖国统一、维护世界和平与促进共同发展这三大历史任务。这是我们这一代共产党人的历史重任，我们要为之付出全部智慧和力量"②。如果只看习近平的表态，台湾问题的解决似乎已经有了时间表，至少有了隐含的时间表，即在习近平"这一代共产党人"要完成祖国统一。但结合邓小平1980年代的表态，不难看出"完成祖国统一"不只是"这一代共产党人"肩负的重任，会朝这个方向付出艰苦的努力，但实现统一仍然需要一个过程，并且"成功不必在我"。

尚未统一的现实意味着，中国在领土问题上，不会采取"开疆拓土"的咄咄逼人的姿态，因为有国家统一的任务横亘在前，领土完整领域的"合法性"还有待弥补。但是，中国会对属于本国的领土，特别是当这些领土受到外国威胁时，予以断然的保卫。正像习近平在纪念毛泽东同志诞辰120周年座谈会上的讲话中所说，"我们……永远不称霸，永远不搞扩张。我们要坚决维护国家主权、安全、发展利益，任何外国不要指望我们会拿自己的核心利益做交易，不要指望我

---

① 邓小平：《中国共产党第十二次全国代表大会开幕词（一九八二年九月一日）》，《邓小平文选》第三卷，人民出版社1993年版，第3页。

② 习近平：《紧紧围绕坚持和发展中国特色社会主义学习宣传贯彻党的十八大精神》，《习近平谈治国理政》，外文出版社2014年版，第17页。

们会吞下损害我国主权、安全、发展利益的苦果"[①]。

除了台湾尚未统一之外,"港独""疆独""藏独"等分裂主义势力也在威胁或破坏中国的国家统一。这些内部问题若不解决,则外部冲突可能造成内部问题的恶化。

❖ 不可或缺的大国

中国是一个大国。无论是从人口规模、经济总量还是政治影响力来看,中国都是一个当之无愧的大国。这里所讲的不可或缺性,主要是从中国已经深度嵌入现有国际体系之中的角度来看的。中国自身的大国特性,使得中国的赞成可能未必能达成国际共识、推进集体行动,但中国的反对或者缺位几乎一定会造成国际行动或国际机制在合法性或行动力上的重大缺陷。

联合国成立时起,中国就是安理会五大常任理事国之一。1971年中华人民共和国恢复联合国席位以来,作为常任理事国一直在其中发挥重要作用。自改革开放以来,中国签署了众多的建立经济合作组织的协定(《国际货币基金协定》《多边投资担保机构公约》《建立非洲开发基金协定》等)、维护人的权利有关的协定(《禁止并惩治种族隔离罪行的国际公约》《残疾人职业康复和就业公约》《男女同工同酬公约》等)、成立行业有关的组织的协定(如《国际电信联盟公约》《建立印度洋金枪鱼委员会协定》《成立国际竹藤组织的协定》等),等等。中国还结束了从"复关"到"入世"的长跑,成为世界

[①] 习近平:《坚持和运用好毛泽东思想活的灵魂》,《习近平谈治国理政》,外文出版社2014年版,第30页。

贸易组织的一员，在全球所有重要的经济组织中都拥有了一席之地。中国通过G20的平台，积极推动IMF及世界银行治理结构改革，取得积极成效。

中国参加或倡导的区域性合作组织或协定也越来越多、领域越来越广。尤其在亚洲或中国周边，加入了《亚洲相互协作与信任措施会议秘书处协定》《东南亚友好条约》《大湄公河次区域便利货物及人员跨境运输协定》等，还作为发起国签署了《上海合作组织宪章》《上海合作组织特权与豁免公约》《上海合作组织成员国关于地区反恐怖机构的协定》《上海合作组织成员国政府间教育合作协定》《上海合作组织成员国政府间卫生合作协定》等一系列上海合作组织框架内的公约与协定，推动成立了金砖国家新开发银行、亚洲基础设施投资银行等多边金融机构。另据美国中央情报局2015年世界各国纪实年鉴（*The World Factbook*）的统计，中国参与的国际组织（包括作为观察员国的组织）已经达到75个。换言之，中国已经加入了世界上绝大多数主要的全球性及区域性国际组织。

以被称为最重要的国际经济治理平台的G20为例。2014年这些国家的GDP约占全世界的85.24%。以IMF的投票权规则来类比，超过85%的投票权就可以通过IMF的任何重大议题。但如果将中国摒弃在外，G20成员国占世界GDP的比重将下降至71.93%，代表性将大为缩减。从人口来看，2014年G20国家占世界人口比重约为64.08%，虽然不及GDP占比那么高，但也算超过了一半这条简单多数的红线；如果剔除中国，G20国家占世界人口比重将下降至45.15%，连一半都达不到了，其在世界上的代表性显然也大幅缩水。

再从国际气候谈判的现实来看，中国也扮演着不可或缺的角色。2012年，世界顶级学术期刊《自然》杂志的《自然·气候变化》专刊（*Nature Climate Change*）在线发表了英国丁铎尔气候变化研究中心的科研报告《维持全球升温低于 2℃ 的挑战》，报告结论显示，2011 年中国成为全球碳排放最多的经济体，美国、欧盟和印度紧随其后。面对这样的状况，很难想象如果没有中国的参与和支持，世界应对气候变化的举措还能否取得积极进展。值得庆幸的是，2015 年 6 月 30 日，中国向《联合国气候变化框架公约》秘书处提交了《强化应对气候变化行动——中国国家自主贡献》文件。文件指出，到 2030 年，单位国内生产总值二氧化碳排放比 2005 年下降 60%—65%、非化石能源占一次能源消费比重达到 20% 左右、森林蓄积量比 2005 年增加 45 亿立方米、二氧化碳排放 2030 年左右达到峰值并争取早日实现。有关专家表示，作为一个发展中国家，即使和发达国家相比，中国自主贡献的峰值目标、碳强度目标、非化石能源消费的发展目标等都是有力度的。中国国家自主贡献文件还提出，中国致力于不断加强公约全面、有效和持续实施，与各方一道携手推动将于年底举行的联合国气候变化巴黎会议达成一个全面、平衡、有力度的协议。①

在既有资源的约束条件下，国家定位深刻影响着国家的对外行为。无论发展的阶段如何，大国都是中国定位中重要的因素。如果一个国家主要是其他国家行为、国际观念、制度与器物影响的接受者，则该国为小国；否则则为大国。大国并非单方面接受外部世界或全球化趋势的影响，它还可以显著但是不同程度地影响或塑造外部世界（的一个或若干方面）或全球化趋势。大国性意味着该国的国内行为会对"国际相对价格"（也可以理解为决定国际行为主体竞争胜负的标准）产生影响，考虑到这一点，其他大国会对该国的行动做出反应

---

① 《应对气候变化 中国迈出新步伐》，http：//www.gov.cn/zhengce/2015-07/05/content_2890538.htm。

而产生回荡效应（Boomerang Effects）①。该国对此有所认识，所以在决定本国行为时会考虑他国对本国的应对来提出应对，如此往复。此时，应当加入互动或博弈的视角，在谋议对外政策时应持设身处地和将心比心的立场。换句话说，大国不能任性。负责任的大国尤其如此。

◇ 中国对外部世界的期许：《西游记》的隐喻

以上对中国当前的国家定位，或者说中国复兴的现实基础进行了分析。作为一个社会主义的、改革开放的、发展中的、迅速成长的、尚未统一的大国，中国对外部世界秩序期许与自身的上述特点密切相关。关于中国对外部世界的期许，或者说中国对外战略的基本目标，大致可以从五个维度加以理解。其一为器物维度，具体表现为民富国强，尤其是相对于其他国家而言的经济规模、人均收入、科技水平、军事实力的整体大幅度提升。其二为制度维度，亦即通过改革开放不

---

① 贡纳尔·缪尔达尔（Gunnar Myrdal）1957年提出回荡效应（Backwash Effects），指一国出口的增加及经济活动的上升，导致其他国家的资本和劳动等向该国流入，从而对生产要素的流出国造成了损害。张宇燕（2014）将一国对外政策制定与实施"可以改变其竞争者或合作者的效用函数"，进而反过来影响到该国的发展机会或条件的效应称为回荡效应。这一定义与缪尔达尔的区别在于强调的是对本国而非外部的影响，比较而言，其含义与稍晚时（2014年4月）国际货币基金组织（IMF）创造的溢回效应（Spillbacks）更加接近，IMF用溢回效应提醒美国注意"美联储如果过快退出量化宽松，引发新兴市场动荡，那么反过来也会影响美国经济本身"之类的经济反馈循环。这里用回荡效应来表示（不仅限于经济溢回的）更广泛意义的对外政策的（正面及负面）反馈影响，为了与缪尔达尔的 Backwash Effects 相区分，英文为 Boomerang Effects。相关文献参见 Myrdal Gunnar, *Economic Theory and Underdeveloped Regions*, Gerald Duckworth, 1957；张宇燕《战略机遇期：外生与内生》，《世界经济与政治》2014年第1期。

断探索和学习并最终确立适合中国稳定发展的制度安排并坚持之。在一个经济全球化的世界里，实现国际制度或秩序的公正合理，亦构成中国梦实现的外部条件。其三为财政货币维度，指的是在保持健康和可持续的国家收支表的同时，实现国际货币体系的多元化，让中国元成为世界关键货币之一。其四为价值理念维度，含义是中国所秉持的价值理念和所尊奉的文化传统习俗，不仅得到世界的尊重，而且成为被世人普遍接受的价值理念中的基本构成部分。其五为祖国统一维度，其要点在于，尽管统一的路径和形式有所差异，但实现了民族复兴的国家必须是一个统一的国家，始终处于分裂状态的国家难言民族复兴。

要实现器物、制度、货币、价值理念及统一等方面的对外目标，中国面临的最大的外部约束条件是美国。美国也有意用其主导的、对其更有利的国际规则体系化中国。应对美国的过程中除了巩固已有的风险管理避免双输之外，还要做些双赢的事，从而为建立新型大国关系注入实质内容。尽管现在两国实力还相差很大，设想十年、二十年以后的中美关系，两国存在很多不同但又能实现有效沟通，共同为世界提供公共产品。

实际上，相比于几个世纪以前的霸权周期转换时代，当前国际权力的性质已经发生了变化。所谓国际权力，即一国影响其他国家或国际行为体的能力，大致可分为霸权国主动为之的硬权力和非霸权国主动为之的软权力（非霸权国主动认同霸权国而产生的影响）。从霸权国一方来看，其影响力的实现又可分为两个方面，一是通过利诱，二是通过强制。换言之，霸权国可以通过提供公共产品来影响其他国家。这些公共产品有的是利益，可称为公益产品（public goods）；有的是威胁，可称为公害产品（public bads）。在几个世纪以前，霸权国的权力相当部分或主要是通过提供公害产品来实现的，比如掠夺殖民地的资源、原材料，通过倾销来抢占殖民地的市场攫取财富，等等。通过公害产品来行使权力，其行使权力的边际成本接近于零。这意味着一旦形成足以威慑的武力，并不需要真实消耗这些力量，就可以达到强制与剥削的目的。

当今世界，通过强制来实现影响的空间要小得多。尤其是核武器的出现，让大国之间的竞争面临更严格的约束。霸权国更多是通过提供公益产品来获得支持与赞同。在这个领域的"权力"竞争，集中表现为竞相向国际社会提供公益产品。例如，在中国提出建立亚投行之后，日本也提出计划投资1100亿美元（正好比AIIB的法定资本金多100亿美元）用于亚洲基础设施建设。但是，通过公益产品行使影响力的边际成本要比公害产品高得多。公益产品是消耗性的，持续提供公益产品以保持"权力"，需要耗用大量的国内资源，这可能对国内民众的福利构成严重的挤压。因此，公益产品提供天然受到国内政治的约束。不可能无限度地追求和行使向国际社会提供公益产品而获得的"权力"。日本的基础设施投资基金据说要在今后5年内由公共资金及通过亚开行的贷款开展，考虑到日本居高不下的公共债务水平，最终能推进到何种程度还很难说。但无论如何，愿意提供公共产品对国际社会总是好事。

总的来说，强权政治的现象仍然在一定范围内存在，但强权政治的逻辑正在逐渐得到约束。权力性质的变化，相当程度上消解了权力转移的斗争性，因为权力来源已经很大意义上转向了履行国际责任。中美之间的关系，也将转为国际责任或提供国际公益产品而合作和竞争的关系。

中国文化中，能够非常形象地刻画中美关系的，莫过于《西游记》中的太上老君与如来佛的关系了。总体而言，《西游记》讲述的是一个能量巨大、欲望强烈又无法无天的美猴王孙悟空被如来佛、太上老君和玉皇大帝联手彻底收服的故事。集千百万年日月之精华由巨石爆裂而生成的石猴，先是占山为王，再拜菩提祖师学艺，向东海龙王索得镇海神针，而后由太白金星代表玉皇大帝对其两次招安，后因受到歧视而大闹天宫，被捉反而因祸得福，在太上老君的炼丹炉中炼就火眼金睛，越发不可收拾，结果被西天如来压在五行山下，五百年后被指派护送大唐高僧玄奘到西天取经，历经千难万险，最终和师傅师弟一起修成正果，成为"斗战胜佛"。在《西游记》的结尾处有一个细节意味深长。孙悟空成佛后请唐僧摘掉头上的金箍，玄奘说既已成佛金箍自然不在。孙悟空一摸头，金箍果然已无影无踪。

在国际问题研究中，为了便于分析，国家往往被"人格化"，亦即被视为寻求最大化利益的个体。在某些时候，逆过程也是成立的，也就是说，人也可以被"国家化"。沿着这个逻辑，《西游记》中的几个关键人物之间的关系，便可转化为国家间的关系。其中，孙悟空与如来佛之间以及如来佛和太上老君之间的关系，让人想起迈克尔·哈特和安东尼奥·奈格里合著的《帝国：全球化的政治秩序》[①]。

以往的帝国扩张的路径，通常是先派军队武力征服，然后派官员进行统治，最后让商人加以掠夺。在两位作者看来，今天的帝国和以往的帝国大相径庭，从本质上看，它已经变成了一套法律体系，成为一种保护契约、消除冲突的规范或法律工具；它不依赖固定的地理疆界，并表现为世界市场和全球权力的集中化或单一化。作为帝国的美国，正是支配全球规则结构的政治主体，是统治世界的最高权力，在

[①] 哈特等：《帝国：全球化的政治秩序》，杨建国等译，江苏人民出版社 2005 年版。

其开放的、不断扩展的疆域中,这台统治机器不断加强对全球的统合。这种新式帝国的建立,大致要经过"融合—区别—操纵"三个阶段。

在"融合阶段",帝国充分彰显其宽宏、自由及多元化的一面。它"张开大嘴,食欲无穷",努力把所有国家吸引或强行拉入由其精心织就的秩序网络内,而对一切差异视而不见。由于差异被有意识地抑制或忽略,帝国成为"平滑的空间",所有主体"可滑行于其上,而遇不到大的阻碍或冲突"。在那些体制外的主体自愿或被迫进入帝国体系之后,帝国便开始实施其统治的第二阶段,即"区别阶段"。本阶段的特点是,被接纳的主体之间的差异被识别和强调。一般而言,帝国并不制造差异,而只是承认已有的或潜在的差异,并按照帝国要求对那些特点各异的新加入体系者进行分类和评判。在其最后的"操纵阶段"中,帝国将充分利用这些差异在法律上对那些被纳入其中的主体整齐化,在政治上对其等级化,在经济上对其一体化,并在帝国有效操纵和控制的系统中安排它们各自的位置,以使帝国收益最大化。

不难发现,孙悟空和如来佛的关系类似于帝国体系之外的主体与帝国之间的关系,其中,孙悟空代表前者,如来佛代表后者。《西游记》的故事大致也可以分为三个阶段。从在野的美猴王到被招安任弼马温和齐天大圣,是第一阶段。从大闹天宫到获法名孙悟空护送唐僧一路西行取经,是第二阶段。历经"九九八十一难"终于在西天取到真经并成为"斗战胜佛",是第三阶段。从相当意义上讲,这三个阶段和帝国体系维持和拓展的三个阶段吻合得很好。在第一阶段,"如来—帝国"秉持开放精神,对"美猴王—体系外主体"进行容纳。在第二阶段,"如来—帝国"对"孙大圣—进入体系者"加以识别、定位和体制化。在第三阶段,"孙悟空—斗战胜佛"被彻底体制化,与"如来—帝国"完全融为一体,以至于成佛之时其头上的金箍自动失效。

作为一套法律体系的帝国,其规则具有很强的非中性,也就是对帝国中的不同主体,同一规则意味着不同的结果。至于那些本身就是歧视性的规则更是如此。考虑到利益的保护和扩大主要来源于规则及其非中性,因此,规则体系的创建者或帝国也就自然成为该体系的最大受益者。孙悟空成佛之后,便进入了一个随心所欲都不会逾矩的时期。表面看,此时的"斗战胜佛"也有自身的收益,比如拥有了令人向往的头衔并受到体系内其他成员的认同与尊重,渐渐地也成为现行体系的一个既得利益者,但实际上,他所取得的一切,只是帝国系统愿意给予他的,他所处的永远是从属地位,他在系统中的功能必须服从于帝国的整体利益。

以"孙悟空—如来佛"对应"帝国之外的主体—法律帝国",尽管做这样的比喻并不十分恰当,但自然地会让人联想到眼下的中美关系。然而,发散的想象有时会引导我们去提出一些有趣的问题,比如,在一个由美国主导的帝国体系中,像孙悟空那样被如来佛彻底体制化是否应该成为中国的发展目标?如果是,这一目标的合法性来源在哪里?如果不是,那么面对紧锣密鼓、步步为营的美帝国之"体制殖民",中国怎样才能实现一百多年前智者们所倡导的"既接受西方影响又不受西方控制"之愿景?再比如,美帝国体系的稳定性如何?美帝国体系中有无强有力的挑战者?是否在其主导的世界之外仍有其他体系存在的空间或可能性?

如果把眼光放得长远一些,那么更耐人寻味的是如来佛与太上老君之间的关系。他们分属佛教世界与道教世界,但这两个世界又相互交叉重叠；他们的信仰理念各不相同，但又拥有广泛而牢固的共同利益并密切合作；他们的神通或本领虽有大小高下之分，但却平起平坐而非君臣主仆。或许这才应当是三五十年后中美关系的基本定位。

第 五 章

和平发展：约束与挑战

中国坚持和平发展道路，有文化传统的影响，有现实利益的需求，有市场机制的锁定，有国际规则的约束。尽管如此，这条道路并不平坦，需要克服国内的和国外的、主观的和客观的、短期的和长期的各种各样的挑战。这些挑战，有的需要自我调整、自我改革甚至自我革命；有的则不限于自身行为与制度的调整，还需要开展国际协调，消除其他国家的疑虑，取得国际社会的理解、赞同与支持；还有的不仅是中国自己面临的挑战，同时也是许多国家甚至全世界作为一个"命运共同体"所面临的挑战，这就更需要世界各国并肩携手，精诚合作，共同应对。本章主要分析这些挑战的表现和来源。应对挑战的办法与设想留待下一章来分析。

◇ 自然资源瓶颈

中国发展好自身的经济是能应对各种挑战的前提和底气所在。资源是中国经济快车能风驰电掣于世界赛场上的动力，资源不足将严重束缚中国经济的增长。中国已经是全世界数一数二的能源消费大国，也是最重要的能源资源进口国之一。例如，2003年时，中国石油进口量为9110万吨，只占全世界石油进口量的5%。到2013年，中国已成为仅次于美国的第二大石油进口国，石油进口量达到2.8亿吨，占全世界石油进口量的15%，中国的原油对外依存度高达59%。中国还是世界上最大的铁矿石消费国和进口国。《世界钢铁统计年鉴2015》(Steel Statistical Yearbook 2015)统计数据显示，2003年以前，日本铁矿石进口量位居世界第一，到2003年被中国超出。2012年中国铁矿石进口量占全球总进口量的比重已经达到67.9%。2014年，中国进口铁矿石9.33亿吨，同比增长13.8%。铁矿石的对外依存度进一步提高到78.5%。自然资源瓶颈越来越可能成为限制中国国内经济发展的挑战。

满足资源需求需要确保三个环节的问题，分别是：支付能力（买得起）、保持来源的稳定性（买得到）、运输安全（运得回）。"买得起"主要强调需求层面的问题，它是指中国是否有能力在国际资源市场卖方垄断的条件下维持一个相对稳定的价格体系，并有足够的支付能力。"买得到"主要强调供给层面的问题，它是指能源的分布和储量，以及因此而产生的中国与资源生产国家的资源外交。"运得回"主要强调资源运输安全的问题。在国际市场上，中国应该有足够的支付能力。但是，买得起未必能够买得到，买得到未必能够运得回。

世界正处于危机后的恢复期，更长远地看，世界还将迎来发展中与新兴国家群体性崛起，以及发达国家通过再工业化或工业化4.0版等方式再次崛起的时期。这些都将提升对资源的需求。未来对资源的角逐将会更加激烈，长远来看资源价格将重返稳步上升的趋势。但是，对中国来说价格上涨带来的"买不买得起"并非最难解决的问题。中国庞大的制造业体系决定了它将是重要资源的主要买方。尽管从目前来看，由于对行业规则的生疏及交易惯性的存在，中国在铁矿石等重要资源上的定价权与需求规模并不匹配，但这种局面有望在未来五到十年内发生改变。市场自发的力量消长是有利于中国的。如果没有非市场因素的干扰，未来中国的资源议价能力相比现在会有长足的进步。

"买得到"问题比"买得起"问题更值得谋划。"买得起"主要面对的是市场力量的挑战，"买得到"就涉及如何应对非市场因素的干预。正常条件下，有强大支付能力的买主拥有较大的市场权力，可以保证获得持续的资源供应。但如果世界滑入挑战螺旋，主要经济体之间出现了对抗性矛盾，谁能够确保自己获得可靠的资源供应就至关重要。"买得到"不仅要求具备支付能力，还要求能够对部分主要资源产地的生产体系拥有一定的控制力。即便在常态下，实施这种控制的投入甚至可能要高于直接向国际市场购买支付的成本，但从战略的角度作出一定规模的关系专用性投资仍有必要。在全球范围内布局也有利于分散风险。例如，在非洲除了投资矿产外，还可以投资其土地资源，把部分粮食生产转移到非洲，以强化国内粮食安全。

对中国来说，"运得回"是更加艰巨的任务。在发生恐怖威胁、战争等极端事件的紧要关头，中国最薄弱的环节恐怕还是管道和航线。现在的事实是，中国不得不刻意避免维护管线安全的努力。甚至一些与管线安全无关的跨国企业活动，也被曲解为中国增加对其他地区控制力的"野心"的证据。中国公司承建吉大、汉班托塔等港口的企业行为，被一些人解读为包围印度的"珍珠链战略"。实际上，作为"世界工厂"，中国对管线安全的关注理应得到世界各国的理解。当然，猜疑多源自信息不明。未来中国有必要明确维护自身管线安全布局的需求，充分阐释确保管线的合理性，以国际合作的方式，为维护国际航线尤其是与中国资源需求高度相关的管线安全投入更多资源，锻炼积累应急处置的全球投射能力，基本解决"运得回"问题。

◇ 托克维尔效应

中国还面临快速经济增长背景下，社会转型滞后造成动荡风险上升的"托克维尔效应"的潜在挑战。经济快速增长通常被认为是一件好事：随着财富之饼的不断加大和丰衣足食，人们的满意程度会随之提高，进而社会日趋安定。与之相关的看法是，贫困乃社会动荡或暴力频发的根源。然而事实却不完全支持这样的判断。工业革命以降，300年间，尽管人均收入整体水平一直在上升，但人类目睹了众多的改革、革命和战争。更有甚者，历史还或多或少地显现出某些带有规律性的现象：经济高速增长过程中，尤其是从低收入水平向中等收入水平迅速迈进时，社会动荡爆发的频率反而更高些。根据亨廷顿在《变化社会中的政治秩序》中的描述，在英国统治时期的印度，政治暴力冲突普遍发生在那些经济发达的邦里；在1789年法国大革命前，恰是发展最快的地区人民不满情绪最高。[1]

奥尔森1963年的论文《作为不稳定力量之增长》对此有过探讨。[2] 奥氏论证逻辑十分简单：经济快速增长意味着生产方式的深刻变化，也意味着不同产业和地理区位之重要性的此消彼长，还意味着不同类型劳动力之稀缺性的重新洗牌；所有这些，又势必引起

---

[1] 参见塞缪尔·P.亨廷顿《变化社会中的政治秩序》，王冠华译，生活·读书·新知三联书店1989年版，第95页。

[2] Olson M., "Rapid Growth as a Destabilizing Force", *The Journal of Economic History*, 1963, 23 (04), pp. 529–552.

收入分配上的广泛而巨大的调整。在一个经济快速增长的社会中,通常会出现大批受益者和受损者。他们当中的一部分人的境况要好于其出生和成长的家庭背景,另一部分人则相反。无论是受益者还是受损者,他们的阶级或"种姓"归属均开始松动和破裂。更有甚者,他们的家庭关系也会因收入和工作地点的变化而改观。结果,这两类人的精神被经济增长带来的变化所撕裂,从而成为两股不稳定力量。

在同一篇论文中奥尔森还提出,经济快速增长通常会创造出两类群体,即所谓的"新富民"和"新贫民"。随着"新富民"人数的增加,他们自然而然地将会运用其手中的经济力量去改变社会和政治秩序,以便更好地维护他们的既得利益。奥尔森把这批人称为"心怀不满的获益者"。而生存状况不进反退的"新贫民",由于绝对和相对福利水平的下降,对其贫困的怨恨程度远远超出了一直处于社会底层者对贫困的怨恨。鉴于经济、社会和政治秩序三者之间高度地相互依赖,故经济权力的重新配置无疑要反映到社会尊重和政治权力的分配上来,使得通向新的社会和政治均衡的过程具有高度不稳定性。

一个国家,尤其是一个大国内部的各地区,经济增长快慢通常是非均衡分布的。地区发展不平衡,同样构成社会动荡的一个原因。中国西汉名臣贾谊的《陈政事疏》提供了这方面的历史案例。汉朝所封诸王,大小各异,强弱不等。如果把各诸侯国的人口和物产视为经济增长的结果,则非均衡增长之后果便是诸侯造反。天下大乱,最苦的还是百姓。忧君忧国忧民的贾谊,为此提出了可称为"贾谊定理"的"治安策":"欲诸王之皆忠附,则莫若令如长沙王……欲天下之治安,莫若众建诸侯而少其力。力少则易使以义,国小则亡邪心。"由于社会地位恶化，受损者无疑会成为一支巨大的破坏稳定之力量。[1]特别值得一提的是，当数量很少的受益者之所得总额非常巨大和集中时，社会的中位收入便会随着人均收入的提高而降低。也就是说，经济增长完全可能极大地增加受损者的数量。人均收入提高而受损者数量增多，这看上去和感觉相悖，但经济快速增长和日渐贫困者人数递增两者并存不仅在逻辑上是可能的，而且在实际中同样也是存在的。在著名的《经济增长和收入不平等》论文中，库兹涅茨的研究支持了这一命题[2]。

经济增长必然会引起收入增长。但收入的普遍增长或成功地让绝大多数人分享增长好处是否有助于社会稳定，也一直是争论不休的问题。在《旧制度与大革命》的作者托克维尔看来，法国大革命的原因之一，并不在于人民的长期贫困，而在于他们的生活条件随着经济增长的大幅度改善，在于法国大革命前的那种史无前例的、持续而稳定增长的繁荣，以及由此引起的一种普遍的不安定情绪。[3] 这句乍一听让人摸不着头脑的、"似非而是"的话，其要点在于人们的满足感主要源于他对未来福利水平的预期。在托克维尔看来，当一个人同时被手铐和脚镣所束缚时，他对自由的憧憬微乎其微；然而一旦手铐被打碎，脚镣的存在就会变得百倍的不能容忍，这被通称为"托克维尔效应"。[4]

从既得利益的角度看，快速经济增长及与之互为因果的制度变

---

[1] 孙广振、张宇燕：《利益集团与"贾谊定理"：一个初步的分析框架》，《经济研究》1997年第6期。

[2] Kuznets S., "Economic Growth and Income Inequality", *The American Economic Review*, 1955, pp. 1–28.

[3] 托克维尔：《旧制度与大革命》，冯棠译，商务印书馆1992年版。

[4] 丹尼尔·贝尔：《后工业社会的来临》，高铦译，商务印书馆1984年版。

迁,往往也是构成社会不稳定的原因之一。阿塞莫格鲁(D. Acemoglu)和罗宾逊(J. Robinson)在"以政治眼光看待经济落后"一文中论证的一个基本结论是,受到人们广泛欢迎的"增量改革或制度变迁"往往并不伴随着社会经济的稳定发展,因为在经济和制度变迁过程中或之后,并不存在可靠和充分的机制,以补偿失去权力的政治精英们。经济增长还使人们对实现更美好生活之可能性、对新意识形态以及对新政府体制的了解更加深化,从而激发起人们对"政府应该做什么"和"如何去做"的预期。这样一来,既得利益精英阶层就会因为成为阻止变化的力量而与新兴利益集团发生冲突,并由此催发社会动荡。[1]

以上讨论的都是绝对收入的多寡。一旦进入相对收入领域,不稳定力量又多了一项重要的新来源:部分受益者也可能成为社会不稳定因素。这样讲的理由在于,即使从绝对标准看经济增长使得受益人数超过受损人数,但某些或多数受益者却可能因为受益程度低于其他受益者而感到沮丧和不满。换言之,人们心中真正的追求是福利的相对水平提高而非绝对水平改进。这个结论很容易就让人想起孔子的那句名言:"有国有家者,不患寡而患不均,不患贫而患不安。盖均无贫,和无寡,安无倾。"[2] 经济增长结果的非中性,亦即经济增长对社会中不同的人或群体意味着不同的东西,指明的是人们往往更看重相对福利这一点极具普遍意义。

经济快速增长可能引起人们不希望看到的后果。经济迅速增长和社会动荡之间的关系复杂。尽管人类历史上经济快速增长引起社会动

---

[1] Acemoglu D., Robinson J. A., "Economic Backwardness in Political Perspective", *American Political Science Review*, 2006, 100 (01), pp. 115–131.

[2] 《论语·季氏篇第十六》。

荡的事例随处可见，就中国而言，以前经历的在历史上打下深深印记的也许还是主要导因于经济停滞或倒退的革命事例，比如辛亥革命。但前车覆辙，不可不鉴。在经济快速发展的今天，尤其要注意绝对和相对意义上的收入分配可能给社会稳定带来的负面冲击。要高度警惕因富而不均、违背了邓小平所说的先富带动后富、最终实现共同富裕的原则，制度上又缺乏一种救济性的安排而导致的不满不断积累和扩散，形成社会危机。

◇ 中等收入陷阱

国内的稳定和经济增长是中国和平发展道路的基础和保障。经过三十多年的迅速发展，中国已经由低收入国家迈入中等收入国家的行列，中等收入陷阱的风险日益凸显。所谓中等收入陷阱，是指当一个国家的人均收入达到中等水平后，低端产业因为劳动力优势不再而面临其他发展中国家的竞争越发激烈，同时高端产业仍无力与发达国家竞争，造成总体竞争力下降、经济增长动力不足，最终出现经济停滞的一种状态。

关于中等收入陷阱的定义或表象，学术界意见基本相同，但对中等收入陷阱的原因特别是中国所面临的中等收入陷阱威胁，中国主要经济学家各有各的判断。北京大学光华管理学院名誉院长厉以宁认为，中等收入陷阱包括"发展的制度陷阱""社会危机陷阱"和"技术陷阱"三座大山，应当通过深化改革、妥善实施宏观政策、加大技术创新来克服。[1] 北京大学国家发展研究院名誉院长林毅夫认为，依靠技术创新和产业升级可以跨越中等收入陷阱，而在这两个方面我们的后发优势远没用尽，加之内需潜力巨大、财力保障雄厚，中国有很好的条件跨越该陷阱。[2] 北京大学汇丰商学院院长海闻将陷入中等收入陷阱的原因归结于"产业结构调整的滞后"，建议用需求升级倒逼产业升级、更大程度开放服务业、以创新推动制造业升级等方法跨越中等收入陷阱。[3] 中国社会科学院副院长蔡昉认为中等收入陷阱对中国有参考价值，对经济减速应对失策、面对收入分配恶化采取民粹主义政策、无力打破固化收入分配格局的既得利益集团是国际上一些国家陷入中等收入陷阱的重要原因，他认为中国应通过推进供给侧结构性改革、加快收入分配改革和防止过度福利化来跨越中等收入陷阱。[4] 清华大学国情研究院院长胡鞍钢则认为"中等收入陷阱"对中国是伪命题，当前中央提出的创新驱动发展等一系列政策足以让14亿中国人民走向共同富裕的高收入阶段。[5] 清华大学中国与世界经济研究中心主任李稻葵认为，长期稳定并支持市场经济的政府、持续改善的人力资本和对发达国家开放的经济体制构成中国跨越中等收入陷阱的"三好条件"。[6] 中国国际经济交流中心副理事长郑新立提出，通过推动城乡一体化、完善投资体制和狠抓科技创新来跨越中等收入陷阱。[7]

---

[1] 厉以宁：《跨越"三座大山"方可避免落入"陷阱"》，《参考消息》2016年4月4日。
[2] 林毅夫：《中国跻身高收入国家有独特优势》，《参考消息》2016年3月25日。
[3] 海闻：《创新和教育是中国转型升级关键》，《参考消息》2016年4月5日。
[4] 蔡昉：《跨越"中等收入陷阱"唯有改革》，《参考消息》2016年3月14日。
[5] 胡鞍钢：《"中等收入陷阱"对中国是伪命题》，《参考消息》2016年3月18日。
[6] 李稻葵：《中国有能力突破"中等收入陷阱"》，《参考消息》2016年3月15日。
[7] 郑新立：《中国有巨大潜力跃升高收入国家》，《参考消息》2016年4月7日。

从上述主要经济学家对中等收入陷阱的判断及对策可以看到,多数学者强调创新(包括技术创新、制度创新的作用)和产业升级的作用,而解决增长过程中的分配不公及其带来的社会问题,也是跨越中等收入陷阱的关键条件。尽管一些学者分析了开放经济体制对跨越中等收入陷阱的重要性,但总的来看,多数学者更强调内部因素或困难造成的中等收入陷阱,对外部或国际因素等外源困难讨论相对较少。①

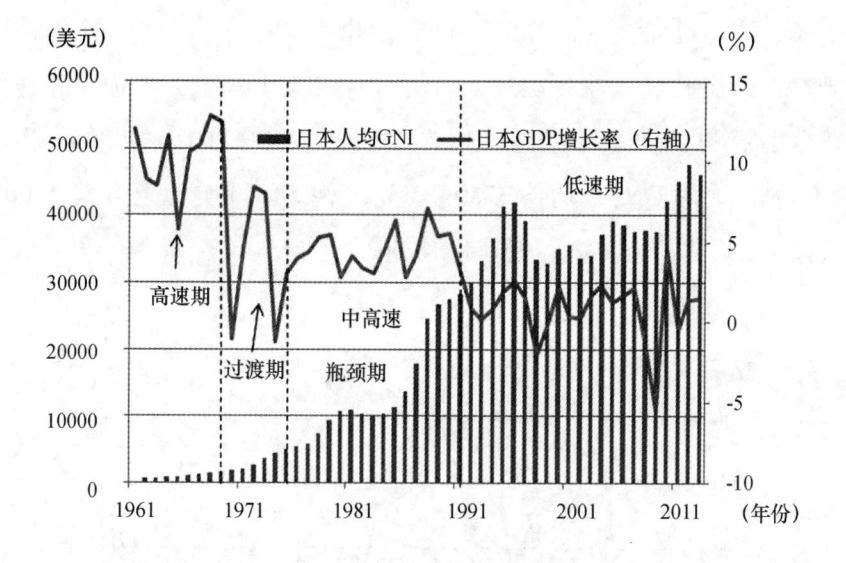

图 4 日本的人均 GNI 与 GDP 增长率

资料来源:世界银行数据库。

从国际经验来看,迄今较大经济体中只有日本和韩国成功跨越了中等收入陷阱跻身发达经济体行列。从日本的经历来看,其经济 1969

---

① 贾康和苏京春提出了作为"世界老二",同时被"老大"压制且被"老三以下"制造麻烦,"穷兄弟"离心离德的问题,但这并非其文分析的重点。参见贾康、苏京春《中国突破"瓶颈期"亟需制度创新》,《参考消息》2016 年 3 月 23 日。

年之前是高速增长期，在此期间 GDP 年增速平均值 10.45%，人均国民总收入（GNI）平均值 1039 美元。其后日本经济经历了 1970—1975 年的过渡期，在此期间 GDP 年增速平均值 3.67%，波动较大；人均 GNI 平均值 3260 美元。从 1976 年到 1990 年，日本经济进入持续时间较长且相对稳定的中高速增长期，其间 GDP 年增速平均值 4.56%；人均 GNI 平均值 13439 美元（由 5310 美元上升至 27560 美元）。其中，1980—1985 年，人均 GNI 刚刚达到 10000 美元，由中高收入经济体迈向高收入经济体过程中出现了一个 5—6 年的瓶颈（停滞）期，突破这一瓶颈之后，人均 GNI 又有大幅上升，但增长速度逐渐由中高速向低速稳定期过渡。1991 年以来 GDP 年增速平均值 0.95%，人均 GNI 平均值 37593 美元（由 28290 美元上升至 45000 美元以上），日本经济进入低速增长期。

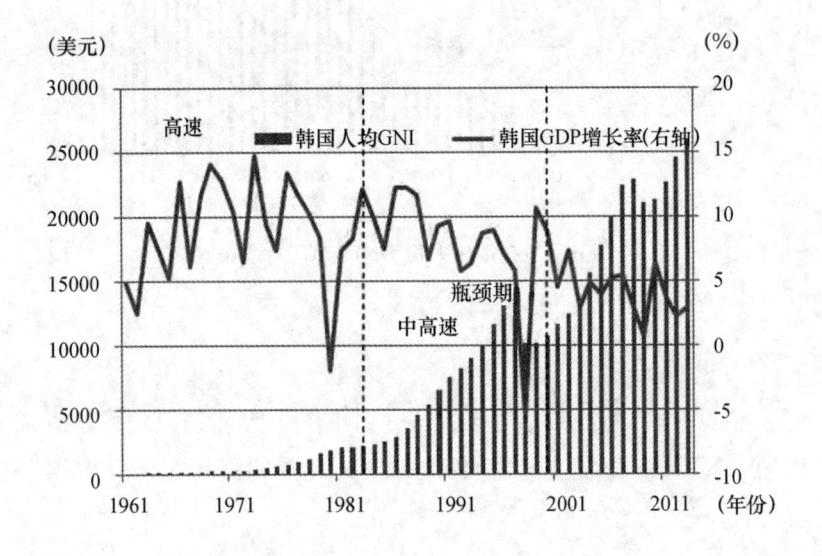

图 5 韩国的人均 GNI 与 GDP 增长率

资料来源：世界银行数据库。

韩国起飞较晚，但演变的轨迹与日本类似。1988 年之前都是韩国经济的高速增长期，GDP 年增速平均值 9.68%，人均 GNI 平均值 1206 美元。1989—2000 年，韩国经济进入中高速增长期，GDP 年增速平均值 6.86%，人均 GNI 平均值 9651 美元（在此期间，韩国人均 GNI 由约 5440 美元上升至 10000 美元以上）。其中，1996—2000 年出现 5 年左右的瓶颈（反复）期，在迈向高收入经济体（突破人均 GNI 10000 美元）时出现了人均 GNI 的下降，突破这一瓶颈之后，人均 GNI 又有大幅上升，但增长速度逐渐由中高速向低速稳定期过渡。2001 年以来，韩国经济进入低速稳定期，GDP 年增速平均值 4.10%，人均 GNI 平均值 19368 美元（由人均 11630 美元上升至 2013 年的 25920 美元）。

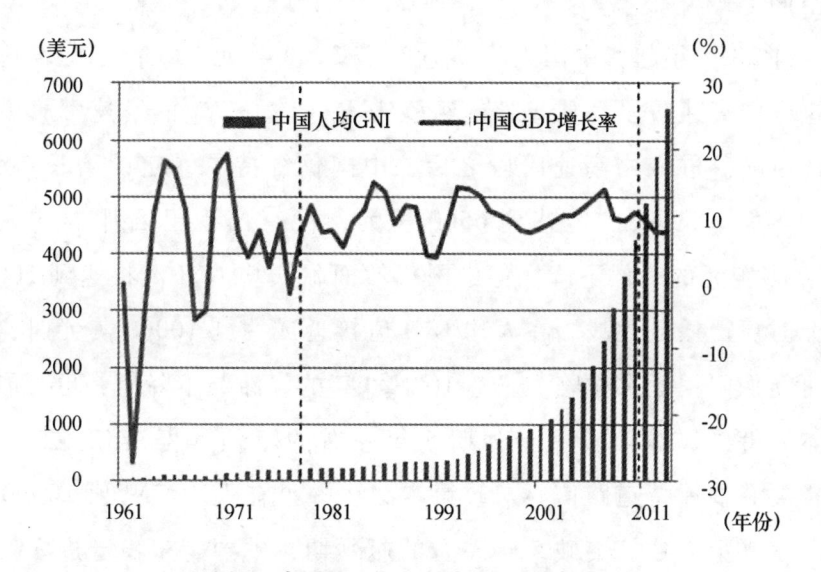

图 6 中国的人均 GNI 与 GDP 增长率

资料来源：世界银行数据库。

综观日韩跨越中等收入陷阱的经历可知，成功跨越中等收入陷阱的国家，在高速增长期之后，有一个明显的 12—15 年的中高速增长期，中高速增长期的 GDP 增速均值 5%—7%。在中高速增长期内，将出现一个 5 年左右的瓶颈（停滞或反复）期，这个区间可能出现在中高速阶段的初期或末期，对应于人均 GNI 突破 10000 美元的时期，突破这一瓶颈之后，将迅速迈入发达国家行列，获得新一轮快速增长。

从中国的情况来看，1978—2011 年为高速增长阶段，GDP 年增速平均值 9.96%，这个速度相对较快，给未来可能的中高速阶段留下一定的空间（这个特征与日本和韩国相似，高速增长阶段都有接近 10% 的增长率，相比之下，陷入中等收入陷阱的巴西、阿根廷，其高速期的速度也只有 4%—7%，未能给中高速阶段留下空间）。

自 2012 年起，中国人均 GNI 突破 5000 美元关口，经济增速可能进入中高速阶段。从日韩的经验来看，5%—7% 的增速都算中高速的范畴。进入中高速阶段之后，中国仍维持了一定的增长势头，2013 年人均 GNI 已经达到 6560 美元，没有出现巴西那样在人均 5000 多美元的时候下降。但中国仍然面临人均 GNI 值将达到 10000 美元时更严峻的挑战。在人均 GNI 值接近或达到 10000 美元时，中国可能像阿根廷那样陷入长达 10—20 年的停滞与下降期，也可能像日本、韩国那样面临一个为期 5 年左右的瓶颈（停滞/反复）期，这需要我们保持道路信心与政策定力，一旦在人均 GNI 值 10000 美元的水平上稳住，突破 5 年左右的瓶颈期，中国有望稳定进入发达或高收入国家行列。

赵鼎新的研究指出，领导经济发展是绩效合法性的重要来源，只要中国经济继续能保持目前的增长势头，绩效合法性就能维持一定的效力，严重的动荡就不会发生[1]，这有助于中国及世界和平形势的维持。从主要经济体跨越中等收入陷阱的经验和教训来看，鉴于中国巨大的经济体量，如果能在高增长阶段之后，实现一个长期中高速增长的过渡，那么即使不能保持既往两位数以上的增速，也能够维持相对合意的绝对增加值，实现经济与社会的平稳发展。这个中高速增长的过程，通常同时也是经济结构调整与升级的过程。在此过程中，沉淀在旧部门旧领域的生产要素要经过重组流入新兴行业，摩擦性失业与探索性创业交织；既得利益受到影响，新的巨大利益还未被完全创造出来，尚无力对原有利益集团进行全面赎买；政府也会因为一时的收入下降、增长放缓遭受质疑、倍感压力；国外的竞争者也可能借调整中一时的挫折做文章，劣化调整国发展的外部环境。这也是成功跨越中等收入陷阱的国家多遭遇长达五年瓶颈期的原因所在。对于这些可能的困难局面，中国应有充分的考虑，一方面坚持深化改革、加强创新和转型升级不动摇；另一方面也进行适当的解释与表达，采取合适的政策，在增强民众与社会各方转型耐受力的同时，竭力减轻跨越中等收入陷阱时的阵痛。

◇ 国际分工两难

由发达国家主导的经济全球化催生了世界范围内新的国际分工格局。经济全球化主要体现为国际贸易、直接投资和技术扩散在深度、广度和数量上的变化。发展中国家得益于发达国家的技术扩散和市场

---

[1] 赵鼎新：《当今中国会不会发生革命？》，《二十一世纪》2012年12月号。

开放，而新技术的应用和扩散也总是伴随着大规模的贸易和投资的增长。在这一过程中，许多发展中国家的人力资本也得以积累。经验显示，一国经济开放度的提高和其人均国民收入增长之间存在正相关关系。应当承认，发达国家和部分发展中国家的经历支持了"共赢"的观点。

然而，全球化在为世界提供"共赢"机遇的同时，也使发展中国家面临着掉入"国际分工陷阱"的挑战。在整个国际分工链条中，发达国家凭借其资本、科技、人才、营销和消费方式上的优势或先机，占据了高附加值、高技术含量的产品和服务市场，而大多数发展中国家则处于国际分工链条的末端，成为全球市场上劳动密集型、低附加值、低技术含量产品与服务的提供者。伴随着信息和通信技术迅猛进步，不同国家或经济体之间，在获得接入信息和通信技术的机会与利用互联网进行各种业务活动方面，出现了明显的"数字鸿沟"。换言之，全球化收益的绝大部分由发达国家获得，发展中国家只能够获得其中的一小部分。而且就是这一小部分收益，发展中国家之间还展开了激烈的争夺。它们竞相开出各种优惠条件，如税收优惠，允诺最大限度地开放国内市场，承诺遵守发达国家制定的严厉的经济规则，甚至做出政治上的让步。

这让发展中国家和新兴经济体面临两难选择。不进入全球经济体系，就将错失国际资本、技术的青睐而错过经济增长的机会。进入全球分工体系，又可能掉入国际分工陷阱，被锁定在低端制造业领域，沦为被高端领域国家长久剥削的境地。

作为最大的发展中国家，中国也面临掉入国际分工陷阱的严峻挑战。中文互联网上广泛流传着的芭比娃娃、iPhone 手机等有关"中国制造"的故事，大意都是中国制造业从产业链中获得的价值只占产品售价10%以下，90%甚至更高的价值来自产品设计、原料采购、物流运输、订单处理、批发经营、终端零售等环节。这些最能创造价值的环节主要掌握在产业链高端的西方发达国家手中。詹森·德崔克（Dedrick）的研究为上述印象提供了证据。现实比想象更严厉，中国劳动力所分配的价值还不到2%。[①]

表5　　　　　　　苹果公司产品的全球价值链分布情况

iPod	iPhone	iPad
无法测定的投入和直接劳动：36%	苹果公司：58.5%	苹果公司：30%
	苹果以外的美国公司：2.4%	分销和零售：15%
	欧盟公司：1.1%	苹果以外的美国公司：2%
苹果公司：25%	中国台湾公司：0.5%	中国台湾公司：2%
分销和零售：25%	日本公司：0.5%	日本公司：1%
日本公司：9%	韩国公司：4.7%	韩国公司：7%
苹果以外的美国公司：2%	未识别利润：5.3%	未识别利润：5%
韩国公司：1%	原材料投入成本：21.9%	原材料投入成本：31%
中国台湾公司：1%	中国劳动力成本：1.8%	中国劳动力成本：2%
	非中国劳动力成本：3.5%	非中国劳动力成本：5%

资料来源：Jason Dedrick, "Who Profits from Innovation in Global Value Chains? iPhones and Windmills", http://www.usitc.gov/research_and_analysis/documents/Dedrick_USITC_3-21-12_0.pdf。

当然，自怨自艾的情绪无助于"中国制造"在国际分工链条上的提升，只有提升能力、强化创新才能促成中国产业沿价值链向附加值

[①] Jason Dedrick, "Who Profits from Innovation in Global Value Chains? iPhones and Windmills", http://www.usitc.gov/research_and_analysis/documents/Dedrick_USITC_3-21-12_0.pdf.

高的方向升级。

首先需要提升的是直接与技术、经济结构升级等有关的创新能力。结构调整无非两个方面,一是破旧,二是立新。旧的产业有其历史的贡献,创造过利润,拉动过就业,曾让中国经济在恶化的外部环境中稳而不堕。但其中相当部分因为技术含量低、低水平重复建设等原因,已经形成落后的或过剩的产能。如果不加以淘汰、重组,还任由社会资源沉淀和积聚其中,就会造成越来越大的社会福利损失。产业结构调整与升级,就是要把原来沉积在高能耗、高排放等落后或过剩产业中的生产要素,转变为新兴、战略性行业中的生产要素。发现具备增长潜力的新兴领域并成功动员指向这些领域的资源投入就是立新。

更重要的是孕育和支持技术创新的制度(政策与体制)创新。技术创新是果,制度创新是因;技术创新是末,制度创新是本;技术创新是流,制度创新是源。制度创新中,更直接和灵活的是政策上的创新。从中国的实践来看,以往的宏观经济政策主要是总量调节,对微观经济主体的行为缺乏精细化的引导。新一届政府成立以来,采取了"定向减税""定向降准"等财税金融措施,以"微刺激""滴灌""盘活存量""区间管理"等创新性的政策方式精准发力,避免粗放刺激造成经济大起大落风险,同时又能够引导社会资源优化配置,有力地支持了服务业、"三农"、小微企业、民营企业、新兴业态、新型城镇化等政策优先关切的领域的发展。更根本也更困难的是体制创新。体制可以理解为出台政策所需要遵循的基本理念与规则的总和。政策或易于调整,体制则难于变迁。国际金融危机之后,发达国家经过反思,认为中国等新兴经济体从原有的国际经济规则中获益,对"国家资本主义""重商主义"的指责甚嚣尘上,扬言要以"公平贸易"取代"自由贸易",推行旨在削弱国企竞争优势的竞争中立框架。究其实质是想构建一套增加新兴国家国际竞争成本的新体制,维护自身竞争优势。但是,消极形势之中未必不能发掘出积极因素。成本压力逼迫之下往往有效率的大幅改善。中国建设上海自贸区,摒弃了以往制造政策洼地的做法,积极探索如何建设改革高地,就是想主动开展压力测试,看看在"准入前国民待遇""负面清单""竞争中立"等何种强度的体制性冲击之下,中国经济能够蝶变高飞而非一蹶不振。

创新动力主要是激励问题,即调动起创新的积极性,为创新提供充足的物质、政策与制度资源。除此之外,还需要关注和解决的是创新的方向问题。如果方向错位,停下脚步才是进步。

从根本上看,创新的过程是一个思维与行动双重开放的试错过程,权力等制约性因素应对创新主体及其行为报以足够的宽容乃至尊重。但是,有效的创新方向并非漫无目的的畅想,或者,至少我们可以说,缺乏一定约束条件的创新是低效的。

其一,创新的方向不宜完全脱离于现实基础。北宋神宗时期王安石变法,提出的青苗法、均输法、方田均税法、市易法等,都极富创新眼光与战略思维。按照历史学家黄仁宇的说法,就是"企图以金融管制的办法操纵国事,其范围与深度不曾在当日里任何其他地方提出",是试图"将财政税收大规模的商业化"。

以现在的眼光看去,王安石的政策中不乏"定向降准"等精准刺激的成分。例如,青苗法中规定"在每年二月、五月青黄不接时,由官府给农民贷款、贷粮,每半年取利息二分或三分,分别随夏秋两税归还",正是针对"三农"的定向金融支持;农田水利法鼓励垦荒和兴修水利,将其定为地方政府官员政绩考核的内容,并且规定可以由州县政府提供贷款来解决资金问题,这与国际金融危机以来通过地方债平台为基础设施建设融资颇为神似;市易法规定"在东京设置市易务,出钱收购滞销货物,市场短缺时再卖出",其背后政策逻辑与"政府为市场托底以熨平经济波动"的现代宏观经济决策如出一辙。立意虽好,但种种政策创新并未取得意料之中的好的效果。

变法不足一年,上层支持与反对变法的党争兴起,下层新法执行又出现细节中的"魔鬼"(例如官府借青苗法强制农民借贷,借农田水利法强制民众搞基建等),最终新法几乎全部被废。后世总结变法失败的原因,其中之一就是先进的金融化和商业化的政策手段,大大超出了落后的行政部门、生产部门的需求和能力。

其二,创新方向不能脱离于自然及经济社会发展的规律。曾经有一个时期,科学家们致力于发现传播光线的"以太",或者希望制造出不需要消耗可以对外做功的永动机,这些与客观世界规律相悖的创新都被历史所否决了。经济社会发展也存在有迹可循的规律,违背这些规律,也可能无法出现有效创新的成果,甚至出现背道而驰的后果。例如,希望"藏能于民"的分布式能源、3D打印技术等创新性能源生产和利用方式,从经济学来看可能是缺乏规模效益的创新方向,不加审慎评估就大规模投资于此,也可能出现"战略性误导"。

三是创新的成果应当普惠大众。中国的传统体制在这方面有较大的优势,但也给企业、科学家及工程师等主体带来了巨大的内化成本。未来应当注重利用市场机制来把创新主体的个体利益与社会的普惠利益更好地结合起来。

总之,创新是中国跨越"国际分工陷阱"的重要(如果不是唯一)手段。在特定领域的原创或引进带来的技术进步与创新固然重要,更重要的是建构支持创新的制度环境与思想观念体系,中国才能真正成为创新型国家。

◇ 再全球化困境

前文已经述及,中国高速的经济增长得益于市场规模的扩大及分工与专业化水平提升带来的劳动生产率提高,而市场规模的扩大一方面是政府采取了强化市场型策略,另一方面也得益于开放的国际经济体系。没有一个开放的国际经济体系,政府也无法推动国内生产要素及商品与服务接入全球市场。

但是,近年来,全球经济体系越来越表现出碎片化的特征。碎片化的萌芽期可以上溯到1997—1998年亚洲金融危机的爆发,其真正成型则是在2007年美国次贷危机爆发之后。亚洲金融危机爆发之后,IMF治理或其背后"华盛顿共识"的神话备受质疑,亚洲各国对国际经济秩序及治理安排进行了深刻的反思,认识到必须依靠区域内的富有针对性的合作,才能真正保障地区福祉,由此开启了"清迈倡议"及其多边化的亚洲金融合作进程。在此之前,亚洲经济合作主要还是对欧洲一体化及美洲自由贸易区等模式的模仿与学习。

亚洲金融危机之后,各国认识到美国及其欧洲盟友主导之下,必定是发达市场的安全稳定压倒其他国家的繁荣进步。例如,美国主流观念认为"政治民主化"和"经济自由化"是和平的基石。无论是对拉丁美洲的发展政策的建议,还是亚洲金融危机救助中所提出的条件,都贯穿着"华盛顿共识"关于私有化、自由化的僵硬要求。按照"共识"创始者、曾任世界银行副行长兼首席经济学家的约翰·威廉姆森的说法,该"共识"本来是"位于华盛顿的若干机构向拉丁美洲国家提供政策建议的最低共识"[1]，而华盛顿的若干机构，包括美国财政部、美国联邦储备委员会、国际货币基金组织和世界银行。这样的机构组成，让"华盛顿共识"带有浓郁的美国政府部门主导并通过国际组织落实和执行的色彩。以此为内核和标准的全球治理，难以反映其他国家的意愿，也势必不能获得其他参与者的尊重与认同。

马来西亚前总理马哈蒂尔径直指出，自己特别讨厌西方的双重标准，"他们的价值观要被接受为普世价值观；亚洲的价值观被视为无关"。尽管亚洲金融危机促成了亚洲意识的觉醒，但亚洲新兴市场自身也缺乏一套类似于"经济自由化"为核心的"华盛顿共识"那样具备坚实理论基础并且明确而具体的行动纲领，来取代前者，指导新的国际经济治理活动。在相当长的时间内，各国还是在致力于修补以新古典经济理论为基础的治理方式。

2007年美国次贷危机以及2010年欧洲主权债务危机的爆发，让以往新兴经济体总是成为经济危机薄弱环节及策源地的局面发生了重大改变。危机之后的双速复苏景观，更让其他处于凄风惨雨中的发达国家，对中国为代表的新兴市场经济有"风景这边独好"之叹。这一现象开始动摇欧美治理观念的合法性。新古典经济理论为基础的治理方式已经越来越不能反映国际社会治理能力分布及其支持的意愿的变化，但新的治理方式又尚未成熟，这成为限制全球经济体系效率提升的主要障碍。这样的背景之下，区域全面经济伙伴关系（RCEP）、金砖合作机制、跨太平洋伙伴关系协定（TPP）、"一带一路"等新兴计划开始出现，全球经济体系呈现"碎片化"的趋势。

碎片化与多元化还不同。在多元化的全球经济体系中，尽管不同

---

[1] Williamson, J., "What Should the World Bank Think about the Washington Consensus?", *The World Bank Research*, Observer 15 (2), 2000, pp. 251–264.

地区出现了形式各异的经济治理安排，但这些安排背后都有新自由主义或新古典经济理论的内核作为标准或参照。但在碎片化的全球经济体系中，作为标准或主要参照系的模式及理论处于缺失状态，没有一种经济治理理念能够成为广泛的信仰。国际经济体系缺乏有效的领导，全球性的改革推进乏力，区域及跨区域经济合作也面临重大的不确定性，不同治理模式的竞争将进入白热化阶段。

在此背景下，发达国家开始积极推动新一轮全球规则的形成。这一进程没有否定全球化，恰恰相反，它沿着全球化开辟的道路继续前进，却又有自身的特点。较之以往的规则，新规则将更加严格，更整齐划一，更具有普遍性，更具有针对性，其非中立性也更加隐蔽。以今天的眼光看，这一历史进程仅仅处于起步阶段。但纵观历史，真正的革命常常爆发于平静之中，以至于当事人或同代人根本没有意识到他们正在创造历史。

2009年10月，开放社会研究所（Open Society Institute）创始人、世界著名金融家乔治·索罗斯做了一个系列演讲，其中特别谈到了金融危机和世界与中国的关系。① 在他看来，目前占主导地位之全球秩序者，乃一种"国际资本主义的多边机制"，其标志为"华盛顿共识"，高擎旗帜者为美国。虽说此轮金融危机的爆发尚未使这一机制轰然倒塌，但已使它受到重创，并使其弊端暴露无遗。"国际资本主义"已被证明带有两大与生俱来的内在不稳定性：缺乏足够的全球金融监管；缺乏公正性，因为"相对于穷人穷国而言这个体制偏袒富人富国"。更有甚者，"国际资本主义"正日益受到一个可行的替代方式，即"国家资本主义"的挑战。由于"中国的崛起展现了一个

---

① 乔治·索罗斯：《未来的路》，http://www.ftchinese.com/story/001029656。

与目前的国际金融体系根本不同的经济组织形式",因而中国便成了索罗斯眼中所谓"国家资本主义"的代表。按他的观点,中国奉行的"国家资本主义"有如下三个特征:其一,政策制定常常出于政治考量而非单纯的商业动机;其二,在和资源丰富的国家打交道时目光聚焦于资源本身而非那些国家的政权性质和老百姓的利益;其三,注重双边渠道而非积极参与国际多边体系。中国迟迟不愿参与《采掘业透明度倡议》(EITI),被索罗斯视为支持其论点的典型证据。

索罗斯随即指出,人类正处于一个时代的终点。此次金融危机对主要国家的相对地位、进而对世界格局将产生巨大影响。"直截了当地说,美国将输得最多,中国则倾向于以最大的赢家姿态出现。"从全球角度看,美国与中国之间的相对实力变化至关重要,其他国家也在相应地依据历史脉搏的变化而调整着自身的策略。世界正面临着两种截然不同的组织形式:"国际资本主义"和"国家资本主义"。前者以美国为代表且开始瓦解;后者以中国为代表且正在兴起。索罗斯认为,鉴于"国际资本主义"难以为继,也鉴于建立在"国家资本主义"基础上的国际体系不可避免地会导致国家间的冲突,他开出了拯救世界于水火的药方:创建一个建立在更健全的原则基础上的新多边体制,一个新的"布雷顿森林"体系,一个监管条例必须涵盖全球的秩序。"二十国集团"在建立新机制的过程中可以扮演主要角色。新程序需要由美国来启动,同时让中国等发展中大国以平等身份参加。在目前的混乱中脱颖而出的中国应该接受这一新体系,因为除非让世界其他国家接受,否则中国无法继续崛起。为了使自己被世界接受,中国需要成为一个更开放的社会。按索罗斯的说法,中国必须学会更多地关注其他国家的看法,倾听其他国家的意见,因为"世界其他国家绝不会让个人自由服从于中国的繁荣"。

2011年10月，美国时任国务卿希拉里·克林顿在《外交政策》上发表了一篇文章，题目为"美国的太平洋世纪"。[①] 她写道：未来的政治将决定于亚洲，美国将置身于行动中心，并把大幅度增加的外交、经济、战略和其他方面的投入锁定于亚洲。利用亚洲的增长和活力构成了美国经济和战略利益的核心。美国在亚洲的新伙伴中，中国最为引人注目。美国与中国的关系，已成为美国有史以来必须管理的最具挑战性和影响力最大的双边关系。然而不能仅靠愿望来建设两国关系。美中两国必须履行各自的全球责任和义务。在谈到经济关系时，希拉里不加掩饰地说出了美国对中国的四点要求：一是停止对美国和其他外国公司或它们的创新技术的歧视行为；二是撤除对本国企业的优惠待遇；三是终止那些不利于或盗取外国知识产权的行为；四是允许人民币对美元以及对中国其他主要贸易伙伴的货币更快地升值。"健康的经济竞争应当具备四个特征：开放，自由，透明，公平。"希拉里对"跨太平洋伙伴关系协议"（TPP）寄予厚望，并将其定位为"今后各种协议的一个基准"，盼其"发展成带来更广泛的地区互动的平台，最终形成亚太自由贸易区"。美国"将继续把同中国的关系置于一个更广泛的地区性的安全同盟、经济网络和社会纽带的框架内"。

在希拉里国务卿发表文章前5个月，负责经济、能源和农业事务的副国务卿罗伯特·霍马茨，在美国国务院官方博客网上发表署名文章，题目为"确保全球竞争的良好基础：竞争中立"（competitive

---

① Hillary Rodham Clinton, "America's Pacific Century", *Foreign Policy*, 2011, October 11.

neutrality)。① 在霍马茨眼中，美国未来对外经济政策的核心，当首推"竞争中立"，意即不受外来因素干扰的市场竞争，旨在重新规划现存国际经济规则或制度，从而保证在国有企业和非国有企业之间实现公平竞争。他解释道，最近 20 年来，尤其是金融危机爆发以来，以国家为后盾的国有企业和主权基金等开始大规模进入市场，它们凭借国家支持在市场上逐步取得竞争优势。其中，中国的政府支持企业之业绩尤为耀眼。霍马茨在文章中固执地认为，政府的介入扭曲了市场，这种国家资本主义的做法不仅使美国无政府背景的公司在竞争中处于不利地位，还威胁到了自由资本主义制度。针对自己眼中所谓"中国模式"对美国竞争力和全球体系的所谓挑战，霍马茨透露，美国正同经合组织其他成员一道，致力于变革国际贸易与投资准则和国企公司治理原则，通过所谓"竞争中立框架"，实现税收中立、债务中立、规则中立，确保国企与民企具有可比的利润率，使国企产品定价反映实际成本。为争取非经合组织成员国的支持，美国还准备积极参加联合国贸发会议，并已经在 TPP 中写入了"竞争中立"条款。

2011 年 7 月，诺贝尔经济学奖获得者迈克尔·斯宾塞在《外交》杂志上发表一篇长文，题为"全球化对收入和就业的影响"。② 他写道，作为全球市场一体化的全球化，其影响巨大且深远。在第二次世界大战后很长一段时间里，美国的决策者认为，增长和就业两者亦步亦趋，美国的经济绩效主要取决于国内消费。甚至到了 2000 年，全

---

① Robert D. Hormats, "Ensuring a Sound Basis for Global Competition: Competitive Neutrality", DipNote, May 6, 2011, https://blogs.state.gov/stories/2011/05/06/ensuring-sound-basis-global-competition-competitive-neutrality.

② A. Michael Spence, "The Impact of Globalization on Income and Employment", *Foreign Affairs*, 2011 July/August.

球化对财富分配和就业的影响总体看还比较温和。然而最近10年的全球化第一次表明,美国的增长和就业已经分道扬镳。伴随着全球化,新兴经济体在整个价值链的位置不断升高,并且这种"全球经济结构演化"正在成为一种持续的、不可逆转的变化。1990—2008年,美国就业人口从1.22亿人增加到1.49亿人,净增2700万人。美国的就业人口增加基本来自非贸易部门,其中,政府和健康医疗部门创造的就业高达1000万人,占全部新增就业的40%。比较而言,贸易部门同期新增就业仅为60万人,占总增加人数的2%。在贸易部门中,原来占主导的半导体、制药和信息技术服务等产业,已经被新兴经济体大面积占据,其就业机会随之流失。斯宾塞指出,除了产业链的高端外,美国的就业结构已从贸易部门向非贸易部门转移,而且这种转移将来会更甚;不仅如此,美国非贸易部门创造就业的能力也将减弱。一言以蔽之,美国将面对长期高失业。

斯宾塞进一步指出,衡量某一企业、产业或经济体规模的关键指标在于增加值的多寡。尽管整体而言美国1990—2008年人均增加值增长平稳,但增长率在两个部门的表现却大相径庭:贸易部门从人均7.9万美元提高到12万美元,增长52%;而非贸易部门相对应的数字分别为7.2万美元和8万美元,仅增长12%。显而易见,就业者的工资与增加值密切相关。考虑到美国新增就业几乎都来自非贸易部门,因而收入分配便在两部门之间显示出不平衡。有鉴于美国跨国公司为追逐利润而大量"出口工作岗位",且贸易部门中高端人士拥有更多就业机会而中低端人群情形正好相反,这种不平衡正日益变得愈加严重。在给出解决办法之前,斯宾塞刻意批驳了两种流行的看法:美国当下久拖不决甚至每况愈下的失业与收入分配问题,既非市场失误的结果,亦非经济开放度不足之故。其真正的原因,根植于"全球经济结构演化"之中，即全球化。依斯宾塞之见，美国摆脱困局的根本出路就在于增加贸易部门的就业。为达此目的，除了扩大对教育和基础设施的投入、大刀阔斧改革税收制度外，美国决策者还必须做出选择，以便切实地保护本国贸易部门的就业。他还特别提醒说，虽然这样做会带来一些效率损失，但却值得，而且德国人早就开始这样做了。

从上面的概括性转述中，大致可以提炼出如下几个外界热衷炒作的观点。其一，金融危机爆发前的经济全球化进程，其影响带有强烈的非中性色彩，有些国家损失惨重，有些则收益颇多。其二，在获得收益的国家中，中国名列第一，尽管印度等国也不时被提及，至于受损的国家则首推美国。其三，中国等新兴经济体的快速崛起，极大地受益于美国提供的全球政治、经济和安全体系，否则其崛起便会成为天方夜谭。其四，收益甚大的中国等国热衷于做"搭便车"者，而拒绝承担提供全球或地区公共产品的职责。其五，这些受益国经济上获得成功的主要秘诀之一，在于其奉行坚定的机会主义政策，对国际规则或阳奉阴违或视而不见。其六，由于国家在背后全力支持，中国的国有企业在国际市场竞争中赢得了优势，而这种竞争极大地破坏了公平原则。其七，美国和其他一些发达国家的至少部分经济噩梦，可以从全球化导致的不公正竞争和分工演化中得到解释。其八，本次金融危机爆发后，美国等发达经济体痛定思痛，决心不再继续容忍中国等新兴经济体的"搭便车"和机会主义行为。其九，为扭转前一时期的被动局面，美国正在或将要联合其他发达国家甚至一些发展中国家，通过制定新的国际规则来约束中国。其十，中国如果仍旧我行我素，其崛起之路将因世界的拒斥而被堵塞。

从前面提炼出来的十个观点中可以发现：以美国为主导的新一轮

全球规则正在快步形成之中。显而易见，这股潮流冲击的主要对象定位于中国。尽管它可能很快就汹涌澎湃，但中国也不必过于惊慌失措。中国有过成功面对外部严峻挑战的经历，维护开放世界经济体系的意图和决心都没有改变。今天的中国与 10 年前的中国相比，就综合国力而言已上了一个大台阶。再者，博弈论也证明了，规则作为一把双刃剑，在约束别人的同时也约束自己。

◇◇ 观念冲突焦虑

除了制度竞争可能造成紧张之外，观念的冲突也让中国面临一个焦虑的外部环境施加的越来越大的压力。这集中表现为"中国威胁论"。这种观念上对中国的排斥可以上溯到至 19 世纪后半叶至 20 世纪之初的"黄祸论"。

1873 年，60 岁的巴枯宁出版了《国家制度和无政府状态》一书。此前一年，巴枯宁刚刚因其无政府主义的主张被海牙代表大会开除出第一国际，但在这本在其暮年出版的主要著作中，巴枯宁却积极向沙俄政府建言献策，鼓吹积极应对来自中国的巨大威胁。他的理由是，四亿或六亿中国人居住的帝国境内太挤了，势必会向北方和西北移动。一群群中国人不仅会充斥整个西伯利亚和中亚细亚，还会越过乌拉尔迈向伏尔加河。对他来说，中国人太可怕了。不但过度繁殖，而且无比刚毅、悍勇好战。沙皇政府应该"把自己全部的军事力量调往西伯利亚和中亚细亚"，"带领自己的全体人民去征服东方"。[①] 巴枯

---

① 巴枯宁：《国家制度和无政府状态》，马骧聪等译，商务印书馆 1982 年版，第 109—110 页。

宁的主张被视为"黄祸论"的先导之一。①

当时及其后相当长时间的中国完全无法形成对俄国的有效威胁。1858年,俄国逼迫清政府签订《瑷珲条约》,令中国完全失去了黑龙江以北约60万平方公里的领土,乌苏里江以东40万平方公里土地由中俄共管,形成中国近代史上一次放弃领土拥有权最多的条约。1860年,俄国以调停第二次鸦片战争有功为由,逼迫中国政府签署《北京条约》,正式确认了《瑷珲条约》,并令乌苏里江以东至海之地(包括库页岛以及不冻港海参崴在内)约一百万平方公里归俄国所属。1864年,俄国又强迫清政府签订《中俄勘分西北界约记》,割占中国西北部巴尔喀什湖以东、以南和斋桑淖尔(今斋桑泊)南北44万平方公里的领土。中国的力量并未在巴枯宁出书的1873发生"突变","悍勇好战"的中国人并未对俄国人构成真实的威胁,哪怕十年后的1882年和1883年,俄国仍能通过《伊犁条约》和《科塔界约》蚕食鲸吞中国领土。巴枯宁的"黄祸论"显然是用虚构的威胁在为侵略者粉饰和张目。

除俄国之外,美国、英国、德国都不乏"黄祸论"的拥趸。1895年,德皇威廉二世在给沙皇尼古拉二世的信中声称自己画了一幅"黄祸图","这幅图显示出,欧洲列强以它们各自的守护天神为代表,被天上派下来的天使长米迦勒召集在一起,联合起来抵抗佛教、异端和野蛮人的侵犯,以捍卫十字架"②。列夫·托尔斯泰在不无嘲讽地评论"我们时代最可笑的人物之一"威廉皇帝的这幅画时,自作主张地

---

① 吕浦:《"黄祸论"历史资料选辑》,中国社会科学出版社1979年版,第1页。
② 同上书,第114页。

在米迦勒一伙所注视的对手释迦牟尼身边加上了孔子的坐像。[①] 不难想象，坐在那里的无论是释迦牟尼还是孔子，几乎可以肯定还盘旋着一条代表中国的恶龙（Dragon）。另一位"黄祸论"者，英国皇家地理学会会员、伦敦英日协会理事会副主席戴奥西在其著作《新远东》中详细解读了"黄祸图"，其中言之凿凿地声称，那个祸患（释迦牟尼）"正坐着一条龙，在一团火焰的光辉中拨开一片暴风云向前逼近；那是一条不会被人弄错的远东的龙"。[②]

为了更好地服务于"正义"地施加残暴迫害的目的，单纯以人种或宗教的区分来建构"恶魔"对立面，在科学技术迅速发展的19—20世纪多少有些说服力不足。为此，一些"黄祸论"者还积极将其他"科学"理论引入自己的论证之中，以增加"黄祸论"的理性及理论性色彩。1876年10月和11月，美国参众两院成立联合特别委员会到旧金山就中国移民问题进行调查，听取了上百人就中国移民问题陈述意见。其中一名证人引述"有学问的人种学家"的看法称，任何种族，如果他们的平均脑容量不超过85立方英寸，就没有能力建立自由政体。中国人（和美洲黑人）的平均脑容量只有82—83立方英寸，远低于现代日耳曼人、英国人及英裔美国人的90—92立方英寸。由于脑容量的不足，中国人永远不能成为自由民并"明智而体面地选出最好、最纯洁的人来统治和管理他们"，他们只会把选票当作换钱

[①] 威廉二世所说的"黄祸"从当时的现实来说主要是指日本的威胁，但也把中国在内的黄种人的威胁包含在内。列夫·托尔斯泰在评论中说，"如果日本和中国像我们忘记了基督的教导那样，把释迦和孔子的教导忘得一干二净，那末它们很快就能学会杀人的艺术"。吕浦：《"黄祸论"历史资料选辑》，中国社会科学出版社1979年版，第128页。

[②] 吕浦：《"黄祸论"历史资料选辑》，中国社会科学出版社1979年版，第137—138页。

的工具，从而危及自由和人类进步。这样的劣等民族进入美国，会危及自由和自由政体的事业。①

马尔萨斯的人口论也成为"黄祸论"者的重要凭借。其人口论武断地指出人口是按几何级数增加的，而生活资料只能按算术级数增加，并进一步指出，"低等种族人口的增殖，要比高等种族为快"，黄色和黑色人种将迅速扩散到美洲的热带亚热带地区并占领全球，除了"以难以设想的巨大规模予以灭绝以外，任何办法都不能把他们赶走"。②

无论是"黄祸论"还是"黄祸论"者倚为凭借的其他科学理论，都经不起深究。这些论调之间往往还存在明显的矛盾。一些认为"黄祸"之害，在于劣等民族的扩散会挤占高等民族的生存空间；另一些则鼓吹说，中国"甚至不需要碰上什么天才人物来发展他们的光辉前途。只要有普通的治国之才，采取欧洲的进步措施而又不触犯人民的风俗习惯和成见，就可以把中国缔造成为没有一个欧洲强国敢于轻视的国家，拥有一支能够按照一定的步骤穿越亚洲的陆军，和一支抗得住欧洲列强中最强大的国家能够派来常驻于中国领水中的任何舰队的海军"③。在这里，贬低污蔑或是"拔高赞扬"中国都是工具性的，其目的无非是为瓜分、掠夺中国寻找借口和提供依据。

现代版本的"中国威胁"论更明确地从两个方面强调了观念造成的冲突隐患。首先，有人从意识形态与政治体制的相异性乃至文化或文明的特性来推断中国具有威胁性。西方有"民主"国家之间才能维

---

① 吕浦：《"黄祸论"历史资料选辑》，中国社会科学出版社1979年版，第53—55页。
② 同上书，第91页。
③ 同上书，第97页。

持永久和平之议。一个著名的比喻是"民主"国家都是食草动物,非"民主"国家是食肉动物,要想维持和平,必须把食肉动物改变为食草动物。在持此议的"中国威胁论"者看来,中国的社会主义政治制度是一种独裁和极权主义的制度。而20世纪的基本教训是,民主体制与极权体制不能两立。由于目标与理念的不合,冲突迟早会发生,要么以冷战的形式,要么以热战的形式,最终必以一方胜出一方崩溃为结局。[1] 自苏联崩溃、东欧剧变以后,中国成了唯一的社会主义大国。"第三波民主化"浪潮冲击之下,东亚的韩国、菲律宾、印尼、中国台湾地区等经济体都在"民主化"方面取得了进展,唯有中国拒绝改变,这种对"民主"体制的坚决抵制,实难容忍。[2] 一些西方的中国研究者论定,中国将在邓小平逝世之后像苏联一样分崩离析,又或是在后邓小平时代转变为军人执政的穷兵黩武的体制[3],这些预言一一落空,令威胁论者遗憾莫名。进一步地,一些研究者以文化和文明的特性来说明对抗的不可避免性。江忆恩(Alastair Iain Johnston)指出,中国历史上实际的战略文化与其标榜的孔孟之道并不相同,而是一种信奉扩张主义(expansionist)的文化现实主义(cultural realist),支持跨越边界进行攻击、发动先发制人的打击,并以基于军事胜利的政治毁灭和领土兼并为目的。[4]

---

[1] Gertz, Bill, *The China Threat: How the People's Republic Targets America*, Regnery Publishing, 2003, p. 1.

[2] Storey, I., and Yee, H., *The China Threat: Perceptions, Myths and Reality*, Routledge, 2002, p. 3.

[3] A. Doak Barnett, *After Deng, What? Will China Follow the USSR?* Baltimore, MD.: Johns Hopkins School of Advanced International Studies, 1991, pp. 8 – 11.

[4] Alastair I. Johnston, *Cultural Realism: Strategic Culture and Grand Strategy in Chinese History*, Princeton, NJ: Princeton University Press, 1995, pp. 112 – 113.

其次，除了意识形态或文明导致的观念冲突外，还有一种论调，认为近代西方对中国的迫害，造成了一种"受害者心态"（victim mentality）[1]，这种受害者心态将挑起崛起后的中国向西方复仇的观念。中国官方一直宣扬，是西方帝国主义者的政治入侵、经济剥削和军事侵略，导致中国丧失了历史上中央王国的荣光，带来了近代以来的"百年国耻"。威胁论者声称，这种受害者心态使得中国人民乐于拥护毛泽东式的"不断革命"的方案，以激烈方式洗雪国耻，恢复中国历史上在世界中的中心地位。[2] 这样的背景之下，国际上一些观察家甚至将邓小平提出的"韬光养晦"解读为"保持低调，隐藏企图，等待时机，进行对抗"，[3] 其实是混淆了它与"卧薪尝胆"的差别，因为"韬光养晦"的战略并不具备"隐藏真实企图和最终要伺机报复"的含义。[4] 一些研究者以西方大国的争霸史来推断中国行为。历史学家保罗·肯尼迪指出大英帝国、德国与法国在18、19世纪的崛起，以及美国、日本和苏联在20世纪的兴衰都表明，新兴大国的崛起一定会导致全球的不稳定和国际政治经济秩序的重构。[5] 既然西方大国一贯如此，那么有什么理由相信对其近世的欺凌记忆犹新的中国，会在崛起的过程中以德报怨、格外仁慈？

---

[1] Medeiros, Evan S. and M. Taylor Fravel, "China's New Diplomacy", *Foreign Affairs*, pp. 22 – 35.

[2] Jian, Chen, "A Response: How to Pursue a Critical History of Mao's Foreign Policy", *The China Journal* (49): 137 – 142, 2003.

[3] Lai, David, *Coming of Chinese Hawk*, Carlisle, Pennsylvania: Strategic Studies Institute, 2010, pp. 1 – 3.

[4] 唐世平：《塑造中国的理想安全环境》，中国社会科学出版社2003年版，第240页。

[5] Paul Kennedy, *The Rise and Fall of the Great Powers: Economic Change and Military Conflict from 1500 to 2000*, New York: Random House, 1987.

观念上的疑虑如果没有可置信的"祛除"方法，很可能成为自我实现的预言，将疑虑的各方拉入彼此敌视甚至相互迫害的旋涡。

◈ 修昔底德陷阱

有人从西方习惯的现实主义理论出发，认为国家间关系受到人类自私、贪婪和追求权力等本性所决定，中国也不例外，崛起后的中国一定会与现有权力结构发生冲突。国际关系学家摩根索指出，无论是家庭、协会还是国家，所有人类组织都有追求支配权的倾向。国际政治与国内政治本质上都是追求权力。① 加之并无一个世界政府来约束国家行为，各国无不追求权力来实现国家利益。按照这一理论，中国无论是不是按照西式民主进行改造，无论是不是放弃自己的文化搞全盘西化，作为一个权力盛宴的后来者，都有意图以权力扩张来向周边及世界争取国家利益。他们以现实中中国周边领土争端紧张加剧为证，意指中国有用军事威胁等手段改变现状、打破既有秩序的图谋。一些观察家还指出，中国近年积极向俄罗斯购买先进的战斗机、军舰和潜水艇，发出了该国意欲从战略上控制南海等地的信号，是中国乃一穷兵黩武之国的明证。② 甚至中国收回香港和澳门，也被看作重建和扩大中华大帝国的野心，认为这个可能囊括整个东亚的大中华圈，表面上会形成一个有活力的共同市场，增加世界的贸易和投资的机

---

① Hans, J. Morgenthau, *Politics Among Nations: The Struggle for Power and Peace* (Fifth Edition), New York: Alfred A. Knopf, 1973, p. 35.

② Storey, I., and Yee, H., *The China Threat: Perceptions, Myths and Reality*, Routledge, 2002, p. 4.

会,但实际上不可避免地将威胁到世界其他地区的商业活力和战略稳定。①

这种"国强必霸"的传统模式,可能让中美两国甚至裹挟全世界陷入"修昔底德陷阱"。古希腊著名历史学家修昔底德指出,雅典和斯巴达的战争之所以最终变得不可避免,是因为雅典实力的增长,以及这种增长在斯巴达所引起的恐惧。这种"新崛起的大国必然要挑战守成大国,而守成大国也必然来回应这种威胁,这样战争变得不可避免"的状态被称为修昔底德陷阱。研究表明,"自1500年以来,一个新崛起的大国挑战现存大国的案例一共有15例,其中发生战争的就有11例。最显著的就是德国。德国统一之后,取代了英国成为欧洲最大的经济体。在1914年和1939年,德国的侵略行为和英国的反应导致了两次世界大战。在亚洲也有类似的经历。日本崛起之后,就想挑战欧洲殖民地在亚洲建立起来的或者正在建立的秩序,确立以日本为中心的亚洲秩序,最终爆发了日本以反对西方列强为名而侵略亚洲其它国家的战争"②。

中国经济实力与综合国力的增长也引起了守成大国的高度关注。奥巴马总统的主要中国问题顾问戴维·兰普顿评论中美关系的一段话在中文世界流传颇广,"中美两国都身不由己地进入了一场历史性赌局,赌的是中国现在和未来的崛起。中国人赌美国人能够在中国崛起过程中给予支持与合作;美国人赌一个强大的中国在今后几十年内能够在国际体系中与美国分担责任而不挑战

---

① Harry Harding, "The Concept of 'Greater China': Themes, Variations and Reservations", in David Shambaugh (ed.), *Greater China: The Next Superpower?* New York: Oxford University Press, 1995, p.33.

② 郑永年:《中国需要对中美关系作哲学思考》,《联合早报》2012年9月4日。

美国的权利。眼下中美两国都已经下注了。当然,有赌局就会有失败。能否避免失败,则取决于两国政治家和公民的努力与智慧"[1]。有学者提出"离岸平衡"的策略,建议守成大国联合中国周边的军事盟友来挑起摩擦、限制中国的发展。对此,约瑟夫·奈曾不无告诫性地指出,"如果把中国当作一个敌国来对待,美国就将获得一个敌国"[2]。

面对遏制中国发展的风潮,中国领导人采取积极的姿态,主动增信释疑,管控与美国等发达国家的分歧,向全世界解释中国的和平发展道路,争取世界各国的友谊和对中国发展道路的理解。习近平在《世界邮报》对他的专访中明确指出,"强国一定会寻求霸权的论断并不适用于中国","回顾我们悠久的历史和文化背景,这并不是中国的文化基因。我们都要团结一致,避免修昔底德陷阱——即新兴国家和发达国家之间,或是发达国家与发达国家之间破坏性的紧张关系"。中国方面希望这些态度与行动能降低把世界拖入修昔底德陷阱的风险,但是否能取得成功,不只取决于中国方面的努力。中国要独立自主,也要和平发展,两者相辅相成。要真正把这条道路走成功,中国需要凝聚和扩大与现存大国特别是美国之间的共同利益,需要双方的学者、政策界人士充分认识到这一共同利益的战略重要性。正如曾任美国副国务卿及世界银行行长的佐利克所言,"美中两国都极有必要实现结构改革和全球再平衡。合作能增加成功的希望和可能性……美

---

[1] 这段评论的来源见诸以下访谈稿: www.pbs.org/wgbh/pages/frontline/shows/china/interviews/thompson.html。

[2] Nye, Joseph, "Only China Can Contain China", *The Huffington Post*, Accessed July 14, 2015, http://www.huffingtonpost.com/joseph-nye/china-contain-china_b_6845588.html。

中两国拥有可帮助他国的经济与发展观——可以通过自然资源开发、农业、更庞大的制造业和供应链、服务业、基础设施,也可以通过投资。在包容性增长、善政、透明度和反腐、贸易以及避免'繁荣—萧条'周期方面,美中两国拥有共同利益"[1]。

---

[1] Zoellick, Robert B, U.S., "China and Thucydides", *The National Interest*, Accessed October 4, 2004, http://nationalinterest.org/article/us-china-thucydides-8642.

第 六 章

开创持久和平与共同繁荣

和平发展道路的实践离不开和平发展道路理论的学理支撑。任何一门学科大致主要由七个构成要素：基本假定、概念、现象范围、特定理论、问题、检验方法和价值观念[1]。我们对持久和平与共同繁荣的研究，遵循三个基本假定。一是国际政治经济学中，人格化的国家是国际关系的主体，其行为逻辑满足"经济人"假设，即国家追求自身利益，以实现国家利益最大化为目标。二是世界大战打不起来。由于世界主要国家都是核大国，因此大国间通过战争来解决争端的可能性降得越来越低。三是各国的相互依存度非常之高，而且越来越高的可能性很大，以至于闭关锁国的代价巨大。上述基本假定，决定了国家间博弈的主要途径是通过确立国际规则或秩序来维护和拓展自身利益，同时还必须兼顾他人的利益。后两个假定不变，中国就有可能通过和平的方式来修补和完善现有的国际规则，在推进持久和平与共同繁荣的过程中实现民族伟大复兴中国梦。

为了更准确地开展说明和分析，不仅需要借助和平、发展等已有的概念，还需要根据实践的发展，从现实中浓缩出新的概念来构建理论。例如，国家治理体系和治理能力现代化、中美新型大国关系、人

---

[1] 张宇燕、李增刚：《国际经济政治学》，上海人民出版社2008年版，第31页。

类命运共同体、"一带一路"等,都是具有原创性、时代性的新概念①。在三个基本假定的前提下,借助传统和新发展的概念,我们所要理解的现象范围是中国的行为及其与国际社会的互动,从中发展特定理论、探寻行为规律。所谓理论,无非是不同概念之间的推理关系。本章所要重点分析的,正是主要面向中国自身的全面深化改革、国家治理现代化,主要面向外部世界的深度参与全球治理、夯实和拓展周边安全网、构建为世界和平立宪的新型大国关系,以及强调在与外部世界互动中自我完善的"一带一路"倡议等三个方面的概念,与世界持久和平与共同繁荣之间的关系。如何让自身、外部、内外互动各个方面协调起来,实现中国梦与世界梦相通的总目标,是各小节致力于回答的具体问题。这些问题仍在不断发展和不断得到解答,其最终检验还有待于进一步的实践或经验逻辑的展开。

坚持和平发展道路的信念基于以下的价值观念:中国人所追求的也正是其他国家人民所向往的。中国特色的社会主义不是"中国例外论"。社会主义核心价值观所倡导的"富强、民主、文明、和谐,自由、平等、公正、法治,爱国、敬业、诚信、友善",也是多数国家接受的价值,与《联合国宪章》中载明的人权、平等、正义、自由、社会进步、民生、和平、安全、公共利益、经济发展等为"我联合国人民同兹决心"所要达成的目标相容。建设一个持久和平、共同繁荣的和谐世界,是世界各国人民的共同心愿,是中国走和平发展道路的崇高目标。尽管如此,实现这些价值的路径应该是多样化的,是与国家的历史与现实相适应的。在经济社会发展模式与发展成果上应注重包容性。应着力构建不同国家、文明之间的彼此信任与相互认同,倡

---

① 习近平:《在哲学社会科学工作座谈会上的讲话》,新华网,2016年5月18日,http://news.xinhuanet.com/politics/2016-05/18/c_1118891128.htm。

导人类命运共同体意识，在此基础上加强合作。多元、包容与合作，是开创持久和平与共同繁荣新秩序的支柱。

◇ 全面深化改革开放

中国的改革开放已经进入深水区。十八届三中全会提出，到"十三五"结束时要在重要领域和关键环节改革上取得决定性成果。除了保持大胆闯、大胆试的勇气，还要发挥智慧与定力。

全面深化改革开放最直观的目标是实现中国经济的可持续增长。增长的源泉是劳动生产率的提升，劳动生产率的提升主要来自分工和专业化水平的提升，而分工和专业化水平的提升又受益于市场规模的扩大。要发现和培育新的经济增长点，根本上还得从扩大市场规模，从市场化上下工夫。

首先，要把十八届三中全会市场在配置资源过程中起决定性作用的要求落到实处。哪些行业具有战略性、哪些行业是新兴行业，不能主要由政府说了算，而应当由市场来作出最终裁决。在产业发展等问题上，政府可以提出"假设"，但对"假设"是否成立应当秉持开放的态度，交由市场去检验，不能固执己见，害怕承认错误、承担责任。相信市场就是相信人民大众，维护市场的公平公正就是对大众创业、大众创新最大的鼓励与支持。

民众的需求需要引导而不是压制，政府的作用重在服务而非要求服从。只有拆掉固定思维模式的藩篱，才能为民众需求与才能的释放留足无限的空间。应当承认，许多情况下，大众创新的脚步是快于国家政策之规定的。只要民众自发合约能够促进和解放生产力，那么国家政策和法规就应当为之提供保护，确认和推广市场发挥决定性作用产生的成果，而不是以细节上的不合规来"一棒打死"。这也正是邓小平同志将"家庭承包责任制"合法化的思想精髓。

其次，除了通过市场化来"深化"国内要素与产品市场之外，还应深度开放，扩大全球范围内配置资源、获取市场的能力，通过扩大外部市场来促进国内的分工与专业化进而实现新的增长。根据亚洲开发银行和世界银行的估计，未来十年亚太地区基础设施建设至少需要8万亿美元，中国倡议筹建的亚洲基础设施投资银行一定程度上可以补充现有融资的不足。这些资金的投入，在改善东道国基础设施的同时，也有助于中国国内基建领域富余产能的输出，能够维持和扩大中国在这一领域的生产优势和就业。

不仅如此，长远来看，基础设施互联互通还有助于东道国本地的劳动力、资源、资金等接入包括中国在内的全球市场，享受全球化带来的好处。一旦基层民众享受到了这些好处，观念也会随之逐渐发生变化，上升的欲望就会进一步要求制度上和观念上的开放与改革，推动整个国家更好地对中国开放，进而融入现代世界经济网络。这将为中国获取新市场实现增长提供新动力。

第三，注重技术进步在推动新的经济增长点出现中的特殊作用。新技术及其产业化运用往往是新的大规模市场涌现的动力。一方面，需要增强内源技术创新能力；另一方面也应理顺中国与科技实力领先的发达国家的关系，联合发展中国家推动知识产权相关国际规则有助于技术鸿沟的弥合，而不是任其扩大。中国巨大的经济体量是一些高新技术迅速产业化、市场化的温床。例如高铁这样的技术，在中小国家很难商业化运营，但在中国则能够产业化运用并降低整体交易成本。应当注意发挥这种规模优势，遴选适合的先进技术，让其在中国市场上焕发强大的生产力，创造新的经济增长点。

虽然仍以可持续增长为目标，但应看到，全面深化改革的进程中，中国需要更加关注增长的质量而非数量。中国经济进入"新常态"，降低或淡化GDP增速目标逐渐成为共识。2015年，超过70%的省区市下调2015年GDP增速目标或维持与上年持平。下调幅度最大的青海，将GDP增速目标由2014年的9.2%下调到8%。上海领全国风气之先，索性在政府工作报告中取消了GDP增速目标。换言之，中国需要新的"指挥棒"来检验改革开放的增长成果。

早在2013年12月，中共中央组织部发布的《关于改进地方党政领导班子和领导干部政绩考核工作的通知》中，就已经明确提出改进地方考核，淡化GDP，增加质量效益和可持续指标。此次地方两会表现出的"新气象"，是对中央根据新情势、新变化而做出的总体部署的落实。

这些变化折射出新常态下，中国经济发展由强调数量向强调质量的重大转变。仅以数量或规模来看，中国按市场汇率计算的GDP居世界第二，按购买力平价计算的GDP甚至已经超过美国居世界第一。在此背景之下，继续强调GDP增长目标的意义大为降低。如果仍然维持GDP增长至上的观念，已经出现的部分地区、部分行业的产能过剩可能加剧，甚至形成全局性的危机，而短期内得以维系的"充分就业"，也可能是在为未来成规模的失业或有组织抗议准备生力军。

但是，不唯GDP并不意味着不要GDP，更不意味着要把GDP增长和经济社会发展对立起来。即便是带头改革的上海，虽然未在此次政府工作报告中提到GDP增长目标，但GDP本身仍然是衡量经济社会发展的重要参照系，例如，上海政府工作报告中"全社会研发经费支出相当于全市生产总值的比例达到3.6%以上"等目标，从某种意义上说，也包含了对 GDP 的要求。

从发展的趋势来看，淡化 GDP 增长目标是民心所向、大势所趋，因为这一个指标，涵盖不了人民群众对青山绿水、放心食品、良好教育、便捷出行、健康工作、安度晚年等美好生活方方面面更高水平的期待与向往。但是，在淡化 GDP 增长目标的同时，亟须一套新的衡量发展质量的标准及与之相对应的考核体系，来保证全国政令统一和市场统一，引导地方政府为了民众的全面福祉而竞争。

衡量经济质量比衡量经济数量要困难得多。单一 GDP 数量增长可以由政府越俎代庖式的投入来获得，甚至可以用粉饰数据的方式来获得，完全可以由政府来说了算，但对投入方式及是否造假的监管相对容易。一旦涉及更加复杂的经济质量考核，如果仍然单方面以政府的口径为基准，欺上瞒下的空间会更大，监督纠察的成本会更高，中央政府可能更难向地方追责。因此，新的考核体系应当引入公民评估的主观指标，用以弥补各地差异性难于完全统一衡量的不足，形成兼容主观指标与客观指标、物力指标与民心指标的新标准。

不过也不必急于出台新的指标体系，在明确一定原则的前提下，应当给出一定的时间允许各地试验试行，取得经验后再完善和推广。转型到定型之间，需要一个过程，既是试验的过程，也是动员的过程。经过这样的过程，一旦制度定型，各地就能够很快适应新体系。而在此前，GDP 增长目标仍然能发挥一定作用。

改革是一场自我革命。在不同的领域，革命的战斗都已经打响。经济体制改革是全面深化改革的重点，核心问题是处理好政府和市场的关系，这要求在转变政府职能、完善市场机制两个方面齐头并进。国务院部门行政审批事项削减 1/3 的任务，2014 年已经提前完成。截至 2016 年 5 月，已累计分 9 批取消下放国务院部门行政审批事项 618

项，占原有底数的40%，其中取消491项，取消中央指定地方项目230项，清理规范中介服务303项，废止规范性文件11073个。在国务院带动下，各级政府也把取消和下放行政审批事项数量、明确权力边界作为改革力度的重要指标。全国31个省份已全部公布省级政府部门权力清单，其中24个省份公布了责任清单。17个省份公布了市县两级的权力清单和责任清单，一些省份还对乡镇政府权力清单进行了积极探索。[①]

简政放权主要包括两个方面的内容，一是取消一些审批，二是下放一些审批权。前者的逻辑是，那些成本和收益完全或主要由微观决策主体自己来担当的事情（或者叫没有"外部性"的事情）应当由企业和市场来决定。但是，对那些收益主要由自己获得，但成本却很容易由社会来承担的事情，则需要严格审批，以避免其为了个体的利益不断扩大产出，造成社会总的损失大于其创造的价值。一些排污企业的老板自己挣得盆满钵盈，却让山河为之变色。核算下来，治污成本远高于企业对税收、就业和增长的贡献。类似的审批就不能取消了之。

下放审批权的逻辑，包含着下级政府比上级政府更了解情况的假定，由更具有信息优势的部门作出决策，可以更准确及时地对当地需求作出有效回应。按此逻辑，审批权的下放应有其合理的限度，不能无止境地一放到底，全压在基层。有的事情其成败更取决于信息的全面性和整体性，下级虽然更了解细节，但只有从更高的层面才能有宏观的、准确的和全面的把握；有的事情存在规模效应，必须在更大的

---

① 罗争光、罗宇凡：《从简政便民到制度防腐——我国行政审批制度改革进展综述》，新华网，2016年8月10日，http://news.xinhuanet.com/politics/2016-08/10/c_1119367078.htm。

范围内实施才能取得足够收益；有的项目需要跨地区协调，放到底下只会造成基层政府相互扯皮。更有甚者，具备信息优势的下级如果缺乏监督，还可能出现欺上瞒下的情况。

避免简政放权成为"自由落体"需要做好三件事。第一件事是因责定权。责任有多大，权力才能有多大。责轻权重易弄权，责重权轻难任事。应当根据不同层次、不同部门的政府责任的大小，划分权力范围。

第二件事是权责公开。要把各级政府的权力和责任向民众公开。这种公开不是大而化之地把层峦叠嶂的相关条款在网上一挂了之，用"文山法海"来事实上地蔽塞群众的耳目。非技术性的权责公布要简单明了，技术性的要有专门的机构来向利益相关的群众提供及时和简明的解释。这也是"简政"的应有之义。

第三件事是追责从严。因责定权解决的是政府能力的问题，即让各级政府有能力对当地需求作出及时有效的回应；权责公开解决的是监督可能性的问题，让外界能够对各级政府是否称职作出准确的判断；追责从严则是要解决监督力度的问题，要让有能力履责而又不履责的部门受到严惩。如果在这一步出现"软约束"，前面的事都将成为泡影。

财税体制改革要突出发挥财政在国家治理体系与治理能力现代化改革中的重要作用。理顺治理体系、充实各层级治理能力，对内来说，需要合理划分不同层级的事权与财权，建立事权和支出责任相匹配的制度，向外来说需要增加预算制定与执行透明度，合理发挥人大等权力机关的监督作用。尤其是对制定和执行预算过程的监督应当制度化且具备可操作性，这方面的改革还任重道远。

货币金融领域的改革，市场化和有序开放的方向已经确定，重点在于风险防控机制的完善。国务院常务会议已经批复同意了《存款保险制度实施方案》，这一制度的出台有利于利率市场化等相关改革的稳步推进。应当综合考虑各金融子领域的风险与改革要求，注意改革的稳健性。

国企改革方面要保持清醒的思路。不能因为大型国企在国际业务上存在的一些无序竞争的现象，就"一刀切"式地在国内回头走合并的老路。相信市场，依靠市场竞争来提升效率和增加消费者剩余，是国企建立现代企业制度的要务。让市场约束而非行政命令在国企决策者面前"硬起来"，才是国企脱困立业之道。为此应当进一步鼓励混合所有制条件下的国企决策与激励机制改革。

构建开放经济体制方面，我国面临的来自国际上的压力越来越大，在为与不为之间应当有杆秤。凡当为且必为的事项应当早为，理顺"倒逼机制"，尽快将外部压力转变为制度改革的"红利"。那些不能为的事项，也不能置之不理，而是应当确立并明示自己的原则，形成"按原则行动"的开放姿态，保持与国际机制"透明互动"的形象。

改革是各方的角力。民主、民生、法治、生态等方面的改革也都不能忽视。决策者耳边各种声音会此起彼伏，此时需要保持改革的定力，抓关键问题和主要矛盾，积极解决和落实，不能被各种声音干扰或牵着鼻子走。把那些根基性的改革落到实处，才能达到纲举目张的效果，改革才能越走越顺。

◇ 治理体系和能力现代化

治理（governance）在许多研究中被认为是与统治（government）

相对应的术语。这不仅因为从词源学来看，governance 和 government 都源自古希腊语 κυβερνάω（本意为掌舵，后来又引申出引导、控制和操纵等含义），而且因为治理一词的含义是从与统治几乎等同而可交叉使用的状态，逐渐演化并区隔出来的。[1]

在现代语境中，治理所涉及的对象或运用的领域比统治更加多元、更加广泛。它不仅被运用到国家政务活动领域，也被运用于企业经营活动等其他领域。在企业经营活动领域中，治理与企业管理相对，恰如在国家政务活动领域中治理与政府管理（统治）相对一样。因此，更准确地说，治理是与管理相对应的术语，在企业层面有公司治理和企业管理之别，在国家层面有国家治理与政府管理之别，在国际层面还有全球（或区域）治理与"世界政府"之别。

从治理与企业管理的区别来看，后者更强调企业所有者（shareholder）及其代理人的领导、控制与命令，强调权责自上而下传递的层级官僚制（或科层制）是企业内部管理结构的具体实现形式，而公司治理则更加强调企业的利益相关者（stakeholder）在企业运营过程中的作用或影响。利益相关者的范围要比管理所涉及的主体范围广泛得多。除了企业内部的所有者、管理者、劳动者外，还包括了企业的债务人、产品或服务的消费者、原材料供应商、竞争对手、当地社区等方面的主体。在经营环境日益复杂化的背景之下，将更多主体的利益诉求考虑进来，能够帮助企业更好地捕捉市场机会或抵御风险。在特定条件下，企业外部的利益相关者甚至可能成为企业的一部分，例如供应商或竞争对手可能经纵向一体化或横向一体化与企业合并为规

---

[1] 俞可平主编：《治理与善治》，社会科学文献出版社2000年版，第1页。

模更大的新经营实体。①

从治理与政府管理、统治或管制的区别来看，治理的主体也不再限于政府部门。政府管理或统治意味着由正式权力和警察力量所支持的活动，以保证其适时制定的政策能够得到执行。与政府管理或统治相比，国家治理是一种内涵更丰富的现象。国家的行政治理是一个上下互动的过程，政府部门、非政府组织以及各种私人机构主要通过合作、协商、伙伴关系，在共同目标指引之下处理公共事务。其权力向度是多元的，并非纯粹自上而下。社会力量在治理中的作用日益增强，可以通过正常途径，自下而上地对政府施加影响。② 具体来说，治理行政是政治当局与公民社会的合作、政府部门与非政府组织的合作、公共机构与私人机构的合作、强制与自愿的合作，是这些不同层面的合作共同构成的合作网络。

近年来，治理概念在社会科学理论与政策实践各领域中的兴起并非无本之木、无源之水，而是有其深刻的经济社会背景和渊源。首先，经济社会发展的复杂性、不确定性、开放性和多样性的提升，要求更多的主体参与到不同领域的治理之中。在一个相对简单、封闭的环境之中，上级比较容易根据收集到的信息来制定规划并监督规划的执行，此时统治或管理的成本较低，不需要被统治或管理的对象等其他主体在决策上扮演更重要的角色。随着环境的日益复杂、不确定和开放，即便建立了庞大的科层制官僚体系，统治当局或管理层也难以全面收集和及时处理海量的信息，无法基于完美信息制定计划；即便

---

① 参见桑福德·格罗斯曼、奥利佛·哈特《所有权的成本和收益：纵向一体化和横向一体化理论》，载奥利佛·威廉姆森等编《交易成本经济学经典名篇选读》，李自杰等译，人民出版社2008年版，第161—187页。

② 陈广胜：《走向善治》，浙江大学出版社2007年版，第124—125页。

制订出计划,也无力对实施流程的各个环节开展充分的激励与监督,以保证计划得到准确指向目标的不折不扣的执行。与统治或管理相比,治理可以为复杂和不确定环境中的决策提供更可靠和及时的信息来源,同时为计划或方案的执行提供自我实施的动员和激励。治理涵盖了更多利益相关主体,它们的利益诉求可以更好地通过治理过程反映到目标之中,为此它们更愿意分享而非隐藏自身拥有的信息,以促进目标的实现。

治理概念兴起的第二个背景是,对政府及市场"盲信"的幻灭,助长了治理作为新的资源配置方式的兴起。20世纪30年代大危机之后,以政府干预为特征的凯恩斯主义大行其道。但70年代滞胀的出现,打破了凯恩斯主义的神话。"政府失灵"成为理论界与政策界关注与辩驳的焦点。在信仰市场作用者看来,政府的失灵或失败是正常情况,必须依靠市场机制来协调,才能形成良好的秩序。但到90年代,市场调节作用同样发生了危机,在经营活动中一味追求私利,同样不能有效配置资源,"市场失灵"问题愈发严重。尽管在市场原教旨主义者看来,市场的失败只是例外和偶然事件,并且每当市场失败发生,他们都要求进一步发挥市场的作用而不是加以限制,但更多人倾向于承认,无论是政府还是市场,都应有合适的行为边界。在其边界之外,还有广阔的有待调节的空间,需要政府部门与市场组织之外的第三方来发挥作用,维持秩序。

由此,面对"政府失灵"和"市场失灵",出现了关于治理的三种观点。第一种"结合论"的观点是,治理是将市场模式引入统治或管理之中,实现依循市场模式的协调。[1] 第二种"替代论"的观点

---

[1] 阿里·卡赞西吉尔、黄纪苏:《治理和科学:治理社会与生产知识的市场式模式》,《国际社会科学杂志》1999年第1期。

是，治理是管理模式与市场模式之外的替代性的方案，即通过政府和市场组织之外的第三方公民志愿组织来建立协调网络。这一网络中的关系既非计划或命令式的，也非市场竞争式的，而是以互惠、相互依赖为特征。[①] 第三种"综合论"的观点是，既然"政府失灵"和"市场失灵"引发了人们解决公共问题方式的转变，就应当从完全利用集体（政府）或市场的力量来解决公共问题，转向综合运用多种力量和手段。这种观点认为，无论是政府、市场还是第三方组织都不是完美无缺的，治理意味着应当综合运用各种方式的长处、规避其短处，依据特定的情势和领域来选择何种方式发挥主导作用。总的来说，治理的成功需要市场力量的充分发挥，需要一个强大的公民社会，同时也需要高效廉洁的政府，由此才能实现政府、市场、公民社会组织等多方力量的合作治理。虽然政府不是唯一的治理主体，但是在现代化的背景下，中央政府承担了国家治理改革和转型大局的主要责任，通常中央政府要为自己保留对治理机制开启、关闭、调整和另行建制的权力。[②]

治理概念兴起的第三个背景是，全球化条件之下，跨国行为体出于利益的考虑，要求以治理的合法性来消解民族国家统治的主权完整性。一方面，全球化造成了一批不忠诚于任何民族国家的跨国公司的崛起，这些公司与它们在东道国的合作者们为了自身的利益要求打开发展中国家的国门，从而积极谋求以治理为借口限制东道国政府的管制权力。另一方面，世界银行等国际机构受制于其章程，"不得将非

---

① 罗伯特·罗茨：《新的治理》，木易编译，载俞可平主编《治理与善治》，社会科学文献出版社2000年版，第102—103页。

② 鲍勃·杰索普、漆燕：《治理的兴起及其失败的风险：以经济发展为例的论述》，《国际社会科学杂志》1999年第1期。

经济因素加以考虑",但在美国等西方国家推动下[①],世界银行肩负推动"合法性、参与、多元主义、新闻自由和人权"的重任,为了规避对其干涉其他国家主权的指责,世界银行选择了"治理"的旗号来将干涉合法化、技术化。正如有的研究者所言:世界银行首先关注所谓的技术领域。这尤其围绕着建立"发展的框架"和"能力建设"。前者既涉及使一个法律体系得以存在的正式要素中的工具因素,比如一套为人所熟知的规则,以及独立的司法,也涉及关于法律内容和诸如"公平""公正"以及"自由"的基本要素。世界银行认为它的作用是促进更有效率的法律交流,确保法律的一致性,更新法律体系,以及培训司法人员。后者涉及改善政策分析与"预算纪律",改善培训和官僚程序,改革民政服务,特别是裁减冗员,改善官僚之间的协调,以及建立起公务和私人之间的区分……法律体系和官僚体系的模式都是西方自由主义式的。这些配套改革是作为与任何政治或意识形态无关的东西而提出来的:"这样一个体制的存在对于一个现代国家而言是基本的要求。"[②]

综上所述,治理的兴起,既有利益原因,也有效率原因。整体来看,从统治或政府管理走向国家治理,体现了人类政治的现代化改革的发展趋势。与统治或政府管理相比,国家治理具有以下几个突出的特点和基本内涵:

第一,国家治理的指涉主体更为多元,权威来源也日趋多样化。

[①] 里根政府曾经明确批评世界银行促进了社会主义的发展而损害了资本主义的发展,并对世界银行施加压力敦促其与美国政府的外交政策目标保持一致,要求世界银行利用其大型借贷项目的固有杠杆去驱使受款国将他们的经济调整到市场的方向。

[②] 大卫·威廉姆森、汤姆·杰克逊:《治理,世界银行与自由主义理论》,赖海榕编译,载俞可平主编《治理与善治》,社会科学文献出版社2000年版,第153—154页。

以往的统治和管理，强调政府扮演唯一重要的角色。而治理则强调了政府之外的企业、社会组织和普通民众等其他主体的广泛参与，这也意味着政府的公共权力变得更具有包容性。

第二，国家治理的指涉对象更为全面，能够更加及时和准确地呼应社会民生的现实需要。如果说统治的边界是政府如何更好地保有其权力，并着重维护统治阶层的利益，那么治理着力的公共领域，已经拓展到了如何更好地维护社会民生和普通民众福祉中来。

第三，国家治理的实现路径更为灵活。政府规定与指令、法律法规及其他来自市场组织、社会组织的非强制性契约都是治理权威的来源。国家治理的实现不再是单向的自上而下的过程，在坚持政府宏观统筹的基础上，各类平行的治理结构更有利于发挥地方的、区域的、非政府的参与者的活力和积极性。

总结起来，国家治理的概念体现了对人民负责、让地方参与、发挥市场力量、关注公共利益、赢得社会认同的治理精神，具有时代进步性。国家治理理念主要围绕着如何使国家权力合法、高效、公平运行等问题。

传统的政府管理或统治强调，政府部门是行使国家事务管理与社会事务管理的唯一权力中心，国家权力体系的核心是强大的中央政府。在特定时期里，政府不断扩大其在政治、经济、文化以及社会领域等的管理职能，行政管理权愈发集中。与此同时，政府部门的规模也不断扩张，随之而来的是公务员数量的迅速增加，以及财政支出规模的不断扩大。但在传统模式下，与规模扩大相比，政府效率与能力的提升则十分滞后，有时甚至伴随着效率与能力的大幅下降，这与日益扩张并且愈加多元化的民众需求之间产生了越来越大的矛盾。

国家治理体系要求对政府加以改革，重构政府、市场组织与社会组织，以及中央政府和地方政府之间的关系，最终的目的是提升公共服务能力与公共事务管理水平。在现代化的国家治理体系之中，维持公共秩序、提供公共服务和处理特定公共事务的责任不再仅是由政府部门独立承担，其他非政府组织、公民自发组织、市场机构等也要共同承担。即便是由政府部门承担的部分，在中央政府和地方政府之间，也应有更加明确和有效的分工。

当然，尽管政府部门不再是唯一的权力单元，但它在国家及地方层面的重大决策上仍发挥着其他组织不可替代的作用，它的任务不再限于直接行使权力来影响社会和实施管理，而是还需要动员其他参与治理主体并协调各方的关系，构建合理的现代化的国家治理体系，这对政府治理能力的现代化提出了更高的要求。

自20世纪七八十年代以来，政府治理模式的变革表现出追求"善治"的特征，并成为引人注目的国际性浪潮和趋势。纵观东西方各种体制的国家政府治理变革运动的进程，可以看到，尽管各国政府治理改革的实践经验千差万别，但是所追求的"善治"的核心和实质内容却惊人相似，都是试图改变传统官僚体制的职能范围和运行方式，不断探索提升政府效能和服务品质的创新体制。

在西方国家，政府既面临着财政压力增加、官僚体制僵化、政府对公众诉求及危机事件的回应能力降低等一系列内部问题，同时也面临着金融危机、经济危机、环境危机、资源危机、网络安全、地缘政治等外部问题的挑战。为了提升国家的竞争力和应急能力、适应社会发展的需求，稳固政府的合法性和有效性，西方国家的公共部门纷纷寻求对自身组织形式、激励机制等方面开展重大改革，兴起了强化政府治理的变革运动。在几十年的变革运动中，西方国家不仅在政府的管理内容、管理形态或管理手段上出现了变化和调整，而且在整个社会层面出现了公共部门、市场组织及社会组织彼此关系的重新定位。这些调整和改革，使得西方国家治理体系更加完善，也在一定程度上促进了西方国家治理水平的提升。

自新中国成立以来，政府管理的模式也一直处于变革中。以改革开放为分界点，经历了改革前的全能型政府管理范式和改革后的转型范式。改革开放以前，中国建立了基于计划经济的"全能政府"，通过国家对社会生活的全面控制来贯彻政府目标并实现管理。在这样的管理模式下，管理者与被管理者之间的关系是管制与被管制的关系，市场严重萎缩甚至被取消，社会部门沦为政府的附庸，政府的职能和职权空前强大，但效率低下。为了应对复杂和纷繁的管理任务，政府不得不依赖于职能的细分化，于是政府的职能分工越来越细，机构设置越来越多，形成了庞大的管理主体，但一件事情往往有多个管理责任主体，表现出"上面千条线，下面一根针"的现象。改革开放以后，随着全球化的影响和国内经济社会的发展，开放经济体制初步建立，市场经济和民主政治已成为中国社会发展不可逆转的趋势。尽管如此，中国政府与社会仍然处在转型的过程中，包括国家治理体系在内的制度建构尚未定型，还有待进一步的完善。

中国国家治理体系和治理能力现代化的转型既不能脱离其他国家已有的经验，也脱离不了中国自身的历史资源。客观地看，新中国成立之前，中国几千年的政治发展，虽有朝代的更替，而政治体制却没有根本性的变革。辛亥革命以来的百年中国，国家社会有了深刻的变化，却没有形成较为成熟完善的政府治理模式和国家治理体系。这些历史的"遗产"，如果全盘照搬则可能成为深化国家治理体系改革和推进国家治理能力现代化的阻碍，但经过"创造性转换"和批判地继承，未尝不能成为我们实现治理体系与治理能力现代化的助力。总之，从中国自身的历史与现实基础出发，学习和研究西方政府治理改革的经验，探索适合当前中国政治经济文化的治理体系改革与治理能力建设之路，是当代中国共产党人及其领导下的中国政府的历史使命。

国家治理体系与治理能力现代化正是中国决策者在总结汲取近代以来特别是20世纪80年代末90年代初以来西方治理理论养分，以及镜鉴国际国内在治国理政问题上的经验教训的基础上，提出来的科学命题与战略判断。十八届三中全会通过了《中共中央关于全面深化改革若干重大问题的决定》（以下简称《决定》）。《决定》指出："全面深化改革的总目标是完善和发展中国特色社会主义制度，推进国家治理体系和治理能力现代化。"习近平明确指出："国家治理体系和治理能力是一个国家制度和制度执行能力的集中体现。国家治理体系是在党领导下管理国家的制度体系，包括经济、政治、文化、社会、生态文明和党的建设等各领域体制机制、法律法规安排，也就是一整套紧密相连、相互协调的国家制度；国家治理能力则是运用国家制度管理社会各方面事务的能力，包括改革发展稳定、内政外交国防、治党治国治军等各个方面。"这一重要论述，对国家治理体系和治理能力的内涵作出了科学的界定。正确理解和准确把握两个概念的科学内涵，是在实践中推进治理体系和治理能力现代化的思想认识基础。

政府部门负责人及研究者也从各自的领域与视角提出了对国家治理体系与治理能力现代化的理解与解读。最高人民法院副院长江必新指出：所谓国家治理体系和治理能力的现代化，就是使国家治理体系制度化、科学化、规范化、程序化，使国家治理者善于运用法治思维和法律制度治理国家，从而把中国特色社会主义各方面的制度优势转化为治理国家的效能。① 中央编译局副局长俞可平强调,衡量一个国家的治理体系是否现代化,至少有五个标准:其一是公共权力运行的制度化和规范化,它要求政府治理、市场治理和社会治理有完善的制度安排和规范的公共秩序;其二是民主化,即公共治理和制度安排都必须保障主权在民或人民当家做主,所有公共政策要从根本上体现人民的意志和人民的主体地位;其三是法治,即宪法和法律成为公共治理的最高权威,在法律面前人人平等,不允许任何组织和个人有超越法律的权力;其四是效率,即国家治理体系应当有效维护社会稳定和社会秩序,有利于提高行政效率和经济效益;其五是协调,现代国家治理体系是一个有机的制度系统,从中央到地方各个层级,从政府治理到社会治理,各种制度安排作为一个统一的整体相互协调,密不可分。② 中国社会科学院马克思主义研究院辛向阳研究员认为,国家治理体系是指按照一定的治理理念确立起来,使国家能够顺利运行的体制机制,国家治理能力是国家统筹各个领域治理主体、处理各种主体关系,实现经济社会发展进步的水平与质量。③

国家治理体系与治理能力现代化,对中国未来政治发展、社会主义现代化事业的实现、国家的繁荣昌盛,乃至国际秩序与世界治理观的演变,都有着重大而深远的理论与现实意义。

首先,国家治理体系与治理能力现代化是对治理理论的最新发展。这种发展不是从概念到概念的单纯演绎式的发展,而是以开放的

---

① 江必新:《推进国家治理体系和治理能力现代化》,《光明日报》2013年11月15日。

② 俞可平:《衡量国家治理体系现代化的基本标准》,《北京日报》2013年12月9日。

③ 辛向阳:《推进国家治理体系和治理能力现代化的三个基本问题》,《理论探讨》2014年第2期。

胸怀吸收了西方治理理论精华，镜鉴了传统治国理政经验与教训，并结合中国革命与建设实践，特别是改革开放实践而形成的治理范式的革新。

其次，国家治理体系与治理能力现代化日趋完善，将为中国的政治经济与社会改革保驾护航。经过三十多年的发展，中国的改革事业进入深水区，除了摸着石头过河，更需要科学理论及基于此的有效制度设计的指引，以避免或越过发展中的各种陷阱（如中等收入陷阱、国际分工两难、修昔底德陷阱等）。

最后，国家治理体系与治理能力现代化将为国际经济治理体系的改革和国际新秩序的形成提供助力。国际金融危机打破了新自由主义治理观的"神话"，新的被世界广泛接受的治理理念与机制又尚未成型。全球层面的多边治理陷入停滞或困境，各种区域性、跨区域的机制方兴未艾，国际治理表现出"碎片化"的趋势。中国政府和人民在国家治理体系与治理能力现代化上的探索，有助于丰富人类实现善治的"工具箱"，将为国际经济新秩序的形成做出贡献。

◇ 积极参加全球治理

所谓全球治理，即"由国家或经济体构成的多权力中心的国际社会，为处理全球问题而建立的具有自我实施性质的国际制度、规则或机制总和；或在没有世界政府情况下，各国际博弈者通过集体行动克服国际政治市场失灵的努力过程"。[①] 全球治理的内涵主要体现在平

---

① 张宇燕、任琳：《全球治理：一个理论分析框架》，《国际政治科学》2015 年第 3 期。

等、民主、合作、责任和规则五个方面。① 显然，在世界政府阙如的国际社会里，中国积极参加全球治理，其主要途径就是倡导克服国际政治市场失灵的集体行动，推进相关制度的不断完善。为此，有必要秉持人类共同价值观念，提出并带头遵循一些原则，规范自己进而带动影响他人。

（一）参加全球治理应当与联合国宪章宗旨相符

联合国宪章被认为是联合国的基本大法，它既确立了联合国的宗旨、原则和组织机构设置，又规定了成员国的责任、权利和义务，以及处理国际关系、维护世界和平与安全的基本原则和方法。遵守联合国宪章、维护联合国威信是每个成员国不可推脱的责任。

联合国宪章的序言庄严地宣布"大小各国平等权利之信念"。第1条确定"发展国际间以尊重人民平等权利及自决原则为根据之友好关系"的宗旨。特别在第2条第1项规定，"本组织系基于各会员国主权平等之原则"；第7项声明，"不得认为授权联合国干涉在本质上属于任何国家国内管辖之事件"。第78条再次肯定："联合国会员国之间关系，应基于尊重主权平等之原则。"

可见，联合国宪章一再重申国家主权与平等，并把它列为各项原则之首，作为联合国的一项基本组织原则，其他原则都是以主权平等原则为出发点的。主权平等原则包括以下要素：第一，各国法律地位平等；第二，每一国均享有充分主权之固有权利；第三，每一国均有义务尊重其他国家之人格；第四，国家之领土完整及政治独立不得侵

---

① 张宇燕：《全球治理的中国视角》，《世界经济与政治》2016年第9期。

犯；第五，每一国均有权利自由选择并发展其政治、社会、经济及文化制度；第六，每一国均有责任充分并一秉诚意履行其国际义务，并与其他国家和平相处。各国对主权平等原则的认同，构成了国家间互信的基础。

联合国宪章强调主权平等原则，有历史发展的必然性。在主权平等原则确立之前，尔虞我诈、弱肉强食是国际关系的常态。特别是工业革命的兴起让一部分国家率先进入现在资本主义生产体系，这些先发达起来的资本主义国家携坚船利炮在亚非拉广大地区，通过不平等条约开展拓殖扩张活动，以血腥手段瓜分世界，将后进国家的劳动力、资源卷入自己为中心的殖民地半殖民地体系。在此体系中，宗主国处于绝对的中心地位。它们派出官僚或扶植当地代理人对殖民地半殖民地实施统治，利用宗主国的特权，掠夺当地的原材料和劳动力，同时向当地倾销工业制成品。

以大欺小、恃强凌弱的行为准则鼓励了背信弃义和唯利是图的行动逻辑。在此氛围之中，保持诚信坚持国际正义反倒会使利益受损，摒弃道义不择手段大获其利却备受推崇。1919年巴黎和会上，同为第一次世界大战胜利者协约国一方的中国，被要求将德国在山东半岛占有的主权利益转让给日本。中国提出的收回山东权益的提案被否决。这充分说明，在一个缺乏平等互信的国际体系中，弱国即便站在胜利一面，也难免沦为被列强欺凌瓜分的悲惨境地。

两次世界大战特别是第二次世界大战促成了亚非拉民族的觉醒，殖民地半殖民地的小国、弱国纷纷利用资本主义国家实力减弱的时机，发动权利收回的行动。废除不平等条约成为殖民地半殖民地国家独立的重要诉求。《联合国宪章》确立主权平等，从制度上确认和鼓励了小国和弱国争取平等地位的努力，为战后正常的国际关系和国际秩序奠定了坚实的基础。

中国是饱受近代列强特别是日本军国主义侵略造成惨绝人寰深重苦难的国家，针对不能平等待我的侵略者开展了艰苦卓绝的长期斗争，取得了来之不易的胜利。因为对侵略战争和帝国主义横行霸道的苦难有刻骨铭心的记忆，并且在20、21世纪之交发生的"炸馆事件"中，中国仍旧是一些国家和组织践踏《联合国宪章》的受害者，因此中国对和平与平等有孜孜不倦的追求，势必以更加坚决的姿态维护《联合国宪章》关于主权平等原则规定的权威性。

（二）参加全球治理还应坚持和平共处五项原则

和平共处五项原则是由中国政府提出，并与印度和缅甸政府共同倡导的在建立各国间正常关系及进行交流合作时应遵循的基本原则。60多年来，"互相尊重主权和领土完整、互不侵犯、互不干涉内政、平等互利和和平共处"五项原则不仅成为中国奉行独立自主和平外交政策的基础，而且也被世界上绝大多数国家接受，成为规范国际关系的重要准则。

和平共处五项原则自初次正式写入国际文件起，就有从一般意义上以平等来增进国际社会中各国互信的含义与期待。1954年4月29日，中国与印度签署《中印关于中国西藏地方和印度之间的通商及交通协定》，将和平共处五项原则写入序言。同年6月28日，中印两国总理发表联合声明，声明明确指出："两国总理重申这些原则（即和平共处五项原则），并且感到在他们与亚洲以及世界其他国家的关系中也应该适用这些原则。如果这些原则不仅适用于各国之间，而且适用于一般国际关系之中，它们将形成和平和安全的坚固基础。而现时存在的恐惧和疑虑,则将为信任感所代替。"

互相尊重主权与领土完整是平等互信的前提和基础。主权与领土完整是国家的核心利益,核心利益得不到尊重,互信也就无从谈起。只有尊重彼此的核心关切,才能为彼此平等相待、信守和平创造前提条件。互相尊重,意味着既要毫不动摇地坚守自身的主权与领土完整,同时也不损害别国的核心利益。正如习近平同志所说:"我们要坚持走和平发展道路,但决不能放弃我们的正当权益,决不能牺牲国家核心利益。任何外国不要指望我们会拿自己的核心利益做交易,不要指望我们会吞下损害我国主权、安全、发展利益的苦果。中国走和平发展道路,其他国家也都要走和平发展道路,只有各国都走和平发展道路,各国才能共同发展,国与国才能和平相处。……中国发展绝不以牺牲别国利益为代价,我们绝不做损人利己、以邻为壑的事情,将坚定不移做和平发展的实践者、共同发展的推动者、多边贸易体制的维护者、全球经济治理的参与者。"[①]

互不侵犯和互不干涉内政是和平共处及平等互信的基本要求。历史地看,侵犯与干涉往往是强权政治与霸权主义的"专利"。中国提出和坚持和平共处五项原则,确立和奉行独立自主的和平外交政策,就是向世界作出了永远不称霸、永远不搞扩张的庄严承诺。不称霸既是中国的战略思想,也是中国的基本国策。不仅现在不称霸,将来发展了也永不称霸。中国的理想就是要建立一个相互平等、公平合理的世界。为了实现这种理想,新中国自毛泽东以来各领导人一以贯之,坚持奉行不称霸的基本国策,既昭示于世界,也规范于自身。尽管中国自己不称霸,也不争霸,但面对国际社会中的霸权行径,中国不会

---

① 习近平:《在十八届中央政治局第三次集体学习时的讲话(2013年1月28日)》,《人民日报》2013年1月30日。

置之不理搞退避三舍；面对有违公平正义的强权政治，中国不会视而不见以独善其身。中国始终是反对侵略和干涉、维护世界和平的坚定力量。

互利是平等互信的更高要求，也是和平共处可持续性的积极保证。平等互信的基础上，不同国家取长补短、相互借鉴、共同进步，各国人民都能够共享世界经济、科技、社会、文化发展的成果。这些分享的利益可以提升和平共处的总收益，让人民群众倍加珍惜平等相待、和平共处的国际环境，对破坏这一环境的力量报以更高的警惕，打破那些试图从欺压别国而获利的国内利益集团绑架国家大政方针的图谋。

（三）推进全球治理应注意维护文明的多样性与经济增长的包容性

包容互鉴是新的时代条件下处理国际关系的基本原则，承认和尊重文明的多样性为包容互鉴提供了前提与动力。文明在传统中文语境中有文采光明、文教昌明等含义，现在则多指人类社会脱离了落后及野蛮状态，发展到较高阶段且有较高文化。英文中的文明（Civilisation）一词来源于拉丁文 Civilis，有"城市化"和"公民化"的含义，引申为"分工""合作"，即人们和睦地生活于"社会集团"中的状态，也就是一种先进的社会和文化发展状态，以及到达这一状态的过程。无论是东方世界还是西方世界，都没有证据表明达到文教昌明或先进和睦状态的路径是单一的，没有办法判定创造文明的分工或合作的形式是唯一的，没有可靠的论证证实文明本身存在殊途同归的终极状态。

从文明的演化实践来看，不同区域形成的恰恰是适应于本地地理环境、气候风物、资源特产等禀赋的文明。实际上，世界主要文明的名称就鲜明地反映出各自的地缘特征。美索不达米亚文明因发源于底格里斯河与幼发拉底河而被称为两河文明；古埃及文明又叫尼罗河文明；南亚次大陆有印度河文明；地中海东部有爱琴海文明；中国的华夏文明则源于黄河与长江文明。发展至今，世界上已经有200多个国家和地区，70多亿人口，2500多个民族，6000多种语言，有基督教、天主教、伊斯兰教、佛教和道教等多种宗教。这些不同肤色、不同语言、不同文化背景的人们共同创造了丰富多彩的世界。联合国教科文组织2005年10月21日在巴黎通过的《保护和促进文化表现形式多样性公约》开宗明义就提出："确认文化多样性是人类的一项基本特征"；并且明确指出存在多样性文明的意义在于它"创造了一个多姿多彩的世界，它使人类有了更多的选择，得以提高自己的能力和形成价值观，并因此成为各社区、各民族和各国可持续发展的一股主要推动力"。

要做到包容互鉴，真正"把世界多样性和各国差异性转化为发展活力和动力"①，不仅要承认文明的多样性，更要尊重文明的多样性。然而这并非易事。在漫长的人类历史进程中，对异己群体的歧视和灭绝行为，史不绝书。希特勒的种族屠杀、美国的"熔炉"同化、苏联的"俄罗斯化"、南非的种族隔离、墨西哥的"一体化"、保加利亚的"马其顿化"，仍然给现存的人们留着深刻的记忆。还有一些阐述文明间对立与冲突的理论，其立论的根基也是文明的多样性或差异性。只承认差异的存在而不包容和尊重多样性，其后果比无视差异可

---

① 习近平：《共同创造亚洲和世界的美好未来——在博鳌亚洲论坛2013年年会上的主旨演讲（2013年4月7日）》，《人民日报》2013年4月8日。

能更加严重。

包容互鉴需以审美的态度来看待文明的多样性。文明不仅仅是物质财富等可精确计量与比较的事物的加总，更包括精神层面不可通约的因素。这些因素不应成为交流的障碍或对抗的理由。恰恰相反，对这些因素的欣赏带来的启示和慰藉，可以激发出巨大的创造力。马克思曾经质问："你们赞美大自然令人赏心悦目的千姿百态和无穷无尽的丰富宝藏，你们并不要求玫瑰花散发出和紫罗兰一样的芳香，但你们为什么却要求世界上最丰富的东西——精神，只能有一种存在形式呢？"[1] 习近平也曾指出："文化的交流既需要理解和尊重，也需要超越偏见和误解。文明多样性是人类社会的客观现实，是当代世界的基本特征。意识形态、社会制度、发展模式的差异，不应成为人类文明交流的障碍，更不能成为相互对抗的理由。我们应该积极维护文明多样性，推动不同文明对话交流，相互借鉴而不是相互排斥，让世界更加丰富多彩。"[2]

多样化的发展道路和与之适应的社会制度是文明多样性的来源。尊重文明的多样性，首先应当尊重承载各项文明的社会选择自身基本制度和发展道路的自主性，承认其自我选择的基本权利。"鞋子合不合脚，自己穿着才知道。一个国家的发展道路合不合适，只有这个国家的人民才最有发言权。"[3]

但有一些国家，打着"人权""自由""民主"的幌子，凭借其

---

[1] 马克思：《评普鲁士最近的书报检查令》，《马克思恩格斯全集》第1卷，人民出版社1995年第2版，第111页。

[2] 习近平：《加强文化交流　促进世界和平——在第61届法兰克福国际书展开幕式上的致辞（2009年10月13日）》，《人民日报》2009年10月14日。

[3] 习近平：《顺应时代前进潮流　促进世界和平发展——在莫斯科国际关系学院的演讲（2013年3月23日）》，《人民日报》2013年3月24日。

从殖民主义中继承下来的经济和科技遗产,向外强势输出政治模式、文化观念和发展道路,不顾其他国家和地区的实际情况"移植经验",对不同于己的发展模式进行污名化和妖魔化,搞"顺我者昌、逆我者亡",其咄咄逼人的态势不仅对别国的民族文化和民族精神构成极大的威胁,而且对别国的国家主权和政治安全构成潜在的巨大的威胁。对此,邓小平深刻地指出:"贫弱国家、第三世界国家的国权经常被他们侵犯。他们那一套人权、自由、民主,是维护恃强凌弱的强国、富国的利益,维护霸权主义者、强权主义者利益的。"[①] 不仅如此,一些国家无视世界各国的历史传统、民族关系和社会环境的多样性及复杂性,为了一己之私赤裸裸地粗暴干涉别国内政,甚至还发动战争。从人类的历史长河来看,那些企图侵蚀甚至用强力铲除其他国家和民族的帝国,其自身的发展道路往往越走越窄,逐步走向衰落,直至最终毁灭。当年横跨亚、非、欧的奥斯曼帝国,横扫欧洲的蒙古帝国,都不可避免地走向了衰落。

中国自古有尊重发展道路多样化的主张,讲究"君子和而不同"。《中庸》中说,"送往迎来,嘉善而矜不能,所以柔远人也",意思是在国际交往场合,多称许对方的善意与善行,理性看待对方的缺陷,如此可以让远方的国家和民族都保持和平。如果世界各国尤其是大国,都能对其他国家的发展道路报以善意的理解,对差异或"缺陷"秉持理性的立场,客观分析原因,以和平方式弥合分歧,那么世界持久和平是有望实现的。中国古人还用寓言来警示强加于人的严重后果,哪怕是出自善意的"己之所欲必施于人"也可能造成事与愿违的悲剧。《庄子》中说,南海之帝为倏,北海之帝为忽,中央之帝为浑

[①] 邓小平:《坚持社会主义,防止和平演变》,《邓小平文选》第三卷,人民出版社 1993 年版,第 345 页。

沌。浑沌对待倏和忽亲厚而友善，倏和忽商量要报答浑沌。倏说普通人都有七窍来看、听、进食和呼吸，但浑沌没有，建议帮他凿出七窍。他和忽每天给浑沌凿一窍，七天后浑沌就死掉了。在一个信息不完备的世界里，此之蜜糖或为彼之毒药，越俎代庖地进行干预别国，表面上实现了自己认同的"高标准"，实际上可能因违背了当地社会发展的客观规律而造成恶果。尤其在关涉国家兴衰、人民福祉的大问题上，应当承认人类理性的局限，警惕智力上与道德上的自负，尊重当地人民自主选择的发展道路。

毋庸置疑，中国就走了一条符合国情的中国特色社会主义道路。前文中我们已经述及，西方的一种观点认为，实行西方"民主"制度的国家是食草动物，实行其他制度的国家是食肉动物，后者的存在本身就是对前者的威胁，只能通过推行"民主"，搞"颜色革命"，把食肉动物转变成食草动物。这个比喻看到了不同道路或制度的差异性，但用"冲突性"偷换了"差异性"。中国道路就并不试图去威胁其他国家。首先，中国的制度或道路的基本经验，是将外部经验、理论与本国国情、实践相结合。对外国包括西方国家并无敌对的意图，对他们的好的经验、做法更是秉持了积极引进、为我所用的开放态度，不以意识形态划线自锢。其次，中国在探索符合国情的道路时，遭遇过挫折，也受到过外部的干扰，"己所不欲勿施于人"，中国不会将自己经历过的苦难加诸其他国家或地区。最后，中国道路迄今仍然是一个试错的过程，不能说已经有了完整的发展模式。尽管一些国家对中国道路或中国经验非常感兴趣，但中国在帮助这些国家的同时，从不指手画脚，不要求自己的发展道路成为效仿的对象，反倒是对中国经验的扩展秉持了非常谨慎的态度，总是鼓励他们走自己的道路。习近平在坦桑尼亚的演讲中说："世界上没有放之四海而皆准的发展模式，各方应该尊重世界文明多样性和发展模式多样化。中国将继续坚定支持非洲国家探索适合本国国情的发展道路，加强同非洲国家在治国理政方面的经验交流，从各自的古老文明和发展实践中汲取智慧，促进中非共同发展繁荣。"①

"包容互鉴"的思想是在传承吸收中国传统文化和总结当代国际关系实践的基础上提出来的。这里的包容，就是能够容纳差异。"和实生物，同则不继"，彼此不同的事物和谐相处才能化生万物。其背后的关键逻辑在于互鉴。世界各国国情不同，面临的约束条件千差万别，以"非我族类，其心必异"的心态视之，即便不去大动干戈虚耗国力，也难免夜郎自大、故步自封。只有老老实实虚怀若谷，学习其他国家的长处，避免蹈其覆辙，才能积累经验教训，实现稳步发展。

包容性增长之包容与包容互鉴的包容含义并不完全相同。前者主要指增长能够惠及所有国家和地区、惠及所有人群。作为一种新的经济发展理念，包容性增长的价值取向是公平、公正、共享、共容，倡导的是权利公平、规则公正、成果共享、利益共容。概言之，包容性增长至少包括以下三个维度的含义。

首先，包容性增长应以人为本，惠及所有人群。纵观近20年来处于经济全球化之中的世界，在经济实现了相对快速发展的同时，富国和穷国之间的收入差距在拉大。在许多国家内部，高收入群体和低收入群体之间的情况也是如此。收入差距持续扩大，已经并正在引起一系列矛盾。目前已经有人将全球范围的收入分配不公列为未来几年人类社会面临的最大威胁，世界上越来越多的有识之士把提高发展的包容性作为应对人类社会重大挑战的基本对策。

---

① 习近平：《永远做可靠朋友和真诚伙伴——在坦桑尼亚尼雷尔国际会议中心的演讲（2013年3月25日）》，《人民日报》2013年3月26日。

其次，增长是各国甚至每个人的事业。尽管当下人们谈论包容性增长时更多关注的是其第一个维度的含义，但各个国家、各国民众对经济发展所承担的责任同样是不能忽视的。福利的普遍改进是社会进步的目标，而福利改进又只能来自不同国家民众的勤奋工作。国家与国家的禀赋不同、发展起点不同，人与人之间也存在能力与机遇的差异，造成经济上增长有快有慢、收入有高有低。但不能因此免除各国、个人对增长的责任，他们都应做出力所能及的贡献，而不是坐等援助或施舍来分享经济增长的成果。

最后，包容性与增长应该统一起来。包容性体现为发展成果的公正分享和工作机会的公正获得，但不能因此损害了增长。人类整体福利水平的提升只有一个源泉，那就是经济发展。没有经济发展，共同富裕就是无源之水、无本之木。从这一意义上讲，与"包容性"相比，"增长"在排序上是优先的。对于一个相对落后且处于快速工业化和城镇化过程中的国家，公众期待通过经济发展迅速改善生活福利水平的愿望更加强烈，尤其应当注重经济增长。反过来看，当"包容性"得不到充分满足时，发展的条件或基础也会受到破坏甚至崩塌。因为没有社会的和谐稳定，经济发展也是难以持续的。这里，包容性发展展示了这样一种理念："包容性"与"增长"之间并不是鱼与熊掌不可兼得的关系。我们应当努力促进经济发展与共同富裕的和谐统一：在促进经济发展的制度设计中注重缓解不公平；在以公平为首要考虑的制度设计中注意不损害效率。

包容互鉴有助于全球经济的"包容性增长"、实现世界的共同繁荣。要做到十八大报告中提出的权利公平、机会公平和规则公平，必须在国际关系中弘扬包容互鉴的精神。比如，关切和照顾发展中国家的生存权和发展权，帮助发展中国家和欠发达地区增强自我发展的能力，使其分享经济全球化的成果；又如，坚持国际经济贸易的公平竞争，倡导贸易和投资自由化，反对任何形式的贸易保护主义，为各国各地区的发展和全球经济的复苏营造开放、公正的贸易投资环境。这些做法对发展中国家特别是欠发达地区才能起到"授人以渔"而不仅仅是"授人以鱼"的效果，最终提升世界经济的整体水平。

（四）推进全球治理应当倡导人类命运共同体意识

共同体原本是一个社会学的概念，指基于传统的血缘、地缘和文化所形成的人类集合体，共同体内的人们有着共同的价值观和传统，体现着成员的共同感情、共同信仰和集体意识，将同质性的个体结合在了一起。共同体的一个基本功能是为其成员提供生活的某种确定性和安全性，而成员之间则维系着一种紧密的社会关系，相互依存、相互信任和相互帮助。

人类命运共同体是对社会学意义上的共同体范畴的升华与超越。首先，人类命运共同体超越了血缘、地缘和文化的限定范围，将人类视作利益与共、休戚相关、守望相助的整体，这是经济全球化不断演进与深化的结果。在技术进步的推动之下，全世界的资本、劳动力、资源、土地、知识、信仰跨越了地理上的藩篱，正日渐深层次地被卷入无远弗届的全球化网络之中，这背后是一系列制度或规则的全球化。总的来说，全球化进程提升了人类工作的效率和生活的质量，同时人类的行为和命运受到全球化规制体系所调节控制的程度也越来越深。1997年亚洲金融危机、2007年美国次贷危机及随后2010年欧洲主权债务危机的爆发，暴露出当前全球化进程的制度性缺陷。一些国家和地区纷纷开始采取金融和贸易保护主义措施，多边合作陷入困境，全球化逆转的风险上升。但是，中国领导人坚定地指出，"危机的严重冲击，虽然使世界经济增长格局有所变化，但经济全球化深入发展的大趋势没有改变。中国政府主张，在后国际金融危机时期，各国政府都有责任继续推动经济全球化朝着均衡、普惠、共赢方向发展……要坚决反对和抵制各种形式的保护主义，维护公正、自由、开放的全球贸易和投资体系"[①]。只有对世界发展大势有敏锐和准确的洞见，才能透过全球化的重大挫折看到其再启新程的历史必然，也才能率先提倡人类命运共同体意识，为物质层面和制度层面的全球化，奠定观念或情感层面的坚实基础。

其次，人类命运共同体要解决或应对的不确定性与安全问题，不再局限于部分成员面临的威胁，而是作为人类社会一员都面临或将会面临的共同威胁，这是全球问题不断涌现且日益尖锐但又缺乏一个世界政府之类的显性机制加以协调的后果。全球问题与全球化之间关系紧密。首先是全球化带动了全球问题的出现，随即全球问题的涌现把人们逼迫至自危的境地，从而引起人们对全球化的关注和反思。人口问题、粮食供应、气候变化与环境污染、不可再生资源的消耗、毒品与跨国犯罪、恐怖主义、国际货币金融体系动荡等问题之于人类灾难性后果的严重程度，正在随着全球化的深入而与日俱增。然而，世界政府的缺位或国际社会的无政府状态，降低了各国通过合作来解决全球问题的效率。解决全球问题的利益由全体人类共同享受，但为之付出的成本却需要由本国或本民族来承担，从较狭隘的民族国家本位观出发，上述成本收益的不对称将降低全球治理的有效性。如果多数大国都这样想，不愿承担大国责任，解决全球问题的国际合作甚至可能

[①] 《习近平出席"2010'经济全球化与工会"国际论坛开幕式并致辞（2010年2月25日）》，《人民日报》2010年2月26日。

崩溃。倡导人类命运共同体意识，就是要把全体人类置于共同解决这些全球问题的立场，让不同民族、宗教、文化的人们，面对共同的威胁，能够捐弃成见，坦诚相待，各尽其力，化解风险。

第三，人类命运共同体不是一个已经获得和正在享受着的世界，而是一种人们热切希望栖息、希望拥有的世界。人类命运共同体意识的萌生和树立，将为世界各国走向合作共赢提供可置信的理性与感性基础。但应看到，当前的世界距离人类命运共同体的理想境界还有巨大的差距。弥合这一差距，需要所有国家的共同努力，但尤其需要大国采取可置信的行动，发挥率先垂范的作用。

中国现在倡导人类命运共同体意识，既是当仁不让，也是恰逢其时。中国传统思想文化中有"天下主义"、敢于担当的精神特质。《孔子家语》记载，楚王出游，丢失了御用弓箭，手下人纷纷建议赶快回去寻找。楚王说不用找了，楚人丢的弓被楚人捡到，又何必去找。孔子听后说，楚王心胸还是不够宽大啊，只说"人失弓、人得之"不就好了，何必说楚呢。倡建人类命运共同体来推动经济全球化朝着均衡、普惠、共赢方向发展以及解决全球问题，也要拿出"何必说楚"的精神。在现实中，中国已经采取了某些基于人类命运共同体意识的行动，这为中国的倡导提供了可信赖的依据。1997年亚洲金融危机期间，中国克服了国内外巨大的经济压力，坚守人民币不贬值的承诺，还及时向泰国等周边重灾国提供资金援助，与东亚各国共渡难关，获得了国际社会的广泛赞誉。当前，世界主要大国之中发达国家复苏势头初现但并不稳固，其他新兴经济体的发展又开始面临诸多不利因素，全球经济不确定性上升，正是需要加强国际协调与合作来共度时艰的紧要关头。中国应与其他国家携手倡导人类命运共同体意识，为稳定全球经济做出贡献。

秉持人类命运共同体精神，中国提出了"共商共建共享"的参与全球治理基本理念。身处人类命运共同体之中，没有哪个国家可以包打天下，国际上的事情要由各国商量着办①。共商，意即全球治理的基本原则、重点领域、规则机制、发展规划等都由所有参与方共同商议并形成共识；共建，意即发挥各方优势和潜能共同推进全球治理体系的改革与创新；共享，意即各参与方公平分享全球治理的成果和收益。"共商共建共享"理念倡导集思广益、各施所长、各尽所能、成果共享，充分体现了中国参与全球治理的开放性和包容性，顺应了国际关系民主化的发展潮流。践行这一理念，就是要充分发挥所有行为体尤其是广大发展中国家的积极性和能动性，体现各方关切和诉求，更好地维护各方正当权益，让所有参与方对完善全球治理拥有更多获得感②。

（五）推进全球治理应承担共同责任并克尽大国责任

无论是对美国、对周边还是其他合作对象，中国的合作方式都应以"承担共同但有区别的责任"之精神一以贯之。即参与者各尽其责，共同承担国际责任。但由于世界各国的权利不对等、实力不对称、优势不相同，所承担的责任理应有所区别。坚持"共同而有区别"的原则，不仅使责任的分配更加公正、公平，更是为了使合作更加富有成效，从而更好地实现互利共赢。

---

① 习近平：《携手合作 共同发展——在金砖国家领导人第五次会晤时的主旨讲话》，新华网，2013 年 3 月 27 日，http://news.xinhuanet.com/world/2013-03/27/c_124511954.htm。

② 张宇燕：《全球治理的中国视角》，《世界经济与政治》2016 年第 9 期。

共同责任并不意味着责任相等,在责任划分上应坚持"共同而有区别"的原则。也就是说,一方面,国际社会中的每个成员不论大小、强弱都必须承担为解决全球问题做出力所能及贡献的责任;但另一方面,每个成员根据自身能力、特点以及通行的国际法原则允许所承担责任的范围、大小、方式和时限等方面存在差异。"共同而有区别"的原则不是推卸责任的原则,而是为了各国更加公平、有效率地承担责任和解决问题。从根本上讲,它所展现的是平衡权利与责任、兼顾公平与效率的理念。

公正、公平地分配国际责任不能脱离权利。"权责相适应"是一项公认的国际法原则。在现行的国际政治与经济体系中,各种全球治理规则和机制都是在发达经济体的主导下建立的,以美国为代表的既得利益国家集团是最主要的受益者,而广大新兴和发展中经济体却无法享受公平待遇,难以发挥与自身实力相符的影响力。尽管2010年中国已成为全球第二大经济体,但中国在国际上的话语权和发言权却与美国等发达经济体相差甚远。在此情况下,如果让中国与其他发达国家的责任简单地对等划一,不仅对于中国来说不公平、不合理,同时也将违背公认的国际法准则,从而成为新的不平等、不稳定的根源。

公正、公平地分配国际责任不能脱离过程。以环境与气候变化为例,应当遵循"谁消费、谁买单"的原则。发达国家工业化的实现是建立在长期过度消耗地球资源和严重污染地球环境的基础之上的,今天的全球环境问题的产生主要基于此。即便是现在,美国等发达国家仍然消耗着人类共有资源的较大份额。根据《BP世界能源统计年鉴2016》及世界银行数据计算可知,2015年美国占世界4.4%的人口消耗了世界19.7%的石油,人均石油消费量为世界平均水平的4.5倍,而中国的人均石油消费量仅为美国的15.4%。与之相适应，美国等发达国家应承担更多的责任，而不是在责任的划分上搞"平均主义"。

此外，讨论国际责任的分配不能脱离效率原则。世界各国对责任的分担进行合理分工是效率原则的重要体现。要根据各国在不同问题领域的优势，充分发挥各自的特长与作用。在解决双边、地区和全球问题上，中美两国各有所长，为了更加有效地解决两国共同面临的问题，双方应在各自的优势领域发挥主导作用，做出更多的贡献。中国经济增速居世界前列，外汇储备规模居世界首位，是全球最大的贸易顺差国和美国国债第一大持有国。美国作为综合国力居世界首位的大国，在经济、军事、科技等领域所拥有的强大实力是世界上任何其他国家都不可匹敌的。相比其他国家而言，许多重大国际问题的解决，不可避免地需要美国发挥更大的作用。

中国自古有见利思义、重义让利、舍利取义的传统，与传统一脉相承的正确义利观已经引入中国的外交理念和实践之中。习近平提出外交工作要坚持正确义利观的思想，将引领中国外交进入一个新的活跃期、发展期和开拓期。他指出：义，反映的是我们的一个理念，共产党人、社会主义国家的理念。这个世界上一部分人过得很好，一部分人过得很不好，不是个好现象。真正的快乐幸福是大家共同快乐、共同幸福。我们希望全世界共同发展，特别是希望广大发展中国家加快发展。利，就是要恪守互利共赢原则，不搞我赢你输，要实现双赢。我们有义务对贫穷的国家给予力所能及的帮助，有时甚至要重义轻利、舍利取义，绝不能唯利是图、斤斤计较。

坚持正确义利观是中国对于国际社会的庄严承诺。这意味着中国绝不会做国际体系中坐享其成的"搭便车者"，而是将从世界和平与发展的大义出发，以更加积极的姿态参与国际事务，坚持不懈做和平发展的实践者、共同发展的推动者、多边贸易体制的维护者、全球经济治理的参与者，为推动人类进步事业发挥更大作用。木秀于林，风必摧之，近年来，对中国"不负责任"的批评有所抬头。外交工作坚持正确义利观是对这类批评的最佳回应。习近平关于在外交工作中坚持正确义利观的重要思想，进一步丰富了中国外交的核心价值观，不仅对进一步做好新时期的外交工作具有重要指导意义，揭示了中国梦的道义内涵，也为人类共同价值宝库增添了新内涵。

坚持正确义利观应当有与之匹配的行动策略。这一策略既非对外部事务不闻不问，也不是要承担对于国际社会的无限责任，而是要巧妙地、可持续地采取行动，实现义与利的统一。可以将坚持正确义利观的行动策略归纳为："分散压力""适当责任""包容发展""渐进改革""理性应对"和"舆论支持"。

首先是"分散压力"。中国经济政治体量巨大且发展极快，已经对既定国际格局产生冲击并威胁到以美国为首的既得利益国家集团的利益，从而成为后者重点防范的对象。中国现在面临的压力很大，主要来自国际规则。国际上，要求中国接受现有国际规则的呼声很高。"分散压力"对于中国就意味着要走"合作"的路线，要更多地强调"新兴经济体和发展中国家的整体崛起"，将中国的复兴融入其中。具体措施包括加强"金砖国家"合作，不断用新的合作方式或领域充实金砖合作，例如货币金融、粮食安全和能源供应方面的合作，推动金砖平台机制化，适时亦可扩大合作平台（BRICS Plus），首选的国家可为 G20 中的新兴经济体（如果加韩国为 11 国，即"E11"）。此外，还包括强化上合组织成员国间的合作，以及推进中日韩的"自由贸易区谈判"，等等。

其次是"适当责任"。对于中国这样的新兴大国，根据自身条件多承担一些国际责任，不仅必要，而且应该。承担国际责任的原则有三：其一是必须要与权利相对应；其二是必须符合国情，从自身需求出发；其三是要处理好短期利益与长期利益、局部利益与整体利益的关系。当今世界，以美国为首的发达国家在国际规则制定过程中占据主导地位，而且绝大多数国际规则都是非中性的，但同时也需看到，规则或制度的一个重要特征是在约束别人的同时也约束自己。

第三是"包容发展"。和平发展是一个很好的外交战略理念，对创建我国发展的良好国际环境起到了积极且重要的作用。但在今天及以后的世界，仅强调中国的发展是和平的而非威胁还不够，而应突出中国发展具有很强的包容性，亦即中国的发展必将惠及世界，各国均能够从中国发展中分享到福利进步的机会。强调中国发展的国际包容性，也是中国承担国际责任的一项重要内容。中国的发展有外部性，既有正外部性，也有负外部性。比起"和平发展"的提法，它更强化对于中国发展之"正外部性"的要求，尽可能减少负外部性。

第四是"渐进改革"。对于目前的国际规则和国际制度，中国处于接受者的地位。当我们实力增强以后，就可能会提出一些诉求，寻求改变一些规则制度。有些人对此期待过高，但这仍旧是一个长期的过程。对于不合理的，准确说是对既得利益国家集团更为有利的国际秩序或规则，进行革命性的改变既不现实更无必要。我们未来十年需要和能够做的，在于利用机遇和联合其他主要新兴经济体，对现有非中性的国际规则进行局部改良，循序渐进，以求集细流而成江河之功效。

第五是"理性应对"。中国正行进在民族伟大复兴的道路上并不断接近完成这一历史进程。保持这一良好势头的重要条件就是拥有一个和平的外部环境。终止中华民族复兴之路的最大威胁来自战争，特别是我国卷入其中的以及近邻之间的战争。在目前和今后一段时间内，要特别注意把握好在领土、海洋维权中的"度"，做到"止于至善"。同时也要看到极端民族主义的有害性，看到掉入军备竞赛陷阱的危险性。

最后是"舆论支持"。要营造一种能够阐述发扬中国的"和平发展""包容发展"理论的氛围，特别要有一个好的"故事"，充分说明中国的民族复兴与全人类福祉的改进是相辅相成的，从而让国际上能够认同中国的发展和崛起。

◇ 以大事小建立和拓展周边安全网

中美关系是世界稳定的基石。但是，单方面的妥协或顺从无法构建可持续的稳固的中美关系。从中国方面看，拥有稳固的周边关系，是中国能够与美国安坐在议事桌上用语言而非枪炮谈判的基础。

历史地看，中国的周边策略演进的过程中走过一段弯路。只有厘清中国外交策略尤其周边战略发展至今的演变逻辑，才能把握其曾经的作用与当下的局限，从而对未来的选择做出合理的判断。通俗地说，自新中国成立以来，外交策略和周边战略经过了"一边倒""输出去""缩回来"等若干类型，目前正面临再次"走出去"的需求和挑战。

新中国成立前夕，毛泽东在《人民日报》上发表《论人民民主专政》一文，提出了"一边倒"的外交政策，即在国际和外交上倒向以苏联为首的社会主义阵营。尽管学术界关于"一边倒"政策的原因不无争议，但中国承认苏联"老大哥"的地位，在对外关系上征询苏共意见[1]，贸易上"首先与苏联和新民主主义国家做生意，只有多余的产品才卖给西方国家"[2]，而苏联则为中国提供安全、经济、科学技术和城市管理等全方位的支援及帮助，这些"一边倒"政策对应的实质内容或客观后果却是不争的事实。上述事实反映出当时中国只有"一边"没有"周边"的状态。即便有"周边"之说，也是中国为苏联的"周边"。

20 世纪 50 年代末至 60 年代初，中苏关系由于一系列的争论而破裂。争论之一是苏联认为"和平力量已经大大成长，已经有实际可能来防止战争"，而中国认为这是向美国妥协的修正主义做法，按照毛泽东的说法，"只要帝国主义还存在，就有发生侵略战争的土壤"。[3]与苏联关系破裂之后，部分是为了抵消苏联的影响并在与苏联的竞争中胜出，中国的外交政策转向"扩大与第三世界的联系和在第三世界推动革命"。从 1963 年到 1965 年年底，中国在第三世界花费了大量的财力、物力，用援助换取这些国家和地区反对苏联、支持中国。[4]"文化大革命"前期，"输出革命"更成为政治正确性的重要表现。柬埔寨、缅甸、印度、尼泊尔、斯里兰卡、肯尼亚、阿尔及利亚都受到中国试图把革命"输出去"而产生的压力。[5] 这种"输出去"的策略反映了中国试图建构周边的努力。然而，无论就中国当时的实力还

---

[1] 例如陈云曾就是否与香港资本家进行贸易征询科瓦廖夫意见。见沈志华《从西柏坡到莫斯科：毛泽东宣布向苏联"一边倒"》，《中共党史研究》2009 年第 4 期。

[2] 同上。

[3] 艾伦·S. 惠廷：《中苏分裂》，载 R. 麦克法夸尔、费正清编《剑桥中华人民共和国史：革命的中国的兴起》（中译本），中国社会科学出版社 1990 年版，第 509 页。

[4] 托马斯·鲁宾逊：《中苏对抗：中国北部边疆地区的战争与外交》，载 R. 麦克法夸尔、费正清编《剑桥中华人民共和国史：中国革命内部的革命》（中译本），中国社会科学出版社 1992 年版，第 231 页。

[5] 同上书，第 245 页。

是世界政治形势判断,这种企图都是不切实际的。不但"振臂一呼、应者云集"的局面没有出现,中国在国际社会中变得非常孤立。"朋友"越来越稀少,"敌人"越来越险恶。

向第三世界"输出革命"的失败,以及中苏边境冲突等严峻事件的出现,让中国下定决心开始更积极务实地从事政治、外交活动,包括加入联合国、与美国改善关系等等。尤其是"文化大革命"结束之后,中国的外交逐渐走向树立独立自主形象的阶段。正如1982年8月底外交部部长黄华对联合国秘书长所言:"中国不会依附任何一个超级大国,中国不会打'美国牌'去对付苏联,也不会打'苏联牌'来对付美国,也决不允许任何人玩'中国牌'。"[1] 与此同时,中国的周边战略也有所调整,开始与周边国家建立更全面的关系,而不是以意识形态为界去支持这些国家中的政府反对派。

改革开放后,中国开始对外宣示并执行一种自律型的周边战略。这一战略是立基于对以往输出型的"革命外交"的深刻反思之上而形成,其核心是中国不会成为周边安全的威胁,不谋求在周边地区建立自己的"势力范围"。鉴于与中国相关的激进力量曾经是周边不稳的重要来源,主动把力量"缩回来"的自律型周边战略的长期宣示和执行,取得了良好的效果。不仅化解了周边国家对中国的大部分疑虑(如果不是敌意的话),也为地区经济发展奠定了优越的安全环境。也许最值得称道的是,东南亚国家联盟这个最初针对中国旨在防止共产主义扩张的组织,其成员国们却最终成为与中国经贸合作程度最深、速度最快、成果也最大的区域伙伴。

党的十六大报告对中国改革开放以来的周边外交作出了高度的概

---

[1] 《对美开放》,第488—489页。

括和总结①,指出"我们将继续加强睦邻友好,坚持与邻为善、以邻为伴,加强区域合作,把同周边国家的交流和合作推向新水平"。十七大报告和十八大报告同样都强调了"与邻为善、以邻为伴",并将其明确为周边外交的方针。

如果中国是周边安全忧虑的主要来源,那么上述保证对地区稳定或许会有显著作用。然而,改革开放三十年来,长期的和平外交政策以及中国与周边国家广泛而大量的经贸投资联系,已经让中国的自律型承诺具备极高的可置信度。这种情况下,不断重申我们行为的自律性,不仅无助于周边安全稳定性的进一步提升,反倒可能鼓励一些地区或国家采取机会主义的行动,破坏中国周边的安全和稳定。② 换言之,实际或潜在的地区安全威胁已经从中国身上转移,但我们的周边战略观仍错误地停留在"中国的自律就足以表达善意和带来稳定"的想象之上。其结果就是,面对周边存在的真实或突发不稳定因素,我们往往因缺乏战略准备而左支右绌。

进入21世纪以来,越来越多的学者认识到中国需要"大周边"战略,也提出了若干关于大周边战略的设想。一种观点认为大周边是传统周边在地理意义上的扩展。例如,大周边的"双环战略"将"以中国为中心,与中国直接相接的20个国家"视为第一环,而第一环外与其直接接壤的亚洲国家组成第二环。③ 又如,有学者认为大周边是将东北亚、东南亚、南亚与中亚四片视为既有区别更有联系的整

---

① 王毅:《与邻为善 以邻为伴》,《求是》2003年第4期。
② 在2010年12月21日中国社会科学院亚太研究所课题组发布《2010:中国周边安全形势评估报告》的研讨会上,周方银关于"适当展示维护自身利益的决心"的发言就谈到了这种情况。
③ 沈丁立:《中国周边外交的双环战略》,《当代亚太》2009年第1期。

体周边，并且还可以进一步向东西两线推进，"西为西亚中东、北非东非、印度洋地区，东为大洋洲一带"[①]。在科技水平低下的时代，地理意义上的周边，往往同时也是中心区域的经济、文化影响所能够辐射的边缘地带，因此以地理的相近性来区分周边，同时也具备经济、政治或文化上的意义。然而，在通信运输等科技突飞猛进的今天，纯粹从地理距离的含义上理解周边就不合适了。显然，将大周边仅局限和界定为邻近范围在地理上的扩展，大大降低了大周边作为一个新的理论概念的分析价值。

第二种观点是把大国或"与中国有重大利益关系的国家或力量"视同中国的周边的延伸。例如把中俄、中欧、中美、中日等不与中国接壤但非常重要的双边关系作为中国大周边关系的组成部分[②]。又如把对中国而言非常重要的资源和能源来源地（如中东、中亚）[③]或者具备较高地缘战略价值的国家（如澳大利亚）[④]作为中国的周边。这种观点没有区分"我对对方的重要性"及"对方对我的重要性"，从而无法从功能上对周边这个概念蕴含着的"中心—边缘"结构予以清楚的展示。更严重的是，前一种情况忽视了中国处理大国关系和传统周边关系方式的异质性，从政策实践的角度看，还容易产生战略上的混乱。

[①] 陈向阳：《尽快制定新的"大周边"战略》，《瞭望新闻周刊》2006年7月17日。

[②] 阮宗泽：《塑造有利于中国发展的大周边环境》，http：//www.cssm.gov.cn/view.php?id=6071。

[③] 闫忠林：《中东、中亚与中国的"大周边"能源战略》，《哈尔滨工业大学学报》（社会科学版）2006年第1期。

[④] 张露、黄楫：《中国周边战略中的澳大利亚——"大周边"战略理念与外交谋划的新探索》，《现代国际关系》2007年第2期。

第三种观点认为大周边是一个无远弗届的开放概念，无论是"远亲"还是"近邻"都是中国的周边，应一并作为"邻"来考虑。① 这种观点重在提倡以全球的视角看待中国的发展，对于不断向着世界大国成长并发挥日益重大之影响的中国而言，静态的周边成了一个随时随地都要被修正乃至最终摒弃的概念。这一"大周边"的定义，在强调"大"的同时，实际上也消解了"周边"本身的含义。

上述对大周边概念的各种理解极富启发性，但同时也表明大周边本身就是一个重要且非常复杂的概念，更遑论大周边战略了。实际上，我们可以从实用主义的角度来看待大周边战略。大周边战略之所以有必要存在，是因为这个战略能够解决传统的周边战略所不能解决的问题。换言之，就当前的世界格局尤其中国周边局势来说，我们的战略出现了"供给不足"或不能"适销对路"的情况，因此才格外需要一项大周边战略来满足需求。由前面的回顾可知，大周边战略要回答的问题是：当自律型周边战略不能满足周边安全需要的时候，中国应当怎么做？

为此需要了解传统周边战略在改革开放三十年中效力递减的政治经济背景。虽然外交指导方针中称"周边是首要"，但这个"首要"仍列在"大国是关键"之后；十六大、十七大报告中关于周边关系的论述同样列在与发达国家关系之后。本质上，这三十年的工作重点是与发达国家的合作，或用孟子的话说即"以小事大"。由经济方面看，中国的外向型发展模式下，对发达国家的高度依赖也为前述政治排序奠定了经济基础。2009 年，美、日、韩、德、澳几大国与中国的货物进出口总额仍占中国与世界货物进出口总额近四成（1999 年时接

---

① 陆忠伟：《中国"大周边"地带各种力量分化组合态势》，http://www.cssm.gov.cn/view.php?id=6070。

近一半），其中美国一家就占了 13.5%。

在此背景之下，只要中国不在军事或政治上谋求对周边地区的"主导"，就能够获得足够的战略自由度与周边加强经济联系，而无须担心招致区域外大国的反对或掣肘。所谓"唯智者可以小事大"，20世纪 90 年代邓小平同志对"智"有很好的总结和提炼，就是"韬光养晦"，按照这个智慧信条来处理与大国的关系，中国在经济增长和与加强周边的经济联系等方面都取得了长足的进展。

近年综合国力的提升特别是经济实力的上升增加了中国的影响力，也让中国的战略自由度日渐仄逼。不难理解，穷困之人只要让人相信他不会铤而走险就够了，低调勤勉、闷声发财不会遭人猜忌。而一旦有钱有势、肥马轻裘，周围的人自然希望其能修桥补路、扶困助学，做个善长仁翁。如果待人接物仍是三缄其口、隐忍不发，脸上只露出自以为善意而旁人看来高深莫测的微笑，只会让人怀疑要么其财来路不正，要么其人别有所图。人是如此，国也这样。中国发展取得一定成就之后，仅仅自我约束不作恶邻，不但不孚周边小国之众望，而且让其他大国怀疑或竟至于不相信，消极的自律型战略背后隐藏着进取性（aggressive）的谋略。这样的背景之下，各种版本的"中国威胁论"和"中国责任论"甚嚣尘上。

归根结底，我们在"以大事小"的方向上，存在战略缺失。尽管与发达国家相比，或者从人均或国内不发达地区等视角看，中国仍将长期守小守拙。但与周边中小型经济体相比，或者从总量或东部改革开放前沿地区的情况看，中国已然是庞然大物并且仍在惊人地增长。因此，在继续"决不当头"、决不挑衅地与大国合作之外，中国也应当拿出明确、可置信（也即与中国的利益和能力相符）的"以大事小"的方针。唯仁者能以大事小。按照《论语》的解释，克己复礼谓之仁。所谓礼，就是秩序、行动的准则，是制度安排，而"克己"可以理解为"带头遵守，必要时有所担当和牺牲"。克己复礼，就是带头倡导、共同形成一种秩序或制度安排，让国家行为皈依于这种秩序或制度安排，其效果是礼或者秩序得到扩展，让所有国家都因为在行为上都符合这一秩序或遵循相关的制度而获益。这种仁，显然应当与面对小国一律展示"大国风范"而无原则的妥协、绥靖、让步区分开来。

将"以大事小"的具体内涵作为新形势下大周边战略的内容宣示出来，也是负责任的表现。如果不按照实际能力界定和宣示中国的责任，一则无法给予其他国家对中国的行为的稳定的预期，增加了国际上打交道的难度，再则等于给其他国家留下向中国头上栽以"无限责任"的罅隙，三则面临周边事态的异常变动时，我们自己也缺乏政策和物质上的准备。实事求是地承担那些别人愿意我们承担同时我们也有能力承担的责任，不但不会缚手缚脚陷于被动，反倒能够如托马斯·谢林所言"绑住自己的手得到更多的自由"[①]。

因此，一种较理想的办法，是基于责任来界定和宣示我们的大周边战略。首先是地理周边（Geographical periphery），也即那些与我们接壤或相邻的国家和地区。这些国家和地区如果繁荣昌盛未必能有益于我，但如果长期动荡混乱则一定殃及于我。界定地理周边，是由于唇齿相依、守望相助而派生的责任。其次是生理周边（Physical surrounding），将经济联系比拟为生物体之间的共生依赖，则生理周边是那些在市场、投资或产品等方面对于中国存在高度不对称依赖的国家和地区。对于生理周边，中国不追求不对称依赖的不断扩大，而是要

[①] 冯维江、何帆：《直面现实的博弈论——2005年诺贝尔经济学奖得主托马斯·谢林思想评述》，《国际经济评论》2005年11—12月。

增进它们彼此之间的政治经济往来，共同维护整个区域的安全和相互依赖，最终实现对以中国为重要组成部分的共同市场和生产体系的依赖。第三是心理周边（Psychological surrounding），界定这一周边是基于其他国家或地区对中国的文化、发展模式、生活方式等软力量的认同而派生出来的责任。需要指出，心理周边并不意味着中国文化要去压倒周边的文化，恰恰相反，其思想渊源在于以怀柔远人的静守之姿，吸引其他国家和地区来共建一种让所有参与者都受益的区域文化，也即前文"克己复礼"之"礼"。总之，地理周边、生理周边和心理周边构成我们对大周边的完整理解。借助这些概念，就可以确立我们的大周边战略来系统地回答传统周边战略无法解决的问题。

综上，大周边战略可简单表述为：通过国际合作，将地理周边建设为生理周边，将生理周边建设为心理周边。显然，这里的生理周边并不限于地理周边的范围。必须声明，从更高层次的战略看，大周边战略是手段而非目的，并不要求中国追求新建一个长期存在的"中心—外围"结构而与其他体系对抗，相反，中国应将其视为通向"和谐世界"的一种途径。

具体来说，应将发展置于周边安全网建设的核心。与欧洲、北美等发达国家集中的地区不同，周边相当多国家还处于不发达或发展中阶段，消除贫困、改善民生还是非常艰巨的任务，必须通过发展或经济增长来解决。贫困是祸乱之源。当匮乏成为常态，掠夺成为活命的手段，生产者成了被剥夺的对象，人心将会败坏，秩序也随之崩溃，安全问题将陷于无解的状态，这又反过来降低了人们从事生产的积极性，社会将变得更加贫瘠。

跳出上述恶性循环既需要内部努力，也需要外部的合作与支持。可持续的周边安全观要深入人心、发挥应有的作用，需要制度性安排的保障。这些努力和支持有关的制度性安排表现在以下几个方面。首先，需要一个接入国际市场的平台或通道，以便将欠发达或发展中地区的资源、劳动力要素接入全球化的生产分工网络，同时把生产出来的商品与服务接入区域或全球市场。这对相关国家之间的区域经济一体化安排提出了要求。亚洲国家内部发展阶段的多样性，为低收入国家要素和产品按照一定的梯度逐级渗入国际市场提供了可能性。发展水平在欠发达国家与发达国家之间的新兴经济体，为这种追赶式的升级提供了阶梯。

其次，需要一套适应于亚洲地区需要的融资机制为发展融资。现有的布雷顿森林体系下的发展融资安排，有一套严格的缺乏弹性的附加条件，这些附加条件相当程度上无视当地实际情况，降低了资金的可获得性与运用的有效性，不能完全满足亚洲国家的发展需要。中国倡导建设的亚洲基础设施投资银行，可以在这方面弥补现有投融资机制的不足。

集中于基础设施投资有三项优势。一是可以通过基础设施来打破欠发达国家可能面临的"资源的诅咒"。基础设施的改善有利于欠发达地区低成本接入世界市场，激活国内的生产与投资能力，而不是停留在出售资源增加消费的阶段。二是可以发挥中国等新兴经济体产能转移的优势，解决它们可能存在的过剩产能问题。三是可以把区域内外主要国家的重要利益捆绑到一起，增加它们之间的相互依赖与互信，创造更稳定的国际环境。基础设施建设需要的资金规模大、周期长，通过亚洲基础设施投资银行参与到亚洲建设项目中，一旦投入，各方会因为这种合作关系的破裂而蒙受重大损失，这反过来强化了各方和衷共济、同舟共济的意图。这意味着，在进行亚洲基础设施投资的同时也是在为地区安全和信任而投资。

再次，需要一项就"发展中的安全问题"及"安全视域下的发展问题"开展信息交流与政策协调的常设工作机制。亚洲多样性特点突出，各国大小、贫富、强弱很不相同，历史文化传统和社会制度千差万别，安全利益和诉求也多种多样，地区成员之间有的存在领土争端，一些矛盾还有日益尖锐化的趋势，特别需要灵活、有效的工作机制来管控风险、增信释疑。亚信峰会为亚洲发展型安全的重大问题提供了高端的交流与决策平台，但很多具体的操作层面的问题，还需要不同工作界面以分层对接的方式来解决或落实。

最后，可持续的周边安全网建设还需要得到区域外其他国家的理解与支持。归根结底，可持续的周边安全是一种包容发展型的安全，它不是追求消除一些威胁与潜在风险的绝对安全观。它注重对安全成本的评估，不做"不计成本"排除威胁的黩武之举，追求的是"消极和平"，它的底线是保证安全问题不成为区域发展与合作的障碍，反倒成为促进发展的助力。这样的安全主张与努力，积极而不激进，有利于世界和谐。

◇ 构建新型大国关系为世界和平立宪

2012年，台湾地区"中央研究院"举办了"胡适与蒋介石"的特别展览，展览的副题"道不同而相为谋"，尤其令人玩味。中国的儒家经典《孔子》中说，"道不同不相为谋"，意思是彼此志趣和主张不一样，就没必要在一起商量和谋划。"中研院"在总结胡适和蒋介石的关系时，反其意而用之。蒋介石是民国的强人，国民党的领袖。孙中山曾评价他"性刚而嫉俗过甚，故常龃龉难合"。蒋介石的结拜兄弟戴季陶则说"兄之自我之强,有不可挡者。然而杯酒失意,辄任性使气,不稍自忍"。败退台湾后,蒋介石更是一言九鼎,独裁之风尤盛。胡适则是著名的自由主义知识分子,留美回来之后就批评国民党。到了台湾之后,在台湾蒋介石主政时代担任"中研院"院长,和蒋介石有长达30年的交锋,两个人绝不是"推心置腹"的朋友,经常意见相左。胡适就任"中研院"院长时,蒋介石亲临讲话以示看重。蒋在讲话里要求"中研院"以"复兴民族文化"为其任务之一,明显有违"学术独立",胡适当场予以非驳。胡适的一番反驳,让蒋介石气愤不已,他在日记里说,这是自己生平受到的第二次大的侮辱;而且气得晚上睡不着觉,要起来吃安眠药才行。尽管胡适与蒋介石理念不同、想法各异,但并不妨碍两人在重大议题上互通声气甚至同声相应。这说明立场不同,未必不能共同商量谋划。实际上,面对一些共同面临的重大问题,道不同而相为谋,才能找到彼此都能接受的方案来加以解决。

这一箴言同样也适用于中美关系。中国与美国,一个坚持中国特色社会主义,是最大的发展中国家,一个坚持资本主义,是最大的发达国家,两者在根本制度、意识形态等方面都有很大的不同。但两者都是同一个全球化的国际经济体系的重要成员,两者自身的行为都会影响这个体系,并为这个体系所影响。这决定了为了国际经济体系的稳定,很多事情双方可以商量并且必须商量。有人说中国对美国执行了长达百年的"战略欺骗"计划,使美国认为可以向中国输出美国式的"民主",所以才在资金和技术上向中国提供了"巨大的"支持。[1]

---

[1] Nathan A. J. The Hundred-Year Marathon: China's Secret Strategy to Replace America as the Global Superpower, Council Foreign Relat Ions Inc Harold Pratt House, 58 E 68TH ST, New York, NY 10065 Usa, 2015.

且不说这些"巨大的"支持本来就是童叟无欺的公平交易。所谓"战略欺骗",只要看看《邓小平文选》中的黑纸白字,就明白中国从来都是开诚布公地坚持自己的社会主义道路。中美两国对彼此的巨大的支持,正好说明立场不一的国家完全有可能开展广泛的合作。事实上,中美不仅可以开展有益于双边的合作,还可以开展惠及诸边的合作,甚至可以在全球基本国际经济治理与国际规则建构方面开展为多边建章立制的合作。

全球经济正在进入一个新的不稳定期。危机已经过去,但衰退并未结束。还可能爆发新的危机,让并未完全恢复的全球经济由低谷滑向深渊。近期因为退出政策引起的全球资金流向逆转,已经出现了新兴市场金融危机的征兆。在高度全球化的世界里,金融危机的瞬时爆发性和高速传染性让发达经济体与新兴经济体几乎同时置身于风险之中。能够独善其身、避祸世外的桃花源只是一厢情愿的想象。在此背景之下,中美两国作为最大的新兴市场和最大的发达国家,理应并肩携手,带头加强政策协调,共同阻止及治理灾难。这方面,中美双方在应对亚洲金融危机和次贷危机引起的国际金融危机时,已经形成一定的默契。但是,作为全球两大主要经济体,中美合作共赢不仅应体现在共同应对危机和挑战上,还应率先垂范,顺应潮流,作出有利世界、有利后代的事,要"为万世开太平",促成世界由消极和平转向积极和平。

中美关系 40 多年发展证明,两国共同利益远远大于分歧,两国也已经在各领域形成了一系列建设性的合作机制。自 20 世纪 80 年代至今,中美陆续建立起 60 多个对话机制,涉及政治、经济、军事、教育、科技、文化、反恐、防扩散、国际地区事务等多个方面。在政治领域,中美有多个《联合声明》,为两国关系指明方向。经贸方面,中美建立了多个对话沟通机制,除了中美战略与经济对话及其前身中美战略经济对话之外,还有 1979 年建立的中美联合经济委员会,1983 年建立的中美商贸联委会,等等。军事领域,中美建立了海上军事安全磋商机制、两国国防部防务磋商和工作会晤机制等对话磋商机制,在军事档案、人道主义救援减灾等领域开展了良好合作。人文交流与地方合作领域,签署了《中美文化合作协定》《教育合作议定书》《中美政府间科学技术合作协定》等合作文件,建立了中美科技联委会、中美文化论坛、中美人文交流高层磋商、中美省州长论坛、中美城市经济合作会议等机制。

这些已有的合作机制,为两国"新型大国关系"的构建奠定了良好的基础。新型大国关系不仅是要在太平洋两岸维持消极意义上的和平,还应创造出更多生产性的合作领域,促进双方的共同利益,共创全球化时代的太平盛世。这就要求我们的合作机制中,应当在管控冲突的措施之外,增加更多将两者新创利益捆绑到一起的安排。中美应当通过对话,来对真正影响两国人民乃至全人类根本福祉的经济社会发展趋势做出研判,进而协调行动、趋利避害。具体来说,中美新型大国关系,应在以下四个方面有所升级。

第一,从对话到行动。对话不是目的,展示对话达成了多少成果也不是目的,应当注重把对话的成果落实到两国的行动上。空谈误国,实干兴邦。对以往达成的合作成果应该有及时的检讨与评估,实事求是地检查成果的"可执行性",通过协商把超出能力或不合时宜的成果找出来、剔除掉。对可以执行的成果加强执行的力度,公开执行的程序,由两国及世界舆论来监督和敦促相关职能部门的行动。

第二,从交流到交融。中美已有的合作机制,相当部分还停留在信息互换的交流层面上，中美需要一个更深层次的结构性融合的蓝图。例如经济合作领域，中美两国都要进行经济结构调整，完全可能在调整中形成新的利益合作格局。对美国来说，当前最重要的任务是恢复经济稳定增长，并创造更多的就业岗位。中国致力于发展方式转变，能够为美国经济复苏提供新的动力。中国城镇化的推进和国民收入倍增计划的实施，将带来巨大的投资机会和消费需求，未来美国对华出口和投资有着更为广阔的空间。中国企业将继续实行"走出去"战略，越来越多的中国企业愿意到美国投资设厂，这有助于增加美国的就业。截至2012年年底，中国在美国的投资约创造了3万多个工作岗位，预计到2020年将创造20万—40万个工作岗位。美国从中国的进口中创造的工作岗位更多，仅服装与玩具两项就提供了近60万个工作岗位。中美需要包括双边投资协定在内的更多机制化安排来为两国的交融提供保障。

第三，从互信到互谅。作为世界上最重要的双边关系之一，中美不仅要实现互信，还应当追求互谅。互谅意味着，不仅信任对方的意图与能力，还应包容对方，设身处地地考虑对方的难处，达成"同情的理解"。基督的"白银规则"说，"如果你希望别人怎么对你，你就如何对待别人"，这固然是处理一般双边关系的法则。但对中美新型大国关系来说，"白银规则"也许还不够。在"以眼还眼，以牙还牙"的冷静理性之外，还应该接受孔子略带"温情与敬意"的"黄金规则"："己所不欲，勿施于人"。理性与契约的不完备性决定了中美无法用一个穷尽一切可能性的合同，来涵盖并规范两国的全部行为。在未能作出规定的地方，应当以"恒久忍耐又有恩慈"的态度，来弥合分歧。

第四，从两国到世界。只要中国和美国发出共同的声音，世界就无法忽视。为此，中美应对全球大势作出客观而清醒的认识，为两国及世界人民的福祉创造正能量。其中重要的一项是对经济全球化趋势的判断。当前，无论是世界贸易规则、气候规则还是国际金融秩序上，都出现了全球化倒退的趋势，这是令人担忧的。应当看到，当前的倒退是危机之前全球化过分强调"自由化"等内生缺陷所致。价值链贸易、区域和跨区域生产网络已经改变了全球化的结构，但适应新结构的全球规则仍告阙如。这要求中美超脱于两国的问题，以世界或全人类的高度，提出新观点、新概念、新规则，开创一个更具包容性与和谐性的再全球化进程。

诚然，对中美未来的关系，不能报以不切实际的乐观，幻想双方能如胶似漆、一团和气。必须坦率承认作为全球系统重要性经济体的中国与美国之间的竞争性的确存在，并且未来这种竞争仍有可能进一步加剧，正如美国与日本、欧洲之间的竞争性一样。可以想象，在特定的地区和领域，中美及其他主要经济体之间，完全可能为了市场、资源、货币、规则乃至认同而展开激烈竞争。

事实上，从宏观层面到微观层面，这种竞争已经出现。例如，2014年8月，美国在华盛顿举办美非峰会，邀请数十名非洲国家元首，峰会上美国总统奥巴马宣布美国企业将承诺为非洲施工、清洁能源、银行、信息技术项目注资140亿美元。此前两个多月，中国总理李克强就任后首次出访非洲，促成了逾百亿美元的中国企业非洲基建项目，以及非洲基建相关基金的合作融资。美国的一些媒体称，奥巴马借美非峰会，试图挑战中国作为非洲第一大贸易伙伴的地位。自2009年以来，中国已连续5年为非洲第一大贸易伙伴国，同时也是非洲重要的发展合作伙伴和新兴投资来源地。非洲则成为中国重要的进口来源地、第二大海外承包工程市场和新兴的投资目的地。美国深感过去数年忽视或错过了非洲的发展，需要"集中补课""赶超中国"。宏观层面，中美关系及彼此对外政策似有针锋相对的意味，微观层面的博弈更有剑拔弩张的色彩。美国商务部 2014 年 8 月宣布对中国大陆和台湾地区生产的光伏产品初步征收税率在 20%—40% 左右的关税，中国国家工商总局则对美国微软公司涉嫌垄断行为立案调查。有人担心，如果中美关系的大方向趋于紧张，则微观层面的经贸交往将受到严重影响；反过来看，如果微观层面的摩擦得不到有效管控，亦可能经由"报复与反报复"不断升级的方式损害中美关系的大局。

为了各自的利益而激烈竞争未必是坏事。亚当·斯密早就论证过，人们"每天所需的食料和饮料，不是出自屠户、酿酒家或烙面师的恩惠，而是出于他们自利的打算"。他们为了自利而竞争，自己获得利润的同时，"消费者"也能因为这种竞争而获得性价比更高的产品与服务。中美在非洲的竞争就是这样。中美的投资能获益于非洲的快速发展，得到回报，非洲也能得到更多成本更低的资金。事实上，在这些领域，中美在竞争中还能发现更多合作的机会。例如，中国方面已经邀约美国一起在非洲建设水坝等大型基础设施，共同分担资金压力与安全成本。

竞争可能成为迈向共荣的途径，但有一个前提，就是竞争必须以一定的规则为约束，让竞争的各方知晓底线，"有所为有所不为"。中国提出构建中美新型大国关系，就是试图为大国之间的竞争立宪，从规则上排除那些可能导致集体毁灭的竞争方式，从而将竞争的结果导向增进效率、创造和平红利与共同繁荣的路径上来。只要各方均秉持构建新型大国关系的愿景，不走大国对抗的老路，那么竞争就最终是

第六章　开创持久和平与共同繁荣　**253**

生产性的，全球范围内的竞争性共荣（competitive co-prosperity）[1]是可期待的。

2016年11月8日，唐纳德·特朗普（Donald John Trump）赢得美国大选成为当选总统。就像英国脱欧公投结果一样，当地乃至世界主流媒体和研究人士几乎全部预测错误，以致有人用"2016年的天鹅湖里挤满了黑天鹅"来形容这种小概率事件频频出现的现象。出现主流阶层意料或意愿之外的结果，不能削足适履地认为现实不正常[2]，而应该检讨主流阶层看待这个世界的方法论是否出现了系统性偏差。兹比格涅夫·布热津斯基（Zbigniew Kazimierz Brzezinski）在其《战略远见：美国与全球权力危机》一书中指出，"在全世界范围内，此前曾一直在政治上表现消极或者受到压制的群体，正经历着一轮政治觉醒"[3]。卡尔·波兰尼（Karl Polany）早就在其《大转型：我们时代的政治与经济起源》一书中表明，人类社会在自由放任和保护社会两股力量的摇摆中前行，当自由放任带来的贫富分化、环境破坏、道德沦丧等负面产物让沉默的大多数忍无可忍，人类发展的钟摆就会向保护社会的方向回摆[4]。这意味着，当前全世界的主流阶层很可能系

---

[1]　有学者提出中美建立新型大国关系的目标是竞争式共存（competitive coexistence），我们认为在此基础上应更进一步。参见 Shambaugh, D. L., *Tangled Titans*: *The United States and China*, Rowman & Littlefield, 2013, p. 4.

[2]　实际上大选期间，美国主流舆论以"疯子"和"骗子"的对决来形容特朗普和希拉里·克林顿的竞争。参见 Doyle McManus, "Clinton and Trump Will be Held to Different Debate Standards, But That's OK", *Los Angeles Times*, September 25 2016, http://www.latimes.com/opinion/op-ed/la-oe-mcmanus-trump-clinton-debate-challenges-20160925-snap-story.html.

[3]　兹比格涅夫·布热津斯基：《战略远见：美国与全球权力危机》，洪漫等译，新华出版社2012年版，第22页。

[4]　卡尔·波兰尼：《大转型：我们时代的政治与经济起源》，冯钢等译，浙江人民出版社2007年版，第171—172页。

统地低估了"受到压制的群体"对寻求"保护"的期待及愿意为此付出的努力。这种保护一旦走向极端，就容易被民粹主义所利用，将世界带入相互排斥、对抗的深渊。习近平主席在 G20 杭州峰会、果阿金砖峰会等多个场合提醒人们警惕"保护主义、内顾倾向抬头""'逆全球化'思潮暗流涌动"，绝非无的放矢。美国当选总统特朗普如果真的坚持他在竞选中宣扬的种族主义、民粹主义、保护主义的政策，中美新型大国关系很可能面临挫折。不过，习近平主席和特朗普当选总统的首次互动展示了一个良好的开端。11 月 9 日，习近平主席向美国当选总统特朗普致贺电，虽然没有直接提及中美新型大国关系，但强调了这一关系"不冲突不对抗、相互尊重、合作共赢"的内涵，并直言"合作是中美两国唯一的正确选择"[1]。特朗普则回应称与习近平主席达成了相互尊重的明确共识[2]。应当说，新型大国关系仍然具备包容中美两国迈向竞争性共荣的弹性和潜力。

◇ 带头倡建"一带一路"

2013 年 9 月，习近平主席在访问哈萨克斯坦时提出建设丝绸之路经济带的倡议，次月在访问东南亚时又提出共建 21 世纪海上丝绸之路，引起国际社会高度关注。从 2013 年 9 月算起，截至 2014 年 10

---

[1] 《习近平致电祝贺特朗普当选美国总统》，新华社，2016 年 11 月 9 日，http://news.xinhuanet.com/world/2016-11/09/c_1119882357.htm。

[2] Reuters, "China President Xi Jinping Tells Donald Trump the 2 Countries Must Cooperate", *Fortune*, November 14 2016, http://fortune.com/2016/11/14/china-president-xi-jinping-donald-trump-cooperation/.

月,两位领导人13次出访中,有11次都包含了对"一带一路"的介绍与期待。2013年10月,李克强总理出访文莱时提出中国—东盟未来十年合作框架的七点建议,其中之一就是共建"21世纪海上丝绸之路"。11月,李克强总理出访罗马尼亚和乌兹别克斯坦,前者被视为丝绸之路经济带由中亚向中东欧延伸,他在乌兹别克斯坦也明确强调上合成员都在丝绸之路经济带上,希望以运输便利化为合作的突破口。2014年2月索契冬奥会期间,习近平主席和普京总统就俄罗斯跨欧亚铁路与"丝绸之路经济带"和"海上丝绸之路"的对接问题达成了共识。次月,习近平主席在出访荷兰、法国、德国和比利时时也表示,要赋予古丝绸之路新的时代内涵,联动欧亚两大市场,造福沿途各国人民。6月,李克强总理出访希腊时,该国总理表示希腊愿成为中国产品进入欧洲的门户和枢纽,与中方加强海洋合作,共同推进21世纪海上丝绸之路建设。7月,习近平主席访问韩国,韩国方面也提出"丝绸之路快线"构想,或可与"一带一路"对接,双方联合拓展合作空间。8月,习近平主席访问蒙古时也与蒙方就共同推进丝绸之路经济带交换了意见,蒙方表示该国正在讨论和积极落实"丝绸之路经济带"倡议。9月,习近平主席访问塔吉克斯坦、马尔代夫、斯里兰卡和印度。习主席提出经济带已进入务实合作阶段,希望与塔方以此为契机推动深度合作;盛赞马尔代夫是古代海上丝绸之路的重要驿站;对斯里兰卡表示,愿共同推动21世纪海上丝绸之路复兴;也要与印度探讨丝绸之路经济带和21世纪海上丝绸之路倡议,引领亚洲经济可持续增长。2015年3月,博鳌亚洲论坛召开,习近平主席出席并发表演讲,他在演讲中对"一带一路"倡议的进展做了介绍,欢迎各方共襄盛举。其间,国家发展改革委员会、外交部、商务部联合发布了《推动共建丝绸之路经济带和21世纪海上丝绸之路的愿景与行动》的文件。2016 年 6 月 22 日，习近平主席在乌兹别克斯坦最高会议立法院的演讲中介绍了"一带一路"提出 3 年以来取得的成果，共有 70 多个国家和国际组织积极参与"一带一路"建设，中方制定出台了推动共建"一带一路"的愿景与行动文件，并同 30 多个国家签署了共建"一带一路"的合作协议。中国同 20 个国家签署了产能合作协议，同"一带一路"沿线 17 个国家共同建设了 46 个境外合作区，中国企业累计投资超过 140 亿美元，为当地创造 6 万个就业岗位。中国每年资助 1 万名沿线国家新生来华学习或研修。2015 年，中国同"一带一路"参与国双边贸易额突破 1 万亿美元，占中国外贸总额的 25%；中国企业对"一带一路"沿线 49 个国家的直接投资额近 150 亿美元，同比增长 18%；"一带一路"参与国对华投资额超过 82 亿美元，同比增长 25%。"一带一路"建设已经初步完成规划和布局，正在向落地生根、深耕细作、持久发展的阶段迈进。[①] 到 8 月中央召开推进"一带一路"建设工作座谈会时，积极参与的国家和国际组织上升至 100 多个，一批有影响力的标志性项目逐步落地，相关建设从无到有、由点及面，进度和成果超出预期。[②]

"一带一路"是中国首倡的国际合作倡议和计划，致力于维护全球自由贸易体系和开放型世界经济，旨在促进经济要素有序自由流动、资源高效配置和市场深度融合，推动沿线各国实现经济政策协调，开展更大范围、更高水平、更深层次的区域合作，共同打造开

[①] 习近平：《携手共创丝绸之路新辉煌——在乌兹别克斯坦最高会议立法院的演讲》，新华网，2016 年 6 月 22 日，http：//news. xinhuanet. com/world/2016－06/23/c_1119094900. htm。

[②] 习近平：《让"一带一路"建设造福沿线各国人民》，新华网，2016 年 8 月 17 日，http：//news. xinhuanet. com/politics/2016－08/17/c_ 1119408654. htm。

放、包容、均衡、普惠的区域经济合作架构，以新的形式使亚欧非各国联系更加紧密，互利合作迈向新的历史高度。这是中国积极参与国际事务、发挥负责任大国作用的体现。"一带一路"倡议发布后，国际社会十分关注中国到底要借此做什么，关注中国是不是要借此"另起炉灶"，创建新的世界秩序，甚至借此争夺国际主导权。事实上，从"一带一路"建设原则来看，这一计划主要是针对当前国际基础设施及其融资等公共产品供应不足而提出的务实的、技术性的规划。它恪守联合国宪章的宗旨和原则，秉持开放性和包容性的姿态，遵循国际通行规则，强调人文交流与和谐共生。在亚洲基础设施投资银行意向创始成员国方面，作为主要发起国的中国也并不画地为牢，而是持续对愿意参与合作的国家保持开放。在关闭创始成员国窗口前夕，中国突然收到英国、法国、德国等多个国家要求加入的申请，提出申请以意向创始成员国身份加入亚投行的国家（地区）总数最终由原来的20多个上升至57个。

从"一带一路"的国内动员来看，这也主要是一个建设性的计划。以丝绸之路经济带为例，在倡议提出之初，中国相关省区市就积极提出了配套的投资、会展等项目计划。2014年，陕西提出"打造丝绸之路经济带新起点，加快建设内陆开发开放高地"；新疆提出"紧紧围绕建设丝绸之路经济带核心区推进全方位开放"；甘肃提出"把丝绸之路经济带甘肃段建设作为向西开放的重中之重……努力把甘肃打造成丝绸之路经济带黄金段"；宁夏提出"把宁夏建成丝绸之路经济带的战略支点"。参与推进丝绸之路经济带和海上丝绸之路建设座谈会的重庆、青海、云南、四川等西部省市政府工作报告也都对丝绸之路经济带战略有积极的回应，并将其列入了2014年政府的重点工作安排之中。除此之外，一些并未列席国家发改委和外交部座谈会的省份，也纷纷表态要积极对接、参与、融入丝绸之路经济带，声称要抓住甚至抢抓国家建设丝绸之路经济带的机遇。这些省区市构成中国落实和推进丝绸之路经济带战略的国内基础。

2015年，各地对"一带一路"的热情更加高涨。2015年有20多个省市将"一带一路"写入了政府工作报告，甚至一些被视为"非核心区域"的省份也表示了非常积极的姿态。多数地方将"一带一路"视为国家新一轮扩大开放的重大机遇。从各地在政府工作报告中披露的设想或规划来看，基础设施建设和大项目落地是各地对接"一带一路"的主要抓手。西部着重公路、铁路、水路、口岸等交通网络的建设，东部强调港口、水道及远洋运输设施的规划。在开展大规模基础设施投资的同时，各地还希望借此优选、储备一批重大投资项目，举办高规格的博览会，进而跻身枢纽、中心、高地、黄金段或战略支点。

从沿线国家的态度来看，域内主要国家对"一带一路"倡议总体上持积极态度。例如，哈萨克斯坦外交部副部长萨雷拜（Kairat Sarybay）指出，中国倡导的丝绸之路经济带与哈萨克斯坦总统纳扎尔巴耶夫发起的新丝绸之路项目是一致的，有助于哈萨克斯坦成为中亚的贸易、物流和商业枢纽，哈萨克斯坦已经做好准备积极参加这一涵盖经济、贸易、投资、文化等合作领域的大型项目。[①] 塔吉克斯坦驻华大使阿利莫夫（Rashid Alimov）认为，丝绸之路经济带倡议的实现，必将给中亚各国经济发展提供新的可能性，也将有助于加强中亚国家同欧洲的经济联系。借助丝绸之路经济带，中亚国家不仅有了出海

[①] Daniyar Mukhtarov, "Kazakhstan Considers Its Participation in Silk Road Economic Belt Project", *Trend*, January 10, 2014, http：//en.trend.az/casia/kazakhstan/2228894.html.

口，也将融入世界金融和贸易流通体系。塔吉克斯坦非常愿意参与丝绸之路经济带的建设。吉尔吉斯斯坦驻华使馆参赞朱萨耶夫（Kubanychbek Dzhusaev）认为，丝绸之路经济带是中国对其发展经验，特别是改革开放以来发展经验的认真总结。中国将这一经验提供给世界，值得各方研究和探讨。中国的进一步发展和强大，无疑将给中亚地区发展带来新的机遇。当前面临的主要问题在于各方能否接受和真正理解这一倡议，各方对丝绸之路经济带倡议的理解和支持，将会使各方受益。[①]

中东国家对中国的倡议也持欢迎态度。海湾国家合作委员会秘书处综合经济部主任阿卜杜勒·阿齐兹（Aluwaisheg Abdel Aziz）表示，海合会成员国都欢迎中国的措施，一些成员已经宣布将积极参加丝绸之路经济带和海上丝绸之路建设。阿齐兹注意到中国在土库曼斯坦、哈萨克斯坦、乌兹别克斯坦、吉尔吉斯斯坦和白俄罗斯等国的投资及贷款合作，认为这些合作可能在中国与包括中东在内的亚洲其他地区之间建立新的经济和政治联盟（new economic and political alliance）关系。但阿齐兹认为中国需要更好地解释合作的性质和前景，表明将如何与预期的合作伙伴一起把丝绸之路经济带设想落到实处。关于中国对外合作的方式，阿齐兹总体上持理解和支持的态度。中国过去10年中在非洲能源和基础设施领域的投资和软贷款虽然遭到一些批评或责难，但相对于西方人的作为，大多数非洲人对中国人还是予以正面评价。阿齐兹称，海合会国家希望在丝绸之路经济带建设中扮演更积

[①] 参见陈玉荣、汤中超《经济全球化背景下的"丝绸之路经济带"国际学术研讨会综述》，《国际问题研究》2014年第1期。

极的角色,而不仅仅是投资和产品的接受者。① 伊朗也希望向西开放的陆上丝绸之路建成后,能成为中国更重要的油气出口国。目前伊朗有石油和天然气管道通向巴基斯坦,未来在丝绸之路经济带框架下,双方可以通过谈判,共同修建伊朗通向中国的能源管道。②

中东欧也不乏对丝绸之路经济带倡议持较积极态度的观点。波兰国际问题研究所诗丽娜博士认为,丝绸之路经济带战略为欧洲尤其是中东欧国家与中国西部省份更紧密的合作创造了新机会,中国与中东欧 16 国在交通、能源等部门的合作倡议表明,这一地区也是中国新丝绸之路政策的重要组成部分。诗丽娜还建议波兰对华政策的合作重心放在西部地区,将兰州新区作为波兰对华经济合作的桥头堡。③

总体来看,中国推进"一带一路"的和平和建设性的意图,得到了多数域内国家的认同和理解,并且抱持了相对积极的态度。但是,这并不意味着可以忽视"一带一路"倡议实现的风险。有人将"一带一路"比作中国版的马歇尔计划,实际上与美国的"马歇尔计划"相比,中国的对外战略主要面对的欠发达国家与美国面对的欧洲国家有很大不同,这意味着我们的走出去战略更加不容易,但意义也更加重大。"马歇尔计划"面对的是欧洲的重建与复兴,既然是复兴,就是说以前曾经兴盛过,现在因战争毁掉了,重返繁荣的愿望就会特别强烈。经济增长是需求拉动的,经济学里面需求的含义就是有支付能力的欲望。第二次世界大战毁掉了欧洲的支付能力,但没毁掉欲望。

---

① Abdel Aziz Aluwaisheg, "China's New Silk Road Initiatives: A GCC Perspective", *Arab News*, January 17, 2014, http://www.highbeam.com/doc/1G1 - 357344793.html.

② 姜隅琼:《基建能源区域合作 串起"新丝路"》,《上海证券报》2014 年 5 月 29 日,第 F05 版。

③ Justyna Szczudlik - Tatar, "China's New Silk Road Diplomacy", *Policy* No. 34 (82), December, 2013, pp. 6 - 8.

重建的也是支付能力，这是件相对容易的工作。

中国面临很多需要去发展基础设施、搞援助的欠发达与发展中国家，可能在欲望问题上有很大的不同。比如印度基础设施欠账很大，但按照基辛格的说法，印度的宗教和文化倾向于让人们忍耐和节制欲望，这种情况下你要劝说人们拆迁了兴建好的基础设施困难就更大。再比如，非洲有一种猴面包树，树叶可以当蔬菜，果实可以当粮食，榨成汁就是饮料，有一棵树吃饭问题就全都解决了。那里气温又高，中国人还在讲要解决温饱问题再奔小康生活，在那里大自然已经解决了温饱，当地人发展的动力也就不足了。很大程度上，中国的对外合作与援助战略，不仅要建设支付能力，还面临重建欲望（以及制度）的挑战，要让欠发达国家认识到全球化的好处，给他们提供接入全球化的机会，这个任务要困难得多，意义也重大得多。

本质上看，"一带一路"成败的关键是能否实现治理体系与治理能力现代化，对内是实现国家治理体系与治理能力现代化，对外是推动国际治理体系与治理能力现代化。把握住这条主线就会明白，"一带一路"不是新一轮粗放型投资拉动经济增长的起点。道路不是不修，项目不是不搞，园区不是不建，而是要在现代化的治理体系与市场机制中来修铁路、建项目、办园区。投资力度再大，如果方式错误，或者方向错误，只会让中国经济重返不可持续的老路。如果"一带一路"的建设项目，还是按政府批条子拿地、税收优惠、资金补贴等老套路办，只会加剧治理体系与治理能力现代化的难度。现在看来拉动了增长的巨大投资需求，在可预见的将来就会转变为治理成本更高的过剩产能。形成"一带一路"的国内部分与国际部分（转移优势富余产能）之间的逻辑冲突和内在紧张。国内国外各级政府如果能在治理理念、治理工具、治理手段等方面下工夫、出思路，治理体系和治理能力得到提升,顺应产业升级需求的好项目,自然而然会从民间社会大众创业、万众创新的浪潮中涌现出来,促进该地或该国的能力提升,最终实现国内治理与国际治理的相互促进,改善全球治理体系。

结　　语

乒乓球传奇

1890年，或许是因为天气欠佳，或是囿于场地限制，几位在印度驻守的英国军官在桌子上玩起了网球。尽管感觉很刺激，但毕竟相对于桌子而言，网球太重网球拍也过长。随后他们开始改用空心橡胶球和木板拍，分割台面的书逐渐被球网替代，比赛规则也仿效网球而建立起来。"桌上网球"（Table‐tennis）风靡世界还要特别感谢美国人，正是因为喜好新奇的美国人在20世纪初首先标准化和规模化生产"桌上网球"比赛用具，也正是因为美国制造商以球撞击桌面时发出的声音（Ping‐pong）作为产品的注册商标，"乒乓球"由此才成为"桌上网球"的另一正式名称。1904年末上海四马路文具店王姓老板从日本购入10套乒乓球器材用作店内表演，开启了中国乒乓球从无到有、从寡到众、从弱到强的征程。1926年第一次国际乒乓球邀请赛在德国柏林举行，翌年成立了国际乒乓球联合会，并将柏林邀请赛追认为第一届世界乒乓球锦标赛。1957年后世锦赛由每年一次改为每两年一次。目前国际乒联有近190个会员，是世界较大的体育组织，1988年乒乓球被正式列为奥运会比赛项目。

在乒乓球问世的最初十几年，游戏者使用的主要是木质光板，击出的球速度慢、力量小、旋转弱，打法只有抽球和推挡两种。后来英国人发明了圆柱形颗粒胶皮球拍，增加了弹性和摩擦力，从而催生了以削下旋球为主的防守型打法。1936年在匈牙利布达佩斯举行的第10届世乒赛上，男子团体争夺战由于双方都派削球手出战且球员水平接近，以致比赛六小时后赛程仍未过半。略显冗长乏味的乒乓球赛随着奥地利人在1950年代初发明海绵球拍而改观。日本运动员首先使用这种能击出速度快旋转强的球拍，首创"远台长抽"进攻型打法，凭借"弧圈球"在世乒赛上大放异彩，由此终止了欧洲人的垄断地位，同时迎来了日本人辉煌的10年。然而强中更有强中手，1959年随着归国侨胞容国团首获世乒赛冠军，中国人依靠以"快准狠变"为特点的"近台快攻"打法，独步世界乒坛20余年，并于1980年代初，一举囊括世乒赛所有七项冠军。其间，欧洲人特别是匈牙利人和瑞典人卧薪尝胆、重整旗鼓，开发出快攻与弧圈球相结合的打法，1990年代和21世纪初，世界乒坛处于一个群雄并起时代。

乒乓球整体水平的提高，除了打法或技战术创新和训练改进外，还与围绕着球拍进行的技术改进密切相关。海绵和胶皮质量的改进和种类的增多，新型胶水的使用，均促进了乒乓球运动技术的发展。然而快速发展本身也带来了一系列问题，特别是击出的球速度越来越快，旋转越来越强，以至于球路变化无法看清，交手回合大幅度减少，从而使得竞争性和观赏性大打折扣。中国人包揽世界冠军后，就有人开始主张改变乒乓球比赛规则，比如把球加大、把网升高以及变更赛制。1999年，在第45届世乒赛期间召开的国际乒联大会上，"大球改革"被正式提上议事日程，并由此拉开了乒乓球规则改革的序幕。"大球改革"议案于次年在吉隆坡举行的非常规性会议——国际乒联特别大会和代表大会——上获得通过，从此直径加长了两毫米、飞行速度放慢的大球登上乒乓球的历史舞台，原来的"21分制"也被竞争性更强的"11分制"所取而代之。自2008年始，能够增加海绵弹性并提高击球速度的有机胶水被更为中性的无机胶水所替换；同时，通过遮挡以增加接发球难度的发球亦被禁止。

历史的重要功能之一在于它的启迪性。我们大体上可以从乒乓球发展史中得到如下启示或发现。首先，需求乃创造之母，而创造又非空穴来风，且大多脱胎于业已流行的事物，如同乒乓球之于网球。其次，一项运动或某种产品能否风靡世界，与标准化生产或大众参与紧密相连，正如美国人大规模生产乒乓球器具并因成本低廉而使其得以普及。再次，江山代有才人出，各领风骚数十年。乒乓球前60年的历史和世界近代史几乎如出一辙，英国先行，欧美紧跟，日本赶超。第四，围绕"作战武器"出现的技术进步和受到先进理念为指引的战略战术更新，构成主导国权杖反复易手的根本原因，小小球拍经历的"革命"打法之理念的变换便是例证。第五，游戏规则对比赛结果施加影响，改变规则意味着改变结果，换言之，规则多数是非中性的。这正是有些人竭尽全力支持"大球改革"的主要原因。第六，即使绝顶聪明，初始规则的制定者也不完全清楚未来谁将成为现行非中性规则的最大获益者。英国人发明乒乓球和德国人首办国际比赛，并非为了将来让中国人扬眉吐气。

对后来的博弈者而言，大力引入先进技术和高端人才，积极参与全球竞争，实乃实现赶超的充分必要条件。在1950年代末到1970年代末中国所有体育运动项目中，与世界接触最为频繁、理念最为开放的非乒乓球莫属。此为第七点启示。人口规模和普及程度或人力资本积累，迟早会扮演决定胜负者之角色。遍布中国每一所中小学的乒乓球台和不计其数的乒乓球爱好者，为最后登顶的运动员构建了宽阔且厚实的阶梯。这可被视为第八点发现。近百年来在竞技体育上中国学习并赶超西方，乒乓球是最值得夸耀的项目。但这也提出了一个严肃的问题：为什么是乒乓球而非足、篮、排球？除了身体条件的制约外，我们看到，和集体运动项目不同，乒乓球属于个人之间的竞技。输赢记在个人头上，则很容易使激励机制之功效得以充分发挥。羽毛球、台球、网球、游泳跳水亦如此。此乃第九点启示。最后，尽管各国在规则制定过程中竞争激烈，但其间仍存在共同利益。毕竟乒乓球的繁荣是所有玩家的一致愿望。如果各方为了眼前的一己私利而让乒乓球失去观赏性和趣味性，其结果只能是被淘汰出局。

关于共同利益和冲突利益，美国经济学家托马斯·谢林半个多世纪前讨论过一个简单却又深刻的实验。在实验中，两个接受实验的人分100美元，程序是每人先在纸上写出自己想得到的数额，然后把他们两人写下的数额相加，如果总额小于等于100，则每人得到你所写下的美元数。如果大于100，则两人分文不得。这个实验的结果是多数人采取合作态度，写下不大于50美元的数额。这个结果很重要，更重要的是实验显示出的关于人类行为的另一特征，即共同利益和冲突利益并存。

在此实验中，两人必须合作才可能有所收益；同时两人之间的博弈又是零和的，因为我多得的就是你少得的。这恰是人类面临的常态，也是中国复兴过程中面临的现实。[①] 只有处理好共同利益和冲突利益的关系，创造共同发展的机遇，管控好利益分配的冲突，世界赛局才能和平、有序、可持续地进行下去。当然，管控利益分配并不意味着任何利益都可以退让或拿来做交换。"中国不觊觎他国权益，不嫉妒他国发展，但决不放弃我们的正当权益。中国人民不信邪也不怕邪，不惹事也不怕事，任何外国不要指望我们会拿自己的核心利益做

[①] 张宇燕：《全球治理：人类共同利益与冲突利益并存》，《探索与争鸣》2016年第5期。

交易，不要指望我们会吞下损害我国主权、安全、发展利益的苦果"①。

回过头看，对中国人来说，留下了太多甜蜜记忆并承载了无尽美好憧憬的乒乓球发展史，可以说是一段传奇。或许乒乓球发展史本身就含蕴着中国经济发展的历史脉络，成为中国成功地沿着和平发展的道路实现赶超和民族复兴的缩影，恰如1960年代后世界乒坛上所发生的一切。中国有这个定力，也有这个信心。当然这一切最终成为现实是有条件的，而条件大多都或明或暗、若隐若现于乒乓球发展史的诸项启示之中。

---

① 习近平：《在庆祝中国共产党成立95周年大会上的讲话》，《人民日报》2016年7月2日。

参考文献

中文文献

A. C. 庇古：《福利经济学》（上卷），朱泱等译，商务印书馆 2006 年版。

R. 麦克法夸尔、费正清编：《剑桥中华人民共和国史：革命的中国的兴起》，中国社会科学出版社 1990 年版。

R. 麦克法夸尔、费正清编：《剑桥中华人民共和国史：中国革命内部的革命》，中国社会科学出版社 1992 年版。

阿里·卡赞西吉尔、黄纪苏，《治理和科学：治理社会与生产知识的市场式模式》，《国际社会科学杂志》1999 年第 1 期。

阿林·杨格：《报酬递增与经济进步》，贾根良译，《经济社会体制比较》1996 年第 2 期。

艾伦·格林斯潘：《动荡的世界》，余江译，中信出版社 2013 年版。

安格斯·麦迪森：《世界经济千年史》，伍晓鹰、许宪春等译，北京大学出版社 2003 年版。

奥利佛·威廉姆森等编：《交易成本经济学经典名篇选读》，李自杰等译，人民出版社 2008 年版。

奥利佛·威廉姆森、斯科特·马斯腾：《交易成本经济学》，人民出版社 2008 版

巴枯宁：《国家制度和无政府状态》，马骧聪等译，商务印书馆 1982 年版。

鲍勃·杰索普、漆蕪：《治理的兴起及其失败的风险：以经济发展为例的论述》，《国际社会科学杂志》1999 年第 1 期。

布坎南：《自由、市场与国家》，吴良健、桑伍、曾获译，北京经济学院出版社 1988 年版。

蔡昉：《跨越"中等收入陷阱"唯有改革》，《参考消息》2016 年 3 月 14 日。

陈广胜：《走向善治》，浙江大学出版社 2007 年版。

陈向阳：《尽快制定新的"大周边"战略》，《瞭望新闻周刊》2006 年 7 月 17 日。

陈炎：《海上丝绸之路与中外文化交流》，北京大学出版社 1996 年版。

陈玉荣、汤中超：《经济全球化背景下的"丝绸之路经济带"国际学术研讨会综述》，《国际问题研究》2014 年第 1 期。

大卫·李嘉图：《政治经济学及赋税原理》，郭大力、王亚南译，商务印书馆 1962 年版。

丹尼尔·贝尔：《后工业社会的来临》，高銛译，商务印书馆 1984 年版。

道格纳斯·C. 诺思：《经济史中的结构与变迁》，陈郁、罗华平译，上海人民出版社 1994 年版。

《邓小平文选》第 1 卷，人民出版社 1994 年版。

《邓小平文选》第 2 卷，人民出版社 1994 年版。

《邓小平文选》第 3 卷，人民出版社 1993 年版。

笛福：《鲁滨逊漂流记》，马静译，广西民族出版社2002年版。

恩格斯：《家庭、私有制和国家的起源》，人民出版社1972年版。

费正清编：《剑桥中国晚清史（上下卷）》，中国社会科学院历史研究所编译室译，中国社会科学出版社1985年版。

冯维江，何帆：《直面现实的博弈论——2005年诺贝尔经济学奖得主托马斯·谢林思想评述》，《国际经济评论》2005年11—12月。

弗朗西斯·福山：《政治秩序的起源》，毛俊杰译，广西师范大学出版社2012年版。

弗里德利希·冯·哈耶克：《通往奴役之路》，王明毅、冯兴元译，中国社会科学出版社1997年版。

傅高义：《邓小平时代》，冯克利译．，生活·读书·新知三联书店2013年版。

高程：《"新帝国体系中的制度霸权与治理路径——兼析国际规则'非中性'视角下的美国对华战略"》，《教学与研究》2012年第5期。

格·阿·阿尔巴托夫：《苏联政治内幕》，徐葵等译，新华出版社1998年版。

国务院新闻办：《中国的人权状况》，1991年11月，国务院新闻办网站，http：//www.scio.gov.cn/zfbps/ndhf/1991/Document/308017/308017.htm。

国务院新闻办公室：《中国的和平发展》，2011年9月，人民网，http：//politics.people.com.cn/GB/1026/15598619.html。

哈特等：《帝国：全球化的政治秩序》，杨建国等译，江苏人民出版社2005年版。

海闻：《创新和教育是中国转型升级关键》，《参考消息》2016年4月

5 日。

汉斯·摩根索著，肯尼斯·汤普森修订，戴维·克林顿修订：《国家间政治》，徐昕、郝望、李保平等译，北京大学出版社 2006 年版。

何帆、冯维江、徐进：《全球治理机制面临的挑战及中国的对策》，《世界经济与政治》2013 年第 7 期。

何新：《龙：神话与真相》，时事出版社 2002 年版。

洪兴祖：《楚辞补注》，中华书局 1983 年版。

胡鞍钢：《"中等收入陷阱"对中国是伪命题》，《参考消息》2016 年 3 月 18 日。

户华为：《虚构与真实——民间传说、历史记忆与社会史"知识考古"》，《江苏社会科学》2004 年第 6 期。

霍布斯：《论公民》，应星、冯克利译，贵州人民出版社 2004 年版。

基欧汉：《霸权之后：世界政治经济中的合作与纷争》，上海人民出版社 2001 年版。

贾康、苏京春：《中国突破"瓶颈期"亟需制度创新》，《参考消息》2016 年 3 月 23 日。

江必新：《推进国家治理体系和治理能力现代化》，《光明日报》2013 年 11 月 15 日。

卡尔·A. 魏特夫：《东方专制主义》，徐式谷等译，中国社会科学出版社 1989 年版。

卡尔·波兰尼：《大转型：我们时代的政治与经济起源》，冯钢等译，浙江人民出版社 2007 年版。

康芒斯：《制度经济学》，商务印书馆 1998 年版。

李稻葵：《中国有能力突破"中等收入陷阱"》，《参考消息》2016 年 3 月 15 日。

李侃如：《治理中国》，胡国成、赵梅译，中国社会科学出版社 2010 年版。

理查德：《邓小平传》，武市红译，上海人民出版社 1996 年版。

厉以宁：《跨越"三座大山"方可避免落入"陷阱"》，《参考消息》2016 年 4 月 4 日。

林毅夫、蔡昉、李周：《中国的奇迹：发展战略与经济改革》，上海人民出版社 1999 年版。

林毅夫：《中国跻身高收入国家有独特优势》，《参考消息》2016 年 3 月 25 日。

刘培林：《中国经济重回第一的历史镜鉴》，《中国经济时报》2014 年 10 月 16 日。

刘世锦：《为什么中国"发展中国家"的身份会成为一个问题》，《求是》2011 年第 11 期。

陆南泉：《苏联经济体制改革史论》，人民出版社 2007 年版。

陆忠伟：《中国"大周边"地带各种力量分化组合态势》，中国战略与管理研究会网站，http：//www.cssm.gov.cn/view.php? id＝6070。

路德维希·冯·米瑟斯：《自由与繁荣的国度》，韩光明等译，中国社会科学出版社 1995 年版。

罗争光、罗宇凡：《从简政便民到制度防腐——我国行政审批制度改革进展综述》，2016 年 8 月 10 日，新华网，http：//news.xinhuanet.com/politics/2016-08/10/c_1119367078.htm。

吕浦：《"黄祸论"历史资料选辑》，中国社会科学出版社 1979 年版。

马克思：《评普鲁士最近的书报检查令》，《马克思恩格斯全集》第 1 卷，人民出版社 1995 年版。

曼瑟·奥尔森：《权力与繁荣》，苏长和译，上海人民出版社 2005

年版。

毛泽东：《毛泽东外交文选》，中央文献出版社、世界知识出版社1994年版。

潜明兹：《中国古代神话与传说》，商务印书馆2007年版。

乔治·索罗斯：《未来的路》，2009年11月11日，FT中文网，http：//www.ftchinese.com/story/001029656。

秦亚青：《霸权体系与国际冲突：美国在国际武装冲突中的支持行为》，上海人民出版社1999年版。

阮宗泽：《塑造有利于中国发展的大周边环境》，中国战略与管理研究会网站，http：//www.cssm.gov.cn/view.php？id=6071。

塞缪尔·P. 亨廷顿：《变化社会中的政治秩序》，王冠华译，生活·读书·新知三联书店1989年版。

沈丁立：《中国周边外交的双环战略》，《当代亚太》2009年第1期。

沈志华总主编：《苏联历史档案选编》（第23卷），社会科学文献出版社2002年版。

沈志华：《从西柏坡到莫斯科：毛泽东宣布向苏联"一边倒"》，《中共党史研究》2009年第4期。

盛洪：《龙的诞生：一个政治经济学的故事》，《读书》2000年第12期。

斯塔夫里阿诺斯：《全球通史》，董书慧等译，北京大学出版社2005年版。

苏莱曼：《苏莱曼东游记》，刘半农译，中华书局1937年版。

孙广振、张宇燕：《利益集团与"贾谊定理"：一个初步的分析框架》，《经济研究》1997年第6期。

唐世平：《塑造中国的理想安全环境》，中国社会科学出版社2003

年版。

托克维尔：《旧制度与大革命》，冯棠译，商务印书馆1992年版。

王涛：《1979年理论工作务虚会》，《党史文苑》2014年第13期。

王毅：《与邻为善以邻为伴》，《求是》2003年第4期。

威廉·奥多姆：《苏联军队是怎样崩溃的》，王振西等译，新华出版社2000年版。

温家宝：《中国人完全有能力解决自己的吃饭问题》，《农家之友》2008年第11期。

习近平：《习近平谈治国理政》，外文出版社2014年版。

习近平：《共同创造亚洲和世界的美好未来——在博鳌亚洲论坛2013年年会上的主旨演讲（2013年4月7日）》，《人民日报》2013年4月8日。

习近平：《弘扬万隆精神推进合作共赢——在亚非领导人会议上的讲话》，2015年4月22日，新华网，http：//news.xinhuanet.com/politics/2015-04/22/c_1115057390.htm。

习近平：《加强文化交流 促进世界和平——在第61届法兰克福国际书展开幕式上的致辞（2009年10月13日）》，《人民日报》2009年10月14日。

习近平：《坚定信心 共谋发展——在金砖国家领导人第八次会晤大范围会议上的讲话》，2016年10月16日，新华网，http：//news.xinhuanet.com/2016-10/16/c_1119727543.htm。

习近平：《让"一带一路"建设造福沿线各国人民》，2016年8月17日，新华网，http：//news.xinhuanet.com/politics/2016-08/17/c_1119408654.htm。

习近平：《顺应时代前进潮流 促进世界和平发展——在莫斯科国际

关系学院的演讲（2013年3月23日）》,《人民日报》2013年3月24日。

习近平:《推进上海自贸区建设加强和创新特大城市社会治理》,《人民日报》2014年03月06日。

习近平:《携手共创丝绸之路新辉煌——在乌兹别克斯坦最高会议立法院的演讲》,2016年6月22日,新华网,http://news.xinhuanet.com/world/2016-06/23/c_1119094900.htm。

习近平:《携手合作共同发展——在金砖国家领导人第五次会晤时的主旨讲话》,2013年3月27日,新华网,http://news.xinhuanet.com/world/2013-03/27/c_124511954.htm。

习近平:《永远做可靠朋友和真诚伙伴——在坦桑尼亚尼雷尔国际会议中心的演讲（2013年3月25日）》,《人民日报》2013年3月26日。

习近平:《在庆祝中国共产党成立95周年大会上的讲话》,《人民日报》2016年7月2日。

习近平:《在十八届中央政治局第三次集体学习时的讲话（2013年1月28日）》,《人民日报》2013年1月30日。

习近平:《在哲学社会科学工作座谈会上的讲话》,新华网,2016年5月18日,http://news.xinhuanet.com/politics/2016-05/18/c_1118891128.htm。

习近平:《国发展新起点全球增长新蓝图——在二十国集团工商峰会开幕式上的主旨演讲》,2016年9月3日,中国共产党新闻网,http://cpc.people.com.cn/n1/2016/0905/c64094-28690521.html。

《习近平出席"2010'经济全球化与工会"国际论坛开幕式并致辞（2010年2月25日）》,《人民日报》2010年2月26日。

新华社:《习近平致电祝贺特朗普当选美国总统》,2016年11月9日,新华网，http://news.xinhuanet.com/world/2016-11/09/c_1119882357.htm。

辛向阳：《推进国家治理体系和治理能力现代化的三个基本问题》，《理论探讨》2014年第2期。

亚当·斯密：《国民财富的性质和原因的研究》，郭大力、王亚南译，商务印书馆1972年版。

闫忠林：《中东、中亚与中国的"大周边"能源战略》，《哈尔滨工业大学学报（社会科学版）》2006年1月。

俞可平：《衡量国家治理体系现代化的基本标准》，《北京日报》2013年12月9日。

俞可平：《治理与善治》，社会科学文献出版社2000年版。

俞沂暄：《关于中国发展中国家身份的探讨》，《复旦国际关系评论》2013年。

张露、黄楫：《中国周边战略中的澳大利亚——"大周边"战略理念与外交谋划的新探索》，《现代国际关系》2007年第2期。

张少书：《朋友还是敌人？1948—1972年的美国、中国和苏联》，顾宁等译，中央编译出版社2014年版。

张树华、王文娥：《对撒切尔夫人1991年在美国休斯敦演讲的查证》，《红旗文稿》2010年第23期。

张树华：《英国前首相撒切尔夫人谈瓦解苏联》，红旗文稿2010年第11期。

张宇燕、高程：《美洲金银和西方世界的兴起》，中信出版社2004年版。

张宇燕、任琳：《全球治理：一个理论分析框架》，《国际政治科学》2015年第3期。

张宇燕、李增刚：《国际经济政治学》，上海人民出版社2008年版。

张宇燕：《战争对经济的影响》，《国际经济评论》2003 年第 2 期。

张宇燕：《以国家利益设定中国对外战略》，《现代国际关系》2013 年第 10 期。

张宇燕：《战略机遇期：外生与内生》，《世界经济与政治》2014 年第 1 期。

张宇燕：《全球治理：共同利益与冲突利益的权衡》，《IPER 政经观察》2013 年第 1322 号。

张宇燕：《全球治理：人类共同利益与冲突利益并存》，《探索与争鸣》2016 年第 5 期。

张宇燕：《全球治理的中国视角》，《世界经济与政治》2016 年第 9 期。

张宇燕：《双头蛇、蜘蛛和龙》，《读书》2003 年第 8 期。

赵鼎新：《当今中国会不会发生革命？》，《二十一世纪》2012 年 12 月号。

郑新立：《中国有巨大潜力跃升高收入国家》，《参考消息》2016 年 4 月 7 日。

郑永年：《中国需要对中美关系作哲学思考》，《联合早报》2012 年 9 月 4 日。

中共中央党史研究室编：《中国共产党历史（第二卷）》，中共党史出版社 2011 年版。

中共中央文献研究室编：《邓小平年谱：一九七五——一九九七（上）》，中央文献出版社 2004 年版。

中共中央文献研究室编：《毛泽东诗词集》，中央文献出版社 1996 年版。

中共中央文献研究室编：《周恩来年谱》（中），中央文献出版社 1997

年版。

兹比格涅夫·布热津斯基:《战略远见:美国与全球权力危机》,洪漫等译,新华出版社 2012 年版。

英文文献

A. Michael Spence,"The Impact of Globalization on Income and Employment", *Foreign Affairs*, July/August, 2011.

A. Doak Barnett, "After Deng, What? Will China follow the USSR?", *China Quarterly*, 1992.

Abdel Aziz Aluwaisheg, "China's New Silk Road Initiatives: A GCC Perspective", *Arab News*, January 17, 2014, http://www.highbeam.com/doc/1G1-357344793.html.

Acemoglu D., Robison J. A., "Economic backwardness in political perspective", *American Political Science Review*, 100 (01), 2006.

Alastair I. Johnston, *Cultural Realism: Strategic Culture and Grand Strategy in Chinese History*, Princeton, NJ: Princeton University Press, 1995.

Andrew Scobell, *China and Strategy Culture*, Honolulu: University Press of the Pacific, 2002.

Ariel H. Ko, "Not for Political Domination: China's Foreign Economic Policy towards Vietnam, Singapore, and Malaysia in the Open Era", http://theses.gla.ac.uk/2235/.

Arvind Subramanian and Martin Kessler, "China's Currency Rises in the US Backyard", *Financial Times*, October 21, 2006.

Charles R. Morris, *We Were Pirates, too: China is Stealing Our Trade Secrets-just as We Stole Britain's*. December 16, 2012, http://www.post-gazette.com/stories/opinion/perspectives/we-were-pirates-too-china-is-stealing-our-trade-secrets-just-as-we-stole-britains-666529/#ixzz2aCgncdrg.

Clarke, R., "China's cyberassault on America", *Wall Street Journal*, June 15, 2011.

Dan Blumenthal and Joseph Lin, "Oil Obsession: Energy Appetite Fuels Beijing's Plans to Protect Vital Sea Lines", *Armed Forces Journal*, June, 2006.

Daniyar Mukhtarov, "Kazakhstan Considers Its Participation in Silk Road Economic Belt Project", Trend, January 10, 2014, http://en.trend.az/casia/kazakhstan/2228894.html.

Derek M. Scissors, *Will China's economy be #1 by Dec. 31? (And does it matter?)*, 1st May, 2014. http://www.aei.org/article/economics/international-economy/will-chinas-economy-be-1-by-dec-31-and-does-it-matter.

Douglas, J. K., Nelson, M. B., & Schwartz, K., *Fueling the Dragon's flame: How China's energy demands affect its relationships in the Middle East*, US-China Economic and Security Review Commission, 2006.

"Doyle McManus. Clinton and Trump will be held to different debate standards, but that's OK", *Los Angeles Times*. September 25, 2016.

Dreher, Axel, and Nathan M. Jensen, "Independent Actor or Agent? An Empirical Analysis of the Impact of U. S. Interests on International Monetary Fund Conditions", *The Journal of Law and Economics*, 50 (1), 2007.

E. Medalla, and J. D. Balboa, "The Impact of ASEAN-China FTA Early Harvest Program: the Case of the Philippines with Focus on Short-run Effects on the Agriculture Sector", Research Paper Series, 2007, http://ideas.repec.org/b/phd/rpseri/rps_2007-01.html.

Etzioni, A, "Accomodating China", *Survival: Global Politics and Strategy*, 2 (55), 2013.

Fleck, Robert K., and Christopher Kilby, "World Bank Independence: A Model and Statistical Analysis of US Influence", *Review of Development Economics*, 10 (2), 2006.

Francis B, *Gummere*, Beowulf, Wildside Press LLC, 2008.

Gallagher, K., & Porzecanski, R., *The Dragon in the Room: China and the Future of Latin American Industrialization*, Stanford University Press, 2010.

Gertz, Bill, *The China Threat: How the People's Republic Targets America*, Regnery Publishing, 2013.

Gomez, M. A., *Awaken the Cyber Dragon: China's Cyber Strategy and Its Impact on ASEAN*, 2013.

Guthrie, D., *China and Globalization: The Social, Economic and Political Transformation of Chinese Society*, Routledge, 2012.

Hans, J. Morgenthau, *Politics Among Nations: The Struggle for Power and Peace (Fifth Edition)*, New York: Alfred A. Knopf, 1973.

Harry Harding, "The Concept of 'Greater China': Themes, Variations and Reservations", in David Shambaugh (ed.), *Greater China: The Next Superpower?*, New York: Oxford University Press, 1995. Nye, Joseph. "Only China Can Contain China.", *The Huffington Post*, Accessed July 14, 2015. http://www.huffingtonpost.com/joseph-nye/china-contain-china_b_6845588.html.

Hillary Rodham Clinton, "America's Pacific Century", *Foreign Policy*, October 11, 2011.

Hjortdal, M., "China's Use of Cyber Warfare: Espionage Meets Strategic Deterrence", *Journal of Strategic Security*, 4 (2), 2011.

Jacques Pelkmans, *European Integration: Methods and Economic Analysis*, London: Pearson Education Limited, 2006.

Jacques, M., *When China Rules The World: The End of the Western World and the Birth of a New Global Order* [Greatly Expanded and Fully Updated], Penguin Books Limited, 2012.

Jae-Hyung, "China's Expanding Maritime Ambitions in the Western Pacific and the Indian Ocean", *Contemporary Southeast Asia*, Vol. 24, No. 3, 2002.

Jason Dedrick, "Who Profits from Innovation in Global Value Chains? iPhones and Windmills", http://www.usitc.gov/research_and_analysis/documents/Dedrick_USITC_3-21-12_0.pdf.

Jeffrey Frankel, "China is not yet number one", 9th May, 2014, http://www.voxeu.org/article/china-not-yet-number-one.

Jérémie Cohen-Setton, "China's GDP (PPP) to surpass the United States?". 12th May, 2014, http://www.bruegel.org/nc/blog/detail/article/1328-blogs-review-chinas-gdp-ppp-to-surpass-the-united-states/.

Jian, Chen., "A Response: How to Pursue a Critical History of Mao's Foreign Policy", *The China Journal*, 49, 2003.

Joshua Cooper Ramo, *The Beijing Consensus*, the Foreign Policy Centre,

2004, http://fpc.org.uk/fsblob/244.pdf.

Justyna Szczudlik-Tatar, "China's New Silk Road Diplomacy", PISM Policy Paper No. 34. (82), 2013, Available at: https://www.pism.pl/files/? id_ plik = 15818.

Kal Raustiala and Christopher Sprigman, "Fake It Till You Make It: The Good News About China's Knockoff Economy", *Foreign Affairs*, Volume 92, Number 4. Aug/Jul, 2013.

Kevin Rudd. "China under Xi Jinping: Alternative Futures for U.S. - China Relations", Match 2015, http://csis.org/files/publication/150313_ rudd_ speeches.pdf.

Kissinger, H., *On China*, New York: the Penguin Press, 2011.

Kuznets S., "Economic growth and income inequality", *The American economic review*, 1955.

Kynge, J., *China Shakes the World: A Titan's Rise and Troubled Future - And the Challenge for America*, Houghton Mifflin Harcourt, 2007.

Lai, David, "Coming of Chinese Hawk", *Carlisle*, Pennsylvania: Strategic Studies Institute, 2010.

Laurance, W., "Hungry dragon", *Australian Geographic*, 2012.

Mayer, M., & Wübbeke, J., "Understanding China's International Energy Strategy", *The Chinese Journal of International Politics*, Autumn 6 (3), 2013.

Medeiros, Evan S., and M. Taylor Fravel, "China's New Diplomacy", *Foreign Affairs*, 82 (6), 2003

Michael T. Klare, *Rising Powers, Shrinking Planet: The New Geopolitics of Energy*. New York: Metropolitan Books, 2008.

Myrdal, G., Myrdal Gunnar, *Economic Theory and Underdeveloped Regions*, Gerald Duckworth, 1957.

Nolan, P., *Is China Buying the World?*, Cambridge, UK; Malden, MA: Polity Press, 2012.

Ogden, D., *Dragons, Serpents, and Slayers in the Classical and Early Christian Worlds: A Sourcebook*, Oxford University Press, 2013.

Olson M., "Rapid Growth as a Destabilizing Force", *The Journal of Economic History*, 23 (04), 1963.

Overholt, William H., *China and Globalization*, Santa Monica, CA: RAND Corporation, 2005, http://www.rand.org/pubs/testimonies/CT244.html.

Paul Kennedy, *The Rise and Fall of the Great Powers: Economic Change and Military Conflict from 1500 to 2000*, New York: Random House, 1987.

Peet, Richard, *Unholy Trinity: The IMF, World Bank and Wto*, Zed Books, 2003.

Peter Navarro, *Death by China: Confronting the Dragon – A Global Call to Action*, New Jersey: Person Prentice Hall, 2011.

Pillsbury, Michael, *The Hundred-year Marathon: China's Secret Strategy to Replace America as the Global Superpower*, Henry Holt and Company, 2015

Reuters, "China President Xi Jinping Tells Donald Trump the 2 Countries Must Cooperate", *Fortune.* November 14, 2016. http://fortune.com/2016/11/14/china-president-xi-jinping-donald-trump-cooperation/Robert D. Hormats, "Ensuring a Sound Basis for Global Competition: Competitive Neutrality",

DipNote, May 6, 2011, https://blogs.state.gov/stories/2011/05/06/ensuring-sound-basis-global-competition-competitive-neutrality.

Robert Wielaard, "Greece Debt Crisis: Germany Holding up European Union Bailout", *The Huffington Post*, March 19, 2010.

Shambaugh, D. L., *Tangled Titans: The United States and China*, Rowman & Littlefield, 2013.

Stephen G. Brooks and William C. Wohlforth, "The Once and Future Superpower: Why China Won't Overtake the United States", *Foreign Affairs*, Volume 95, Number 3, 2016.

David C. Gompert, Astrid Cevallos, Cristina L. Garafola, *War with China Thinking Through the Unthinkable*, Published by the RAND Corporation, Santa Monica, Calif., 2016. http://www.rand.org/content/dam/rand/pubs/research_ reports/RR1100/RR1140/RAND_ RR1140. pdf.

Storey, I., and Yee, H., *The China Threat: Perceptions, Myths and Reality*, Routledge, 2002.

Subramanian, A., *Eclipse: Living in the Shadow of China's Economic Dominance*, Peterson Institute, 2011.

Swaine, M. D., "Perceptions of an assertive China", *China Leadership Monitor*, 32 (2), 2010.

Timperlake, E., & II, W. C. T., *Red Dragon Rising: Communist China's Military Threat to America*, Regnery Publishing, 2002.

Uckert, M. B., *China As an Economic and Military Superpower: A Dangerous Combination?*, BiblioBazaar, 2012.

Wade, Robert Hunter, "US hegemony and the World Bank: The Fight over People and Ideas", *Review of International Political Economy*, 9

(2), 2002.

Williamson, J., "What should the World Bank Think about the Washington Consensus?", *The World Bank Research Observer*, 15 (2), 2000.

Woods, N., "The United States and the International Financial Institutions: Power and influence within the World Bank and the IMF." Foot, McFarlane and Mastanduno (Eds.), US Hegemony and International Organizations, Oxford, 2003.

Zoellick, Robert B., "U. S., China and Thucydides", *The National Interest*, 2014, Accessed October 4, http://nationalinterest.org/article/us-china-thucydides-8642.

Zsolt Darvas, "Fiscal Federalism in Crisis: Some Facts and Lessons; From the US to Europe,", *Forthcoming Bruegel Policy Contribution*, June 10, 2010.

索　引

"倒逼机制"　205
"华盛顿共识"　36，179—181
"黄祸论"　187—190
"经济人"假设　197
"经济自由化"　179，180
"马歇尔计划"　53，260
"猫论"　57，59
"摸着石头过河"　81
"逆全球化"思潮　254
"三个有利于"　80
"市场失灵"　208，209
"受害者心态"　192
"天下"　10
"五四运动"　48
"颜色革命"　225

"洋务运动"　48
"政府失灵"　208，209
"政治民主化"　179
"中国例外论"　198
"中国威胁论"　187，191，242
21世纪海上丝绸之路　29，36，39，254，255
霸权　54，154，155，195，220
霸权主义　77，127，141，149，220，224
包产到户　57，69，97，117
包容互鉴　221—223，226，227
包容性财富　22
包容性增长　196，226，227
保护主义　228，229，254

博鳌亚洲论坛 39，222，255

不称霸 77，78，149，220

布雷顿森林体系 54，245

产能合作 256

城镇化 176，227，250

持久和平 6，197—199，224

冲突利益 266

大众创业、万众创新 262

第三世界 77，79，141—143，224，237，238

独立自主 61，63，79，195，219，220，238

多边贸易体制 33，234

二十国集团 14，36，37，39，182

发达国家 16，25，31，32，42，44，63，72，74，79，80，86，106，113，130，133，136，138—142，152，161，167，168，172—176，180，181，186，195，200，230，232，233，235，241，242，244，245，247，248，260，261

发展道路多样化 224

发展模式多样化 226

发展中国家 23，24，31，32，42，43，52，77，106，130，131，135，136，138，139，141—144，152，167，173，174，186，200，209，227，228，231，233，234，247，261

非中性产权制度 69，70

分工和专业化 90—93，95，96，98，103，104，115，116，118，119，122，199

分裂主义 148，150

负面清单 15，177

负责任大国 14，257

改革开放 12，17—19，23，45，53，55—57，60，62，67，69，71，75，76，79，81，82，87，89，98，117—120，123—125，128—136，143，144，150，153，199，201，213，216，238，239，241，242，259

工业革命 140，163，218

工业化 18，50，107，161，227，232

公共产品 9—11，13，15，55，

100，107，136，154，155，
　186，257
公平贸易　176
共容利益　80
共商共建共享　231
共同发展　14，35，37，128，
　149，220，226，231，233，
　234，266
共同富裕　64，65，124，126，
　128，167，168，227
共同利益　9，14，15，38，143，
　159，195，196，248，249，266
共同繁荣　197—199，227，252
共同体　10，13，38，39，160，228
购买力平价　18，19，21，23，
　24，201
国际规则　37，55，63，133，
　136，142，154，160，186，
　197，234，235，248
国际货币基金组织　12，13，20，
　22，31，54，97，153，180
国家利益　15，16，193，197
国家资本主义　176，181，182，
　184

国民财富　90
国内生产总值　18，28，152
合作共赢　14，37，38，132，
　142，230，248，254
和合共生　52
和平发展　37，39，80，128，
　195，233，235，236，267
和平发展道路　37，45，53，78，
　80，160，167，195，197，198，220
和平共处五项原则　77，219，220
和谐世界　9，37—39，198，244
和衷共济　245
核心利益　149，220，266
基础设施导向　42
激励相容　8
集体行动　9，15，150，216，217
计划经济　82，114，119，120，213
简政放权　203，204
金砖国家　14，33—35，146，234
金砖国家新开发银行　35，151
经济互助委员会　53，55
经济结构　1，26，173，176，
　185，250
经济一体化　12，13，125，245

经济增长　21，23，49，65，70，
　　89—92，96，101—104，115，
　　116，122，141，145，146，
　　148，163—167，174，179，
　　199—201，221，227，229，
　　242，244，260，261
竞争性共荣　254
竞争中立　177，183，184
跨国行为体　209
跨太平洋伙伴关系协定　180
扩张主义　191
利益集团　100，104，112，113，
　　166，168，173，221
联合国　14，22，23，37，39，
　　54，68，97，141，150，152，
　　184，198，217—219，222，
　　238，257
龙图腾　2，8，11，12
贸易和投资便利化　13
美国次贷危机　12，31，74，
　　122，179，180，228
民粹主义　168，254
民族复兴　123，154，235，236，
　　267

民族性　1
南北问题　79
内顾倾向　254
欧洲主权债务危机　13，180，228
平等互信　218，220，221
企业家精神　70，71，89，108，
　　115—118
强化市场型政府　122
强权政治　155，220，221
清迈倡议　33，34，179
区域货币合作　29
区域全面经济伙伴关系　180
全球化　22，30，43，56，68，
　　69，80，122，123，152，154，
　　156，173，174，181，184—
　　186，200，209，213，226，
　　228—230，245，247—249，
　　251，261
全球经济治理　14，36，220，234
全球性挑战　14
全球治理　15，31，54，180，
　　198，216，217，219，221，
　　228，229，231，232，262
群众路线　135

人均可支配收入 139
人类命运共同体 38，197，228—231
人民币国际化 29，31
人民主体地位 135
上海合作组织 14，151
社会目标 128
社会主义 20，50，52，53，61—65，69，71，74，75，77，82，84，85，114，123，124，233，236，247
社会主义道路 62，64，225，248
时代主题 75，78
世界大战 48，53，54，76—79，106，149，194，197，218，260
世界经济体系 80，122，187
世界贸易组织 31，150
世界银行 23，26，27，30—33，36，42，54，55，97，138，144—146，151，169—171，179，180，195，200，209，210，232
世界秩序 14，153，257
市场导向 43

市场化 36，42，199，200，204，205
市场经济 35，110，114，124—126，168，180，213
双边货币互换 29，34
丝绸之路经济带 29，36，254，255，257—260
斯密—奥尔森—熊彼特增长 118，119
四项基本原则 61,62—64，124，128
碳排放 152
韬光养晦，有所作为 80
特别提款权 30
投票权 22，32，151
托克维尔效应 163，165
文化基因 2，195
文化现实主义 191
文明多样性 223，226
西方文化 3
现实主义 1，42，193
宪章城市 133
相互依赖 40，51，164，209，244，245
协和万邦 8—10

新型大国关系 154，197，198，
　246，249，250，252，254
新兴国家 161，177，195
信息化 18
修昔底德陷阱 193—195，216
鸦片战争 18，47，188
亚投行 36，155，257
亚信峰会 39，246
亚洲金融危机 13，33，179，
　180，228，230，248
一带一路 29，33，36，180，
　198，254—258，260，261
一国两制 72—75
以人为本 135，226
运输便利化 255
再全球化 179
战略支点 257，258
正确义利观 233，234
政治觉醒 253
政治结构 128
政治领导 1
知识产权 27，33，93，108，113，
　141，183，200
治国理政 38，39，128，131，

133，134，214，216，226
治理体系与治理能力现代化 204，
　213—216，261
中等收入陷阱 167—169，171—
　173，216
中国共产党 14，16，37，45，
　48，50，52，62，75—78，85，
　124，127，128，143，148，
　214，267
中国梦 122，123，154，197，
　198，234
中国特色社会主义 124—128，
　149，214
中国文化 1，5，37，155，244
种族主义 254
重商主义 176
周边安全网 198，236，244，246
主权、安全、发展利益 16，28，
　78，149，220
主权平等 217—219
准入前国民待遇 177
自力更生 141
自由贸易 47，92，106，177，
　179，183，234，256

自由贸易试验区 43
自由贸易协定 13
自由主义 98，105，181，210，216，247
综合国力 16，84，85，187，194，233，242